走在兩岸交流的前端

福建對台先行先試的指標意義

劉國深、唐永紅 主編

崧燁文化

目錄

序言

福建與台灣地緣相近、血緣相親、文緣相承、商緣相連、法緣相循（「五緣」），在對台方面具有不可替代的獨特優勢。

30年來，無論是大陸的改革開放發展進程、台灣政治經濟局勢，還是兩岸關係發展態勢、國際政治經濟形勢都發生了深刻的變化。福建對台優勢與作用也必將發生較大變化。新形勢下如何進一步發揮福建的對台優勢，進一步發展閩台關係，本書在總結福建過去30年來發揮對台優勢與作用所取得的主要成效、基本經驗及其所面臨的制約因素，闡明新形勢下福建進一步發揮對台優勢與作用面臨的機遇與挑戰的基礎上，提出進一步發揮福建對台優勢、發展閩台關係的思路與舉措。全書共分六章，分別闡述新形勢下拓展閩台緊密經貿聯繫、全面直接「三通」、農業全面合作、旅遊雙向對接、文化深入交流、交流合作載體平台六個方面的新作為。主要觀點和建議如下：

一、拓展閩台緊密經貿聯繫

閩台現存經貿相互依存與一體化程度基本上還處於較低水平，經貿聯繫的緊密性尚有較大提升的空間。兩岸直接「三通」與兩岸經貿關係正常化將有助於福建對台優勢與作用的充分發揮，有助於閩台緊密經貿聯繫的拓展。

新形勢下福建對台優勢與作用的進一步充分發揮、閩台經貿聯繫的進一步拓展，仍然有賴於福建開放型經濟的進一步發展，特別是有賴於各種特殊經濟區域發展模式的創新與轉型。當前，應立足福建自身的各種獨特優勢與條件，特別是其港口、區位和對台優勢與條件，與時俱進地創新發展模式，建立一個遵循WTO無歧視原則的開放性的「兩岸經貿交流合作先行區」，將閩台經貿聯繫的進一步拓展與大陸改革開放的深化發展、區域經濟的協調發展、兩岸經濟一體化發展有機結合起來，以便在發揮經貿自由化的試驗田與先行區作用、區域經濟的增長極與輻射源作用的同時，更好地發揮海峽西岸經濟區在兩岸經貿交流、合作與整合中的優勢和作用。

從當前擴大對外開放、推動區域（兩岸）合作的需要看，特別是在港口區位、改革開放與對台工作方面最具條件與基礎的地方，應以構建「兩岸經貿自由化先行區」、「兩岸經濟一體化先行區」為中心和重點，並推進與此配套的其他方面的交流合作事宜與政策試驗，從而構建起「兩岸經貿交流合作先行區」內的中心（核心）區域，帶動區內的外圍的配套發展，以及其他方面交流合作的先行先試。此外，當前至少還應在建立兩岸產業合作的集聚功能、兩岸區域性金融合作的服務功能、兩岸直接往來的通道功能與台灣海峽物流的樞紐功能等方面先行先試，有所作為。這些方面本身也是兩岸經貿自由化與兩岸經濟一體化所需的輔助功能與配套措施。

二、拓展兩岸全面直接「三通」

2008年11月4日兩岸兩會在台北簽署了「海峽兩岸郵政協議」、「海峽兩岸空運協議」及「海峽兩岸海運協議」，意味著兩岸「三通」直航基本實現，海峽兩岸「大三通」時代已經到來。值此新形勢下，如何利用各方面的積極因素推進兩岸直接「三通」深化發展，應在新觀察的基礎上制定新的戰略。作為與台灣具有「五緣」優勢的福建，如何在發掘「試點直航」、「小三通」平台潛力的基礎上，構建新的「先試先行」優勢，在新時期有更大作為，為推進兩岸全面「三通」發揮更大作用，同時提升自身在兩岸經貿合作領域的地位。

福建作為兩岸「三通」的先行者及前沿，在兩岸「三通」新局勢下應該扮演新角色，發揮新作用。具體而言可以在以下幾方面有所作為：第一，在兩岸「三通」協商中發揮新作為。第二，推進「試點直航」口岸向直航口岸轉型，在「試點直航」運營經驗的基礎上，繼續謀求創新，發揮示範作用。第三，繼續發掘「小三通」的潛力與作用，打造「小三通」核心競爭力。第四，建立與台灣新對口港的航運通道。第五，整合福建港口群以及與鄰近港口的協同功能，著力推動與海峽東岸港口群的協同合作，建設海峽轉運平台，打通台灣海峽地區與大陸地區的聯結，建設各種運輸方式集結、接轉的綜合型樞紐。

三、拓展閩台農業全面合作

在閩台農業交流合作方面，基於大陸三農建設與兩岸關係發展新形勢以及進一步深化閩台農業合作的需要，福建有必要也有條件拓展閩台農業更全面、更深入的交流和合作。兩岸之間未來的走向是社會的全面融合，以福建為主的海峽西岸經濟區未來也將向兩岸社會融合試驗區發展，以求在經濟、政治、文化、教育、生活和社會管理制度上進一步融合。因此，閩台農業合作有待於在包含農村、農業、農民在內的農村建設這一更大的領域，進行兩岸合作模式的創新嘗試——建設兩岸（福建）農村建設合作示範區，從大農業的角度延伸閩台農業合作產業鏈，著重發展農業產前領域的合作，推進閩台農業資源要素的進一步整合；借鑑台灣「富麗農村」建設的策略模式，進行兩岸農村發展理念的交流；以農業合作經濟組織為載體，借鑑台灣農村組織行之有效的發展機制、經營模式和管理經驗，開展與台灣中南部農會、農協、產銷班等農村經濟組織全方位的交流與合作，並且在基層民主建設和鄉村治理方面探索閩台農業更全面合作的途徑。

兩岸農村建設合作示範區建設應採取分步實施、重點推進的部署，組織試點，在示範區內率先試行某些更開放的政策與措施，進行嘗試，取得突破後，再逐步向更大範圍延伸和拓展。需要特別賦予示範區相應的特殊政策，制定涉台法律及法規相配套的實施細則予以規範，營造良好的政治和政策環境，增強對台灣的吸引力和對接能力，把做台灣人民工作落到實處。將兩岸農村建設合作示範區建設成融合兩岸農業、農村和農民的連接點和大陸農村建設的新的經濟增長點，為實現雙方經濟和社會的進一步融合奠定基礎。透過閩台農業合作的深化，把海峽西岸經濟區建設成為台灣閩客地區農村社會與大陸閩客地區農村社會融合的平台。

四、拓展閩台旅遊雙向對接

在旅遊對接方面，海峽西岸應立足於現有基礎和優勢，頒布具體的創新作為，以面對來自其他地區的競爭和挑戰。具體來說：第一，從盤活已有優勢，促使更多的各地客源來閩；利用金馬航線，結合台方離島政策，吸引台灣遊客來閩。閩台旅遊對接可以結合兩岸文教交流和商務活動，使福建省成為兩岸旅遊和人員往來的集散點。第二，構建海峽西岸地區內環線路；廈門和福州互為兩岸旅遊的進口和出口。第三，成立兩岸合資旅遊企業，擴大在台灣島內的海西旅遊產品宣傳。第四，吸收台灣同行管理經驗，加強景區的管理；提升旅行社素質。第五，發揮閩台同根同源文化魅力，打造「世界的閩客文化旅遊圈」，形成山海文化旅遊的特色，讓閩台兩地人民成為利益共同體。第六，建立閩台兩地旅遊資源共同平台，共同打造閩客旅遊文化品牌，發揮訊息和市場網路的整體優勢。第七，做大做強閩台海港對接優勢，發揮獨特的閩台海上直航旅遊優勢，使台灣海峽成為世界級的海上樂園。第八，兩岸共同研討閩台旅遊合作機制的建立，確保閩台旅遊雙向對接的可持續發展。

五、拓展閩台文化深入交流

在文化交流方面，面對「大三通」的新形勢，海峽西岸要做大做實海峽兩岸文化的整合工程，尋求更多集體記憶的交集，多角度、多渠道營造「兩岸命運共同體」的集體記憶和認知。閩台具有源遠流長的親緣、血緣關係，閩台兩地神緣相續，閩台兩地有最大的地緣便利，閩台兩地的文緣關係與人文優勢凸顯，閩台兩地形成了一些品牌交流項目，閩南文化成為破解「文化台獨」最有效的工具。

目前存在的問題是：海峽西岸對台功能和作用沒有充分發揮；對台工作領導體制和具體政策不夠健全完善，兩岸政策障礙未解使交流規模受限；對台文化交流建設滯後，尚未形成比較優勢。為此，我們提出了「求十全」、「務十美」的具體建議。

「求十全」：在學術領域、藝術戲曲團體、信仰文化、出版領域、影視戲劇舞蹈產業、新聞資訊領域、宗親聯誼會、青少年教育工作、基層組織和社團、展示窗口單位十大方面尋求福建與台灣全面深入交流和合作。

「務十美」：以文化產業項目為重，培育閩台文化產業共同市場——海峽兩岸閩南文化周、海峽兩岸歷史人物文化節、海峽兩岸圖書博覽會、海峽兩岸茶文化節、海峽兩岸紡織服裝文化節、海峽兩岸海洋文化節、海峽兩岸教育合作文化周、海峽兩岸花卉博覽會、海峽兩岸旅遊節、海峽兩岸中醫文化周，此前也有相似文化活動的舉辦，但是規模不大，影響較小，今後應致力於以文化創意產業拉動十大閩南文化節，突出閩南味十足文化品牌特色。

六、拓展交流合作載體平台

在兩岸交流合作平台載體建設方面，福建省目前的載體平台建設已初具規模。已有載體平台包括廈門特區、台商投資區、兩岸農業合作實驗區等在內的政策型載體平台，包括「9.8」投洽會、「5.18」海交會等在內的展會型載體平台，以及包括人才交流、學術研討、旅遊觀光、宗教信仰、事務協商等在內的具體事務型載體平台。這些載體平台為兩岸交流合作提供了重要的渠道，促進了兩岸民眾的情感交流，提升了福建省在大陸對台戰略中的地位和作用。

當前，福建省要轉變觀念，增強服務意識，充分發揮區位優勢，進一步增強在兩岸交流合作中載體平台建設的新地位與新功能。牢牢把握兩岸關係和平發展的大局，把爭取台灣民心始終放在對台工作中的重要位置。為此，建議福建省和廈門市繼續爭取中央的支持，同時主動作為，並且加大力度直接與台灣方面溝通，以建立起更有競爭力的兩岸合作載體平台建設。在兩岸經濟貿易領域，繼續完善和充實政策型、展會型載體平台的建設，為適應兩岸「三通」的新形勢，積極搭建起樞紐型、基建型等載體平台；在兩岸文化教育領域，積極搭建起民俗特色型、文藝活動型、學術會議型、宗親聯誼型等載體平台；在兩岸政治社會領域，建立起兩岸政治對話型、兩岸社會融合型、閩台高層交往型等載體平台，使海峽西岸成為兩岸完全統一的先行區。

第一章 拓展閩台緊密經貿聯繫新作為研究

唐永紅[1]王華

福建與台灣地緣相近、血緣相親、文緣相承、商緣相連、法緣相循（「五緣」），在對台方面具有不可替代的獨特優勢。發揮福建對台優勢與先行先試作用，在強化閩台經貿交流合作關係中促進兩岸經貿關係發展，是福建近30年來始終如一的責任與努力，也是大陸大陸中央的一貫要求與期待。大陸大陸中央曾為此賦予了許多「特殊政策」與「靈活措施」，例如設立廈門經濟特區、出口加工區、保稅區、保稅物流園區、保稅港區、台商投資區、兩岸農業合作試驗區等，以支持福建在改革開放發展與對台經貿工作中先行一步。事實上，近30年來，福建在大陸改革開放發展進程中發揮先行示範作用的同時，在拓展閩台緊密經貿聯繫、促進兩岸經貿關係發展與大陸對台工作中也發揮了先行先試作用，至今已走過了30個春夏秋冬。

30多年來，無論是大陸的改革開放發展進程、台灣政治經濟局勢，還是兩岸政治經濟關係態勢、國際政治經濟格局都發生了深刻的變化。隨著兩岸先後都已成為WTO正式成員，隨著大陸改革開放發展進程的深化與區域經濟發展格局的演變，隨著「支持海峽西岸和其他台商投資相對集中地區的經濟發展」寫入大陸中央文件，隨著中共的十六大與十七大報告提出對台工作與兩岸關係新思維與新戰略，特別是隨著認同「九二共識」、主張兩岸交流合作的中國國民黨在台灣重新執政以及兩岸經貿關係正常化與兩岸全面直接「三通」的臨近，福建對台優勢與作用必將發生較大變化，在拓展閩台緊密經貿聯繫、促進兩岸經貿關係發展與對台工作方面必將面臨新的機遇與挑戰。

新形勢下如何把握機遇克服挑戰，如何進一步發揮「五緣」優勢，拓展閩台緊密經貿聯繫，以進一步推進海峽西岸經濟區的建設和兩岸政治經濟文化關係的發展？這是一個迫切需要研究與解決的問題。本章在總結福建過去30年來求閩台緊密經貿聯繫的成效、經驗與制約因素，闡明「三通」新形勢對福建拓展閩台緊密經貿聯繫的影響的基礎上，提出新形勢下福建拓展閩台緊密經貿聯繫的思路與構想、措施與政策，並闡明其意義與作用、條件與可行性。

第一節　福建求閩台緊密經貿聯繫的成效、經驗與制約因素

一、福建求閩台緊密經貿聯繫的主要成效

閩台兩地在經濟發展階段方面具有梯度差異性，在產業結構和生產要素稟賦方面具有優勢互補性，為閩台交流合作提供了動因、空間與可能。事實上，福建在求閩台緊密經貿聯繫、促進兩岸關係發展中具有獨特優勢：一是有助於福建成為大陸改革開放的前沿、對台交流的前沿的毗鄰的地緣與經濟區位優勢；二是為福建拓展對台直航、擴大閩台及兩岸經貿交流合作奠定了良好自然基礎的海空運輸能力與港口優勢；三是可以促進台灣同胞對大陸的認同感，並有助於對台招商引資的源遠流長的親緣、血緣、文緣關係與人文優勢；四是有利於做好對台工作、擴大閩台及兩岸各項交流合作的大陸中央賦予的「特殊政策、靈活措施」[2]與各種特區優勢。近30年來，福建在發揮上述獨特對台優勢，力求閩台緊密經貿聯繫中取得了一定成效，但尚未窮其潛力。

（一）閩台投資關係發展態勢

1.台商在福建投資規模不斷擴大且近年增勢明顯

閩台兩地在資源和經濟結構方面具有廣泛的互補性，加之兩地文化相通、習俗相近。在此基礎上，有著大陸中央「特殊政策」與「靈活措施」支持的福建因而曾經是台商對大陸投資的首選之地，至今仍然是台商在大陸投資相對集中地區

之一。1989年，大陸國務院先後批准在廈門的杏林、集美、海滄以及福州的馬尾開發區設立國家級台商投資區，為閩台擴大經濟交流合作創造了有利條件。1990年台灣當局承認兩岸經貿間接往來的合法化後，台商赴閩投資得到不斷增長。

據福建省外經貿廳統計，截至2007年底，台商經第三地間接對福建投資累計達9361項、合約金額216.5億美元、實際金額153.27億美元[3]。由表1-1所示歷年台商對福建投資情況可知，1990—1996年間，合約台資金額由4.62億美元激增至22.21億美元，年均增長率達29.9%，實際台資金額年均增長率更高達36%。1997—2003年間，受亞洲金融危機與台灣當局「南向政策」的影響，台商對福建投資規模相對低緩。2004年至今，隨著海峽西岸經濟區發展戰略的提出與實施，台商投資福建勢頭重新高啟，2007年合約台資金額25.66億美元、實際台資金額18.2億美元，均創歷史新高。

表1-1 台商對福建歷年投資額（單位：項，億美元）

年份	台商投資項數	合同台資金額	合同台資金額累積	實際台資金額	實際台資金額累積
1989 年之前	492	6. 39	6. 39	2. 57	2. 57
1990	380	4. 62	11. 01	1. 86	4. 42
1991	322	4. 99	16. 00	2. 00	6. 43
1992	724	8. 91	24. 91	3. 58	10. 01
1993	1010	15. 49	40. 40	6. 22	16. 23
1994	642	9. 46	49. 86	3. 80	20. 03

續表

年份	台商投資項數	合同台資金額	合同台資金額累積	實際台資金額	實際台資金額累積
1995	601	18.19	68.05	12.88	32.91
1996	418	22.21	90.26	11.75	44.66
1997	456	5.98	96.24	12.30	56.96
1998	472	6.42	102.66	11.20	68.16
1999	378	7.14	109.80	9.69	77.85
2000	402	7.10	116.90	4.89	82.74
2001	499	10.78	127.68	5.05	87.79
2002	451	7.41	135.09	5.11	92.90
2003	417	8.43	143.52	5.20	98.10
2004	418	9.53	153.05	10.87	108.97
2005	381	18.30	171.35	11.92	120.89
2006	467	19.49	190.84	14.18	135.07
2007	431	25.66	216.50	18.20	153.27
合計	9361	216.50		153.27	

資料來源：根據歷年《中國對外經濟貿易年鑑》和《中國商務年鑑》數據整理。

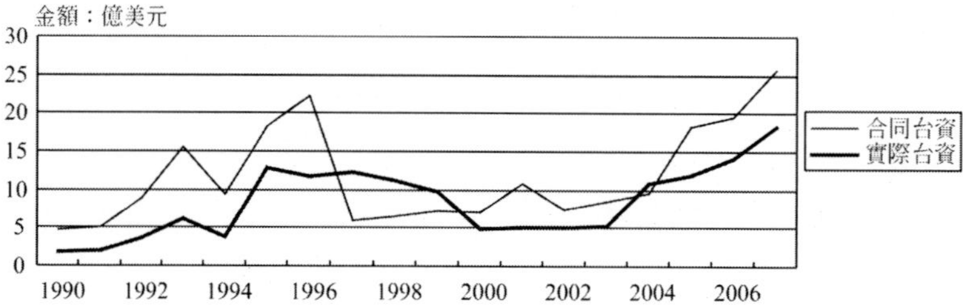

圖1-1　台商對福建歷年投資額變動態勢圖

資料來源：根據歷年《中國對外經濟貿易年鑑》和《中國商務年鑑》數據整理。

2.台商在福建投資產業以製造業為主且結構漸趨合理

在投資產業結構方面，從初期的製鞋業、成衣業等勞動力密集型產業為主，轉向電腦周邊產品、液晶監視器、筆記本電腦、IC、精密儀器、電子、石化、汽車等資金、技術密集型產業為主。台灣「投審會」統計數據顯示，截至2007年底台商對福建省的投資主要集中於製造業領域，占對閩投資總額的89.5%，其中又以資本技術密集型產業為主體，依次為石化（21.43%）、機械（18.39%）、電子（15.11%）和金屬製品（9.85%）；傳統製造業中紡織、皮革和服裝製造業占比9.25%，食品、飲料和煙草製造業占5.28%，紙製品及木竹製品製造業占3.36%。農業投資雖然比重較低（僅占1.3%），但福建農業實際利用台資規模居中國首位；批發零售（2.48%）、運輸倉儲（1.07%）、住宿餐飲（0.8%）等傳統服務業的投資比重也較其他省份為高，顯示福建省因與台灣的氣候、地理條件相近、文化習俗相通而產生的台資吸引力。總體而言，隨著高科技產業逐漸進入，台商在福建投資產業結構已經漸趨合理。

3.台商在福建投資的產業集群與規模效應初現並推動閩台產業合作分工

近年來，台商在福建投資已由最初的小規模、低層次、單一領域逐步向大規模、高層次、多領域的方向發展。目前，福建依然是大陸台商投資最為集中、最為活躍的地區之一，台灣百大企業有40家來閩投資，台資企業在大陸62.5%的研發中心、58.3%的營運總部設在福建。台商在福建投資所引發的閩台產業合作分工的新格局正在形成，在石化、汽車和電子訊息方面的產業分工與合作，已逐步由勞動力密集型產業向資本、技術密集型產業轉變，從垂直分工向水平分工方向發展，並具較強的產業關聯度和發展鏈。閩台產業合作在輕紡、食品、服裝鞋帽、電子訊息、機械、石化等領域已形成較強的配套能力，初步呈現產業聚集與規模效應，出現了東南汽車、華映光電、翔鷺化纖、華陽電業等產業關聯度強的大型台資項目，形成電子、石化、汽車、紡織等產業群，以台資企業為龍頭的電子訊息、機械裝備和石化工業已成為福建三大主導產業[4]，福建已成為台灣產業轉移的主要承接地之一。

4.閩台單向投資形成不對稱投資依賴關係

從福建利用台資方面看，由表1-2和圖1-2可知，1991—1999年間（除1994年外），福建實際利用台資占利用外資比重基本都維持在25%以上，遠高於大陸的總體水平，顯示這期間福建對於台資具有較高的依賴性；

2000—2003年間，伴隨台商投資絕對規模的下降，福建對台資的依賴有所弱化，實際利用台資占利用外資比重降至12%上下；2004年以來，隨著海峽西岸經濟區發展戰略的提出與實施，台商投資福建勢頭重新高啟，該比重又重新上升至20%以上。與整個大陸地區實際利用台資占利用外資比重在大多數年份都不高於10%且基本上呈逐年下降態勢相比，福建省在利用外資方面較高程度依賴於台商投資。目前，台灣已成為福建第二大外資來源地。

從福建資本形成方面看（見表1-2和圖1-3），福建實際利用台資占資本形成總額的比重，1999年之前基本維持在5%以上（僅1995年較為突出），2000年以後則降至3%上下，表明福建經濟發展對於台資的依賴性有減弱趨勢；但該比重仍遠高於整個大陸地區利用台資占資本形成總額比重（大多數年份都不高於1%且基本上呈逐年下降態勢）。

由於台灣當局長期以來的限制性大陸經貿政策的作用，閩台投資關係僅表現為台商對福建的單向資本流動，因此台灣經濟在利用資本方面對福建資本沒有依賴關係，但在對外投資中則顯現對福建市場的一定程度的集中與依賴特性。在台商對大陸投資前期，台資曾高度集中於福建地區，之後隨著珠三角與長三角地區競爭優勢的突顯，台商對閩投資比重呈現階段性下降趨勢（見圖1-2）。但如果考慮到台商對外投資日益集中於大陸的宏觀背景（目前台灣對外投資中超過半數已投向大陸地區，農業和製造業投資大陸比重甚至超過70%），可以發現台灣對福建投資占其對外總投資的比重並未表現出明顯的下降趨勢。如表1-2所示，除1993年台對閩投資占其對外總投資比重高達9.81%、1999—2001年間低於2%以外，其餘年份大都維持在2%—5%之間，表明台灣在對外投資方面對福建市場較為穩定的依賴性。

表1-2　閩台兩地對閩台投資關係的依賴程度（單位：%）

年份	中國實際利用台資		福建實際利用台資		台灣核准對福建投資	
	占實際利用外資比重	占資本形成總額比重	占實際利用外資比重	占資本形成總額比重	占對中國總投資比重	占對外總投資比重
1991	10.67	0.32	31.10	5.71	32.13	3.06
1992	9.54	0.57	25.27	7.88	11.98	2.61
1993	11.41	1.15	21.70	8.17	14.95	9.81
1994	10.04	1.44	10.24	4.41	10.04	3.75

續表

年份	中國實際利用台資		福建實際利用台資		台灣核准對福建投資	
	占實際利用外資比重	占資本形成總額比重	占實際利用外資比重	占資本形成總額比重	占對中國總投資比重	占對外總投資比重
1995	8.42	1.04	31.89	11.32	11.13	4.97
1996	8.33	1.00	28.81	8.59	9.02	3.27
1997	7.27	0.91	29.31	7.96	10.90	6.53
1998	6.41	0.77	26.59	6.39	7.41	2.83
1999	6.45	0.65	24.08	5.30	4.70	1.30
2000	5.64	0.55	12.86	2.53	3.82	1.29
2001	6.36	0.62	12.89	2.47	4.31	1.67
2002	7.53	0.72	12.02	2.32	11.15	7.43
2003	6.31	0.50	10.52	2.07	6.39	4.21
2004	5.14	0.37	20.44	3.64	6.52	4.39
2005	3.56	0.22	19.13	3.32	6.63	4.71
2006	3.08	0.18	19.74	3.07	6.80	4.35
2007	2.37	0.12	22.38	2.74	3.90	2.36

資料來源：大陸利用台資情況根據商務部統計的歷年大陸實際利用台資數據，國家統計局編訂的《中國統計年鑑》（2007年卷）提供的歷年大陸實際利用FDI數據、資本形成總額數據、人民幣對美元年平均匯價（中間價）數據計算得出；福建利用台資數據取自歷年《中國對外經濟貿易年鑑》和《中國商務年鑑》；台灣核准投資數據取自台灣「投審會」《核准僑外投資、對外投資、對中國大陸投資統計年報》。

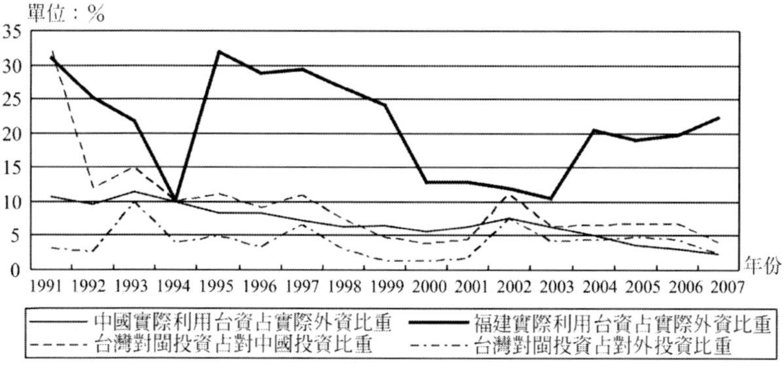

圖1-2　閩台兩地對閩台投資關係依賴程度變動態勢圖資料來源：根據表1-2數據繪製。

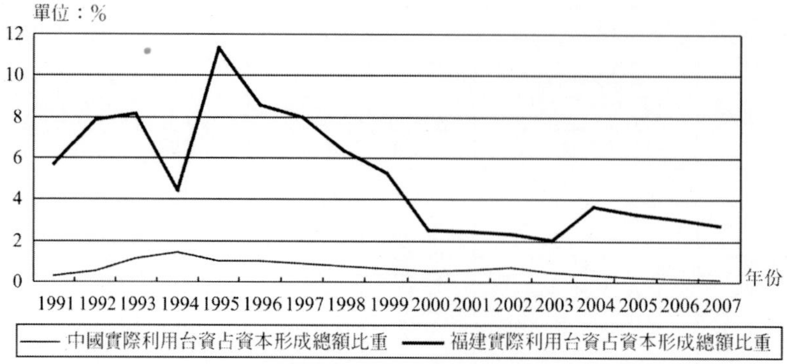

圖1-3　福建及整個大陸資本形成對台資的依賴程度資料來源：根據表1-2數據繪製。

5.福建對台招商引資優勢亟待強化

與廣東、江蘇等省份相比，1990年代以來，台商對福建投資占對大陸總投資比重有逐年下降趨勢。台灣「投審會」統計數據顯示，1991年台商對福建投資占對大陸投資比重曾高達32.13%，隨後幾年中的投資比重一直在10%以上，1998年以後投資比重則降至6%上下（見圖1-2）。同期台商對廣東省的投資比重則高達40%以上，後逐漸下降至20%以上；而對江蘇省的投資比重則不斷上升，目前已接近40%，成為台資最為集中的區域。顯示台商對各地區的投資偏好有所調整變化，福建對台招商引資優勢亟待強化。

表1-3　台商對福建及其他主要省份投資額以及占對大陸總投資比重

（單位：億美元，%）

年度	上海市		江蘇省		浙江省		福建省		廣東省	
	金額	比重	金額	比重	金額	比重	金額	比重	金額	比重
1991	0.21	12.14	0.03	1.87	0.00	0.11	0.56	32.13	0.73	42.10
1992	0.16	6.31	0.19	7.61	0.17	6.78	0.30	11.98	1.13	45.89
1993	4.11	12.96	4.23	13.34	1.25	3.94	4.74	14.95	10.91	34.42
1994	1.58	16.39	2.34	24.33	0.63	6.53	0.97	10.04	2.36	24.51
1995	2.24	20.51	1.71	15.61	0.57	5.26	1.22	11.13	2.55	23.32
1996	2.44	19.84	2.98	24.25	0.33	2.66	1.11	9.02	3.05	24.77

續表

年度	上海市		江蘇省		浙江省		福建省		廣東省	
	金額	比重	金額	比重	金額	比重	金額	比重	金額	比重
1997	5.88	13.58	6.59	15.20	1.95	4.51	4.72	10.90	17.24	39.78
1998	2.86	14.07	4.08	20.08	0.86	4.22	1.51	7.41	8.25	40.53
1999	1.51	12.07	3.24	25.85	0.79	6.30	0.59	4.70	5.00	39.92
2000	3.21	12.31	9.31	35.69	0.69	2.63	0.99	3.82	10.20	39.11
2001	3.76	13.51	10.46	37.58	2.08	7.49	1.20	4.31	7.88	28.30
2002	9.49	14.12	22.23	33.07	5.12	7.61	7.50	11.15	16.35	24.32
2003	11.04	14.34	26.01	33.79	6.08	7.89	4.92	6.39	20.54	26.69
2004	11.75	16.93	24.87	35.83	6.89	9.93	4.53	6.52	14.04	20.23
2005	10.18	16.94	23.49	39.11	4.85	8.07	3.98	6.63	12.20	20.31
2006	10.42	13.63	28.87	37.78	5.91	7.73	5.20	6.80	14.15	18.52
2007	14.40	14.46	38.42	38.57	6.91	6.93	3.88	3.90	19.78	19.86
合計	95.24	14.68	209.05	32.23	45.08	6.95	47.92	7.39	166.36	25.65

資料來源：根據台灣「投審會」《核准僑外投資、對外投資、對中國大陸投資統計年報》繪製。

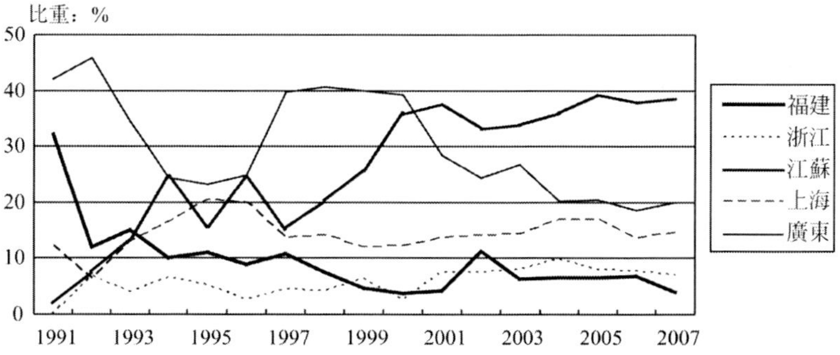

圖1-4　台商對福建及其他主要省份投資額占對大陸總投資比重變動態勢圖

資料來源：根據表1-3數據繪製。

（二）閩台貿易關係發展態勢

1.閩台貿易規模逐年增加但呈現顯著不平衡性

閩台兩地經濟產業分工合作格局的深化，促進了閩台貿易關係的發展。1980年代閩台貿易額僅以百萬美元計；1991年貿易總額0.82億美元，1992年迅速升至7.4億美元，1993年又升至20.37億美元；之後每年以平均9.1%速率增長，尤其是2004年以來，閩台貿易總額年均增長接近20%，自台進口年均增長高達45%左右，對台出口年均增長8%左右，2007年貿易總額已達69.01億美元（見表1-4）。近30年來，閩台貿易總額累計已超過500億美元。

由於台灣當局推行「寬出嚴進」的貿易管制政策，導致兩岸（包括閩台間）貿易表現出明顯的不平衡態勢。歷年閩台貿易中，閩自台進口額占到了90%左右的比重；近年進口比重雖有下降趨勢，2007年仍占84.4%。每年閩對台貿易逆差達數十億美元，且呈連年上升之勢。2007年福建出口台灣10.79億美元，台灣出口福建58.22億美元，台灣方面獲順差47.43億美元。目前，台灣已成為福建第七大出口市場和第一大進口來源地。

表1-4　歷年閩台貿易情況

（單位：億美元，%）

年份	閩台貿易總額		閩對台出口額		閩自台進口額		閩台淨出口額
	金額	增長率	金額	增長率	金額	增長率	
1990	1.10		0.65		0.45		0.20
1991	0.82	-25.10	0.49	-25.10	0.34	-25.10	0.15
1992	7.40	798.17	4.73	871.55	2.67	692.17	2.06
1993	20.37	175.27	1.38	-70.82	18.99	611.24	-17.61
1994	23.93	17.48	1.46	5.80	22.47	18.33	-21.01
1995	23.62	-1.30	1.95	33.56	21.67	-3.56	-19.72
1996	25.44	7.71	2.32	18.97	23.12	6.69	-20.80
1997	26.04	2.36	3.58	54.31	22.46	-2.85	-18.88
1998	24.68	-5.22	3.30	-7.82	21.38	-4.81	-18.08
1999	23.56	-4.54	3.34	1.21	20.22	-5.43	-16.88
2000	28.25	19.91	4.04	20.96	24.21	19.73	-20.17
2001	28.54	1.03	3.65	-9.65	24.89	2.81	-21.24
2002	33.51	17.41	4.33	18.63	29.18	17.24	-24.85
2003	35.68	6.48	5.19	19.86	30.49	4.49	-25.30
2004	43.56	22.09	6.76	30.25	36.80	20.70	-30.04
2005	48.80	12.03	7.87	16.42	40.93	11.22	-33.06
2006	56.07	14.90	9.50	20.71	46.57	13.78	-37.07
2007	69.01	23.08	10.79	13.58	58.22	25.02	-47.43
合計	520.38		75.33		445.06		-369.73

資料來源：根據歷年《中國對外經濟貿易年鑑》和《中國商務年鑑》數據整理。

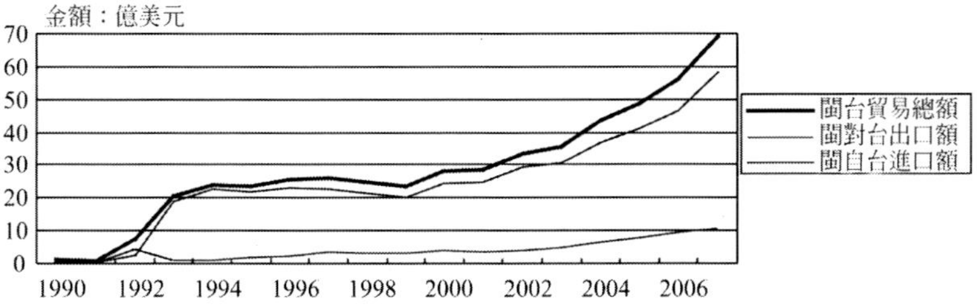

圖1-5　歷年閩台貿易額變動態勢圖

資料來源：根據表1-4數據繪製。

2.閩台貿易產品多元化發展且結構逐步升級

機電產品是閩台進出口的大宗貨品，服裝、鞋類、塑料製品、家具等傳統商品出口增長緩慢甚至下降；與此同時，部分商品（如紙製品、鋼坯及粗鍛件、鋼材、石製品等）出口增長較快；進口商品中以台灣農產品進口成長最為顯著。

3.閩台小額貿易顯著成長

福建充分利用對台區位優勢大力發展小額貿易，對台貿易口岸不斷增多，到目前為止全省已開闢了26個對台小額貿易點。近年來大陸出台了一系列優惠措施，放寬了對台小額貿易點監管政策，包括下放審批權、擴大經營主體、取消船舶噸位和金額的限制、擴大對台小額貿易貨物種類等。同時，福建省近年來透過海關、邊防、檢驗檢疫等管理部門之間綜合協調管理，嚴厲打擊非法走私途徑，使小額貿易交易環境不斷優化。

近年來，福建對台小額貿易成長顯著。小額貿易已由最初的沿海漁民與台輪漁民之間的易貨貿易漸漸發展成為有組織、有特色、互補性的商品貿易，交易的規模由小變大，交易的品種由食品、生活日用品擴大到服裝、小家電、建材等，交易的方式日益靈活、多樣化。據福州海關統計，2007年福建對台小額貿易進出口額達6389.8萬美元，比2006年增長53.8%；進口規模最大產品為機電產品，占同期進口總額的35.1%，增長46.2%；得益於大陸農產品進口惠台政策，透過對台小額貿易渠道進口的台灣農產品進口明顯增加，達1903.7萬美元，增加3.2倍；出口則以水產品為主，達1237.2萬美元，占整體出口的92.5%。

4.福建對金馬澎地區直接貿易日益熱絡

近年來，福建充分利用與金門、馬祖和澎湖的海上直航航線（「小三通」）和沿海各對台貨運直航口岸，大力推動對金馬澎地區的直接經貿往來。目前，貿易口岸已增至五個（福州、廈門、漳州、泉州、寧德），貿易種類也不斷增加，直接往來的貿易產品從最初的石板材、河沙等建材擴大到日用雜貨、台灣水果等。2006年直接貿易總額846.5萬美元，比上年增長36.2%，其中福建出口增長40%。

5.閩台貿易依存性呈現下降趨勢且不對稱依賴明顯

閩台兩地在貿易方面的相互依賴性如表1-5所示。在福建省對外貿易中，閩台貿易所占比重在1993年高達20.29%，之後則呈緩慢下降趨勢，2004年以來已低於10%。福建進口貿易對於自台進口的依賴要遠高於出口貿易對於對台出口的依賴。福建自台進口額占其總進口額比重由1993年的38.89%緩慢降至2004年的20.3%，之後又出現上升，2007年比重為23.75%；福建對台出口額占其總出口額的比重則基本維持在2%—3%之間。總體而言，福建對外貿易對閩台貿易表現出較高的依賴性，且進口依賴遠高於出口依賴，台灣對福建的商品輸出對福建貿易格局有重要影響；但此依賴性呈不斷下降趨勢。

在閩台貿易占對兩岸貿易之比重同樣經歷了先增後減的歷程。1993年台閩貿易在兩岸貿易中所占份額曾高達14.15%，之後略微振盪後開始緩慢下降，2004年以來已降至5.5%上下。台對閩出口額、自閩進口額分別占台灣對大陸出口總額、自大陸進口總額的比重也表現出大體相同的變動趨勢，其中前者比重高於後者，但二者的差距已經不斷縮小。由上可知，台灣對大陸貿易（尤其是出口貿易）曾經一度明顯集中於對閩貿易，但隨著大陸其他地區競爭優勢的強化，此集中度不斷降低。

從台灣對外貿易角度考查，隨著兩岸經貿往來日益熱絡，台灣外貿對於兩岸貿易的依賴程度不斷提高，雖然台閩貿易在兩岸貿易中的比重呈下降趨勢，但在台灣整體對外貿易中的比重卻呈穩中有升的態勢。1993—2000年，台閩貿易占台灣對外貿易的比重略呈振盪下降態勢，2000年以來則顯現上升之勢，但總體上一直處於1%—1.5%之間。台對閩出口占其總出口比重一直在2%上下波動；台自閩進口占其總進口的比重較低，尚不足1%，但上升趨勢明顯。

綜合而言，由於閩台兩地經濟規模與貿易流量的懸殊差距，加之台灣當局長期以來的限制性大陸經貿政策的作用，福建貿易對台灣市場的依賴度明顯高於台灣貿易對福建市場的依賴度，但前者依賴度的不斷降低伴隨後者依賴度的緩慢上升，使二者的差距有所縮小。

表1-5　閩台兩地對閩台貿易關係的依賴程度（單位：%）

年份	福建對外貿易中閩台貿易所占比重			台灣對中國貿易中閩台貿易所占比重			台灣對外貿易中閩台貿易所占比重		
	總計	出口	進口	總計	出口	進口	總計	出口	進口
1990	2.54	2.65	2.38	2.72	1.37	8.50	0.09	0.07	0.12
1991	1.43	1.55	1.30	1.42	0.72	4.32	0.06	0.04	0.08
1992	9.18	10.78	7.27	9.99	4.24	42.23	0.48	0.33	0.66
1993	20.29	2.68	38.89	14.15	14.68	9.44	1.26	2.23	0.18
1994	19.63	2.27	39.01	14.66	15.96	6.52	1.34	2.41	0.17
1995	16.35	2.47	33.15	13.21	14.66	6.29	1.10	1.94	0.19
1996	16.39	2.77	32.39	13.40	14.29	8.29	1.15	1.97	0.23
1997	14.50	3.49	29.18	13.13	13.66	10.54	1.09	1.81	0.31
1998	14.38	3.31	29.71	12.04	12.86	8.53	1.13	1.90	0.31
1999	13.37	3.23	27.82	10.03	10.35	8.46	1.00	1.63	0.30
2000	13.31	3.13	29.12	9.25	9.50	8.02	0.97	1.59	0.29
2001	12.61	2.62	28.60	8.82	9.10	7.30	1.22	1.97	0.34
2002	11.80	2.49	26.46	7.51	7.67	6.57	1.35	2.16	0.38
2003	10.10	2.46	21.48	6.11	6.18	5.77	1.28	2.02	0.41
2004	9.17	2.30	20.30	5.56	5.68	4.99	1.24	2.02	0.40
2005	8.97	2.26	20.92	5.35	5.48	4.76	1.28	2.06	0.43
2006	8.95	2.30	21.76	5.20	5.35	4.58	1.31	2.08	0.47
2007	9.27	2.16	23.75	5.54	5.76	4.60	1.48	2.36	0.49

資料來源：根據有關統計數據計算得出；其中，福建對台貿易及對外貿易數據取自歷年《中國對外經濟貿易年鑑》、《中國商務年鑑》及《福建統計年鑑》；兩岸貿易數據取自海關總署統計；台灣對外貿易數據取自台灣「陸委會」《兩岸經濟統計月報》。

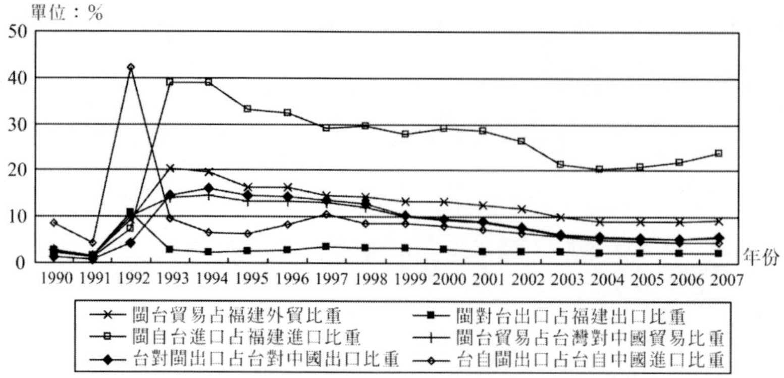

圖1-6a　閩台兩地對閩台貿易關係的依賴程度變動態勢圖

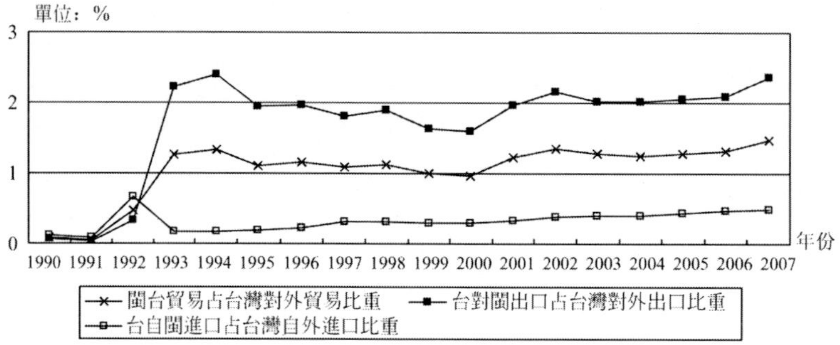

圖1-6b　台灣外貿對閩台貿易的依賴程度變動態勢圖資料來源：根據表1-5數據繪製。

（三）閩台經濟體對閩台貿易的依存性及其發展態勢

進一步，將閩台兩地經濟外向型程度（以貿易依存度即貿易額與GDP的比率反映）納入考量範疇，透過計算閩台貿易額與閩台經濟體各自生產總值的比率（可稱之為閩台經濟體的閩台貿易依存度），可以更深入地衡量閩台經濟體對於閩台貿易往來關係的依賴程度。結果如表1-6、圖1-7、圖1-8所示。

從表1-6可見，總體上看福建經濟體的閩台貿易依存度都處於較低水平。圖1-7顯示，福建經濟體1994年之前自台進口依存度處於高速上升階段，1994年達到11.66%，之後不斷下降，至1999年達4.9%，2000年以來則一直在5%上下波動。相對而言，福建經濟體對台出口依存度遠低於自台進口依存度，除個別年份外基本都在1%以下。由此決定福建經濟的對台貿易依存度（等於對台出口依存度與自台進口依存度之和）與自台進口依存度表現出相同的變化趨勢。另一方面，福建經濟的對台淨出口依存度為負值，表明閩台貿易對於福建經濟的即期增長有著較為穩定的負面漏損作用。

從表1-6可見，總體上看台灣經濟體的閩台貿易依存度處於更低水平。圖1-8顯示，台灣經濟體對閩出口依存度由1993年的0.82%逐漸下降至1999年的0.68%，之後則顯現不斷上升的趨勢，2007年達到1.57%。相對而言，自閩進口依存度遠低於對閩出口依存度，但除了1993年的異常跳動外，一直呈穩定上升之勢，已由1990年的0.04%升至2007年的0.29%。台灣經濟的對閩貿易依存度和淨出口依存度表現出與對閩出口依存度相同的變化趨勢。由於台灣經濟的對閩淨出口依存度為正值，表明閩台貿易對於台灣經濟的即期增長有著不斷提升的正面拉動作用。

最後，由閩台兩地經濟規模的差距所決定，福建經濟對台灣的各項貿易依存度都要高於台灣經濟對福建的相應各項貿易依存度，表明福建經濟較之於台灣經濟更多地依賴於閩台貿易往來關係。但隨著兩地經濟規模的日益接近，二者依存度之間的差距也在不斷縮小。

表1-6　閩台兩地經濟對閩台貿易的依存度（單位：%）

年份	福建經濟的對台貿易依存度				台灣經濟的對閩貿易依存度			
	出口	進口	總額	淨出口	出口	進口	總額	淨出口
1990	0.65	0.45	1.10	0.20	0.03	0.04	0.07	-0.01
1991	0.43	0.29	0.72	0.13	0.02	0.03	0.04	-0.01
1992	3.47	1.96	5.42	1.51	0.12	0.22	0.34	-0.09
1993	0.72	9.87	10.59	-9.15	0.82	0.06	0.88	0.76
1994	0.76	11.66	12.41	-10.90	0.89	0.06	0.95	0.83
1995	0.78	8.67	9.45	-7.89	0.79	0.07	0.86	0.72
1996	0.78	7.72	8.50	-6.95	0.80	0.08	0.88	0.72
1997	1.03	6.48	7.51	-5.44	0.75	0.12	0.87	0.63
1998	0.86	5.60	6.47	-4.74	0.77	0.12	0.89	0.65
1999	0.81	4.90	5.71	-4.09	0.68	0.11	0.79	0.57
2000	0.89	5.32	6.21	-4.44	0.75	0.13	0.88	0.63
2001	0.74	5.06	5.80	-4.32	0.85	0.13	0.98	0.73

續表

年份	福建經濟的對台貿易依存度				台灣經濟的對閩貿易依存度			
	出口	進口	總額	淨出口	出口	進口	總額	淨出口
2002	0.80	5.41	6.21	－4.60	0.99	0.15	1.14	0.84
2003	0.86	5.06	5.93	－4.20	1.02	0.17	1.19	0.84
2004	0.97	5.29	6.26	－4.31	1.14	0.21	1.35	0.93
2005	0.98	5.10	6.09	－4.12	1.18	0.23	1.41	0.95
2006	0.98	4.82	5.80	－3.84	1.31	0.27	1.58	1.04
2007	0.90	4.83	5.73	－3.94	1.57	0.29	1.87	1.28

資料來源：閩台貿易數據取自歷年《中國對外經濟貿易年鑑》和《中國商務年鑑》；福建GDP數據取自《福建統計年鑑》；台灣GDP數據取自台灣「行政院主計處」；本表數據根據以上數據計算得出。

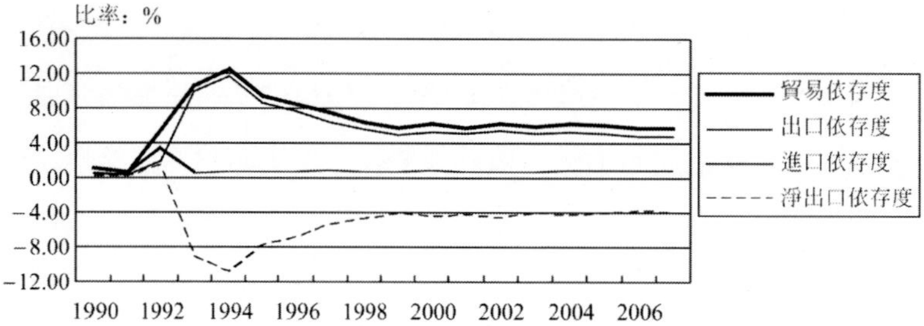

圖1-7　福建經濟體的閩台貿易依存度變動態勢圖資料來源：根據表1-6數據繪製。

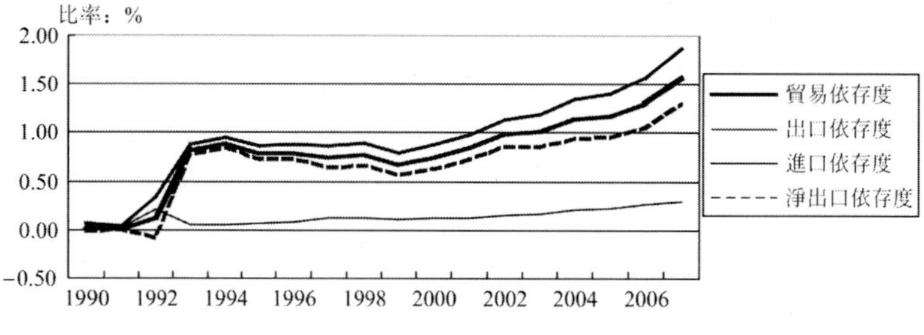

圖1-8　台灣經濟體的閩台貿易依存度變動態勢圖資料來源：根據表1-6數據繪製。

（四）閩台經貿往來對閩台經濟的貢獻度及其發展態勢

閩台經貿往來所形成的閩台經貿相互依存性，最終必然會體現為閩台經貿往來對兩地經濟發展的貢獻影響。對此可以區分台商對閩投資的經濟貢獻與閩台貿易的經濟貢獻兩部分，並以二者與閩台經濟體各自GDP的比率作為衡量指標。

由於台灣當局至今仍然不開放或高度限制大陸資本在島內投資，計算期內福建資本未對台灣投資或投資金額極少，因此計算期內福建資本對台灣投資及其對台灣經濟發展的貢獻可以忽略不計。關於台商投資對福建經濟發展的貢獻，鑒於台商投資主要集中製造業領域，因此可重點考察在閩台資企業歷年實現的工業增加值。雖然缺乏台資企業工業增加值的統計數據，但有在閩外資企業工業增加值的統計數據可供參考。假設單位台商投資金額與單位外商投資金額實現的工業增加值相等，可以利用歷年台商累計投資占外商累計投資的比重，估算外資企業工業增加值當中的台資部分。由於目前公布的在閩外資企業工業增加值數據僅為規模以上部分，進一步假設規模以上外資企業工業增加值占全部外資企業工業增加值的份額，與福建規模以上工業企業增加值占全部工業企業增加值的份額相等；故而可以利用福建規模以上工業企業增加值占全部工業企業增加值的比重，結合規模以上外資企業工業增加值數據，來估算全部外資企業的工業增加值。

關於閩台貿易的經濟貢獻，可以採用外貿總額結合對外貿乘數的估算數值加以衡量。王直等學者（Wang，1997；Wang&Schuh，2000）利用「可計算一般均衡」世界貿易模型，模擬大陸與台灣加入WTO以及台灣、香港與大陸經濟一體化的潛在影響，估計大陸的外貿乘數在19.4%—28.7%之間，而台灣經濟體的外貿乘數在22.3%—32%之間。假設福建地區的外貿乘數效應與整個大陸地區相近，則可以利用上述外貿乘數的區間數值，乘以閩台貿易總額來衡量閩台貿易對閩台兩地的經濟貢獻。

透過上述對閩台經貿往來為兩地經濟發展所產生的投資貢獻與貿易貢獻的估算，進而計算二者與兩地GDP的比率（如表1-7所示），既可以將閩台經貿往來的經濟貢獻置於可比的水平之上，更能深入地反映由閩台經貿往來產生的閩台兩地經濟發展的相互依存性。進一步，將台商投資的經濟貢獻與閩台貿易的經濟貢獻相加，作為閩台經貿往來產生的總貢獻。

由表1-7可知，台商投資對於福建經濟的貢獻率達到5%左右，但表現出一定的波動性：1990年投資貢獻率曾達6.51%，之後逐漸降至1994年的4.17%，後又逐漸升至2001年的5.95%，近年來則又顯現出下降勢頭。與之相比，閩台貿易對於福建經濟的貢獻率較低，除1993—1997年間略高以外，近年來一直維持在1.1%—1.8%之間。總體而言，閩台經貿往來對於福建經濟的貢獻率達到6%—8%之間，但2001年以來呈不斷下降的趨勢。

閩台經貿往來對台灣經濟的各項貢獻率普遍低於對福建經濟的貢獻率，但增長勢頭非常明顯。閩台經貿往來（閩台貿易）對台灣經濟的貢獻率則由1990年的0.01%—0.02%增至2007年的0.42%—0.6%，增長達到27倍。這表明台灣經濟發展對於閩台經貿往來的依存性日益提高。

表1-7　閩台經貿往來對閩台經濟體的貢獻度（單位：%）

年份	閩台經貿往來對福建經濟的貢獻					閩台經貿往來對台灣經濟的貢獻	
	投資貢獻	貿易貢獻		總貢獻			
		下限	上限	下限	上限	下限	上限
1990	6.51	0.21	0.32	6.72	6.83	0.01	0.02
1991	6.18	0.14	0.21	6.32	6.39	0.01	0.01
1992	5.32	1.05	1.56	6.37	6.88	0.08	0.11
1993	4.99	2.05	3.04	7.04	8.03	0.20	0.28
1994	4.17	2.41	3.56	6.58	7.73	0.21	0.30
1995	4.60	1.83	2.71	6.43	7.31	0.19	0.28
1996	4.74	1.65	2.44	6.39	7.18	0.20	0.28
1997	5.03	1.46	2.16	6.49	7.19	0.19	0.28
1998	5.00	1.26	1.86	6.26	6.86	0.20	0.29
1999	5.65	1.11	1.64	6.76	7.29	0.18	0.25
2000	5.50	1.20	1.78	6.70	7.28	0.20	0.28
2001	5.95	1.13	1.66	7.08	7.61	0.22	0.31
2002	5.63	1.20	1.78	6.83	7.41	0.25	0.36
2003	5.35	1.15	1.70	6.50	7.05	0.27	0.38
2004	5.07	1.21	1.80	6.28	6.87	0.30	0.43
2005	4.91	1.18	1.75	6.09	6.66	0.31	0.45

續表

年份	閩台經貿往來對福建經濟的貢獻					閩台經貿往來對台灣經濟的貢獻	
	投資貢獻	貿易貢獻		總貢獻			
		下限	上限	下限	上限	下限	上限
2006	4.90	1.13	1.66	6.03	6.56	0.35	0.50
2007	4.76	1.11	1.64	5.87	6.40	0.42	0.60

註：閩台經貿往來對福建經濟的貢獻部分，貿易貢獻的貿易乘數下限值為19.4%、上限值為28.7%；閩台經貿往來對台灣經濟的貢獻部分，貿易貢獻的貿易乘數下限值為22.3%、上限值為32%。

資料來源：台商投資與閩台貿易數據取自歷年《中國對外經濟貿易年鑑》和《中國商務年鑑》；福建GDP及工業增加值數據取自《福建統計年鑑》；台灣GDP數據取自台灣「行政院主計處」；本表根據以上數據計算得出。

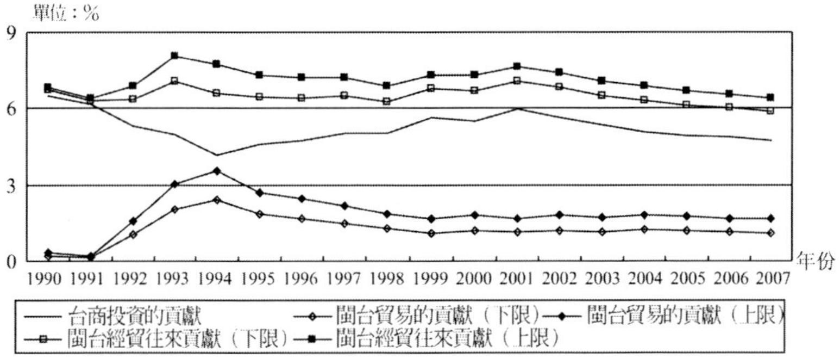

圖1-9 閩台經貿往來對福建經濟的貢獻度變動態勢圖資料來源：根據表1-7數據繪製。

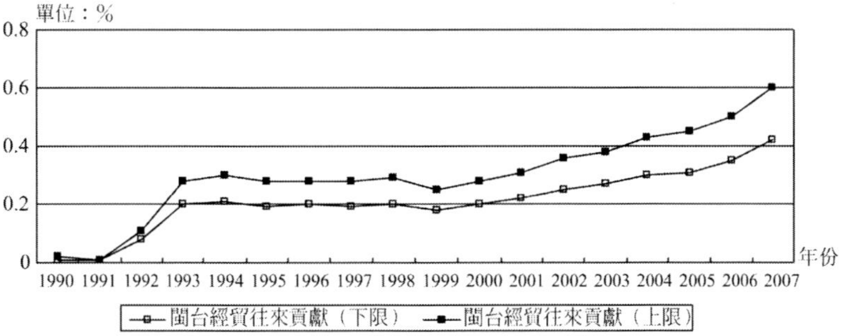

圖1-10 閩台經貿往來對台灣經濟的貢獻度變動態勢圖資料來源：根據表1-7數據繪製。

綜上可見，近20年閩台兩地經濟在投資、貿易與發展等方面形成了一定的且不對稱的相互依存性。但除了福建在利用外資與進口方面對台灣具有較高的依賴性之外，閩台兩地經濟體在其他單一層面與總體層面的相互依存與一體化程度基本上還處於較低水平，閩台經貿聯繫的緊密性尚有較大提升的空間；而且，兩地經濟相互依存性還呈現了較大程度的不對稱性特徵：福建經濟體對閩台經貿往來的依賴程度明顯高於台灣經濟體。必須指出的是，兩地經濟體的上述相互依賴的程度及其不對稱相互依賴特徵在很大程度上是由於台灣當局的長期以來的大陸經貿政策壓製作用的結果。這種壓製作用一旦消除，兩地經濟相互依賴的程度將有望進一步提升，不對稱性特徵也將得到較大程度的消減。

二、福建求閩台緊密經貿聯繫的基本經驗

如果說福建自改革開放以來在拓展閩台緊密經貿聯繫、促進兩岸經貿關係發展方面，一定程度上發揮了獨特優勢，取得了一定成效。那麼，回顧這一歷程，我們發現，除了福建敢闖敢試、敢為天下先的勇氣和精神這一主觀方面的因素之外，以下兩個方面乃是至關重要的因素，亦可謂之基本經驗。

其一，大陸與福建開放型經濟在穩定的社會政治局勢下持續快速發展，是決定福建對台優勢與作用得以發揮、拓展閩台經貿聯繫取得一定成效的根本性因素。

30年來，正是大陸與福建開放型經濟在穩定的社會政治局勢下持續快速發展，使得福建可以發揮其獨特優勢，不僅吸引了台商來福建投資，促進了閩台貿易關係發展，而且建成了大陸最重要的國際招商口岸和對台貿易口岸，成為了國際資本和台商投資的重要聚集地，從而為兩岸交流合作的拓展提供了橋樑和平台；正是大陸與福建開放型經濟在穩定的社會政治局勢下持續快速發展，為台灣資本的贏利與經濟的發展提供的不容忽視的誘人機會，使兩岸「三通」不僅日益必要而且迫切，從而迫使台灣當局不得不不斷調整其大陸政策，為1997年開設「試點直航」和2001年啟動「小三通」提供了契機。

其二，大陸中央在改革開放與對台工作方面對福建的定位以及相應賦予的

「特殊政策」與「靈活措施」，是決定福建對台優勢與作用得以發揮、拓展閩台經貿聯繫取得一定成效的關鍵性因素。

如上所述，大陸與福建開放型經濟的持續快速發展，是決定福建對台優勢與作用得以發揮、拓展閩台經貿聯繫取得一定成效的根本性因素。而眾所周知，大陸與福建開放型經濟的形成與發展的動力主要就源於體制改革與對外開放。因此，毫無疑問，大陸中央在改革開放與對台工作方面對福建的定位以及相應賦予的特殊政策與靈活措施，是決定福建對台優勢和作用得以發揮、拓展閩台經貿聯繫取得一定成效的一個關鍵性因素。事實上，改革開放以來，大陸中央賦予了福建及廈門特區改革試驗權、省級經濟管理權、地方立法權和對外資（台資）的特殊優惠政策，並使福建形成了包括經濟特區、出口加工區、保稅區、保稅物流園區、保稅港區、高新技術開發區、台商投資區、兩岸農業合作試驗區、現代林業合作試驗區等在內的全方位多層次的對外開放格局。這些「特殊政策」與「靈活措施」促使福建始終處於大陸改革開放的前沿，在獲得持續快速的經濟發展的同時，發揮其對台優勢，擁有了大陸最重要的對台貿易口岸、台商投資的重要聚集地、對台工作與兩岸交流合作試驗區、處理涉台事務前沿基地。此外，正是大陸中央賦予廈門港等福建沿海對台直航試點口岸的權力，使福建沿海地區得以發揮港口、區位優勢，開闢兩岸人員、貨物往來新通道，並為兩岸直航累積經驗和互信。也正是大陸中央賦予福建兩岸農業合作試驗區與免稅進口部分台灣農產品的權力，使得福建得以發揮對台優勢，在兩岸農業合作方面取得了較大成績。

總之，福建對台優勢與作用的發揮、拓展閩台經貿聯繫取得成效，與大陸及福建開放型經濟的持續快速發展有著高度的正相關性，是和大陸中央在改革開放與對台工作方面對福建的定位以及相應賦予的特殊政策與靈活措施緊密相關的。

三、福建求閩台緊密經貿聯繫的制約因素

雖然福建近30年來拓展閩台緊密經貿聯繫、發揮對台優勢與作用取得了一

定成效，但其優勢和潛力尚未得到充分發揮。事實上，基於上述基本經驗判斷，在主觀及客觀方面都存在一些影響和制約福建拓展閩台經貿聯繫、發揮對台優勢與作用的因素。

其一，兩岸政治關係僵局在政策層面的制約和影響。多年來，由於眾所周知的因素，兩岸政治關係僵局一直存在。尤其是自民進黨執政以來，台灣當局基於其「台獨」目的，一方面堅持把兩岸航線當做「國家間航線」，企圖以「三通換兩國」，故意拖延兩岸直接「三通」；另一方面始終堅持有限開放的限制性大陸經貿政策取向，阻礙兩岸交流合作。即便是「試點直航」及「小三通」這種有限的兩岸局部地方間的直接交流交往，無論是人員往來還是商品與要素流動方面，都面臨嚴厲的政策限制，遠未窮其潛力。兩岸政治經濟關係的非正常狀態，一方面催生了「試點直航」及「小三通」這種有限的兩岸局部地方間的較為直接的交流交往方式，從而凸顯了福建對台地位與先行先試作用，另一方面也嚴重扭曲了兩岸資源與要素的流動與配置，抑制了福建對台優勢的充分發揮與閩台經貿聯繫的拓展，削弱了福建在兩岸交流合作中的應有地位。例如，由於沒有直接「三通」，台商大陸投資在區位選擇方面就不得不優先考慮那些臨近國際貿易、金融、航運、物流中心的地帶。這就是為什麼臨近香港的珠三角成為了台商投資的先行地和密集區，後來，隨著上海浦東新區的開放與開發，許多台商投資又選擇了長三角的一個重要原因。這也就是在福建的台商投資占在全大陸的台商投資的比重，除了在早年的基於人脈關係的試探性投資時期名列大陸各省市之首外，在之後基本上呈逐步下滑態勢的一個重要原因。當然，經濟網路不暢與經濟腹地狹小也是造成此種現象的另外一個重要因素。

其二，經濟網路不暢與經濟腹地狹小的弊端日益顯現。福建內部各地區之間以及福建連接內地各省市的交通、流通、通信網路與能力雖然一直在改善中，經濟總量與市場空間也隨著地區經濟的發展而不斷擴張，但相對於作為經濟增長極與輻射源乃至經濟區的客觀需要而言，經濟網路不暢與經濟腹地狹小的弊端日益顯現。經濟總量偏小，對外經濟網路不暢，加之行政區域的分割，致使福建經濟的腹地與服務區域狹小、市場空間與規模不大，集散能力不強，使得產業集聚能力不足、產業鏈條延伸受限，削弱了對外資及台資的吸引力，不僅嚴重制約了作為經濟增長極與輻射源的作用，影響到福建經濟發展，而且也影響到福建對台經貿聯繫的拓展，以及福建在大陸對外與對台經貿交流合作中的地位和作用。

其三，改革開放先行先試的政策優勢逐步淡化和喪失。隨著大陸漸進式改革開放發展戰略的深化實施，市場經濟體制在中國範圍已經初步確立，中國全方位對外開放格局也已初步形成，中國經濟運行格局與區域經濟發展格局也在發生變化。以加入世界貿易組織（WTO）為標誌，大陸改革開放發展進入了新的歷史階段。原先賦予福建及廈門特區的部分特殊優惠政策因不符合市場經濟要求和WTO規則等原因已無存在的必要，部分特殊優惠政策則因在中國範圍內推廣而事實上不再有其特殊優惠性（鄧力平、唐永紅，2003；唐永紅，2005、2006）。這必然在一定程度上相對削弱福建及廈門特區較之於中國其他地區的改革開放先行的優勢。與此同時，大陸中央並沒有賦予福建及廈門特區新的發展定位與特殊政策。換言之，福建與廈門特區的發展在新形勢下正面臨著政策優勢喪失和淡化的挑戰。此外，為做好對台工作、促進兩岸更緊密交流合作，先前大陸按照「適度開放、同等優先」原則對台灣的照顧性做法，也面臨WTO無歧視原則的約束。這種挑戰與約束顯然會影響到福建與廈門特區對台優勢和作用的進一步發揮，給福建拓展閩台經貿聯繫帶來新的挑戰。

綜上可見，福建進一步拓展閩台經貿聯繫、發揮對台優勢與作用，有賴於大陸中央在改革開放與對台工作方面對福建的新的定位和相應的政策支撐。

第二節　「三通」新形勢對福建拓展閩台緊密經貿聯繫的影響

隨著認同「九二共識」、主張兩岸交流合作和平發展的中國國民黨重新在台灣執政，台海局勢趨向緩和，兩岸交流合作與和平發展正成為兩岸關係發展的趨勢與主題，兩岸全面直接「三通」與經貿關係正常化有望實現。但與此同時，台灣分離主義問題、兩岸政治關係上的結構性矛盾以及兩岸社會各種差異依然存在，這仍然是兩岸和平發展與和平統一的重大挑戰，並可能在新形勢下更加突顯。在兩岸關係發展面臨的這種機遇與挑戰中，福建對台優勢與作用必將發生較大變化，在拓展閩台緊密經貿聯繫、促進兩岸經貿關係發展方面必將面臨新的機遇與挑戰。

一、新形勢下福建拓展閩台緊密經貿聯繫面臨的機遇與挑戰

在兩岸關係發展的新形勢下，特別是隨著兩岸全面直接「三通」與經貿關係正常化的實現，福建拓展閩台緊密經貿聯繫將面臨新的機遇與挑戰。

（一）新形勢下福建拓展閩台緊密經貿聯繫面臨的機遇

1.直接「三通」有助於福建經濟發展環境改善。其一，新形勢下福建在兩岸關係中的地位與角色有望發生相應改變，有可能從兩岸對峙與鬥爭的前沿轉換為兩岸交流合作與融合的前沿，成為促進國家和平統一的前沿。福建的這種地位與角色的轉換，意味著長期以來阻礙福建發展及其對台優勢發揮的潛在威脅得以消除，福建有可能迎來發展的春天。其二，新形勢下台灣海峽將從兩岸往來的天塹變成兩岸往來的通道，成為連接海峽兩岸與國際航運的黃金水道。這一方面意味著長期以來抑制福建對台優勢與作用發揮的「三通」不通因素將得以解除，另一方面也意味著需要並可以重新定位福建的對台角色與作用。

2.直接「三通」有助於福建吸引外商台商投資。「三通」直航的實現，將提升福建的經濟區位優勢與投資環境，使得閩台之間潛在的地緣優勢可以充分發揮，有助於福建對外對台招商引資。

3.直接「三通」有助於閩台產業對接與合作。「三通」直航的實現，特別是兩岸經貿關係正常化的實現，將便利於兩岸原材料及中間產品的運輸以及人員往來，有助於兩岸經濟專業化分工合作，並將提升福建的經濟區位優勢與投資環

境，有助於閩台之間潛在的地緣優勢的充分發揮，從而有助於閩台產業對接與合作，並增強對台資的吸引力。

4.直接「三通」有助於閩台貿易的進一步發展。「三通」直航的實現導致運輸成本與運輸時間減少，兩岸經貿關係正常化的實現使得有更多的大陸產品出口台灣，特別是閩台產業的進一步對接與合作發展，將使閩台之間的貿易規模顯著增長。

5.直接「三通」有助於閩台港口物流合作發展。閩台位於環太平洋亞太經濟圈的中部，背靠經濟快速發展的中國大陸，東瀕太平洋，南承珠三角，北接長三角，是中國南北海運的要沖和諸多國際航線的必經之路。以閩台為中心，南至廣州、香港、新加坡，北到上海、神戶、釜山等地，均在數百海里範圍內，構成了一個扇形的海運網路。「三通」直航的實現，特別是兩岸經貿關係正常化的實現，將滿足港口物流合作與發展對成本、效率與安全的要求，促進閩台物流運輸規模的增長。兩岸沿海港口物流特別是閩台港口物流因此將可以合作發展，在加密併合理布置閩台航線的同時，共建港口群與物流網路，成為海峽兩岸與國際物流鏈的重要環節。

6.直接「三通」有助於閩台旅遊業合作發展。「三通」直航的實現，特別是大陸民眾赴台灣離島地區旅遊的進一步開放，預計赴閩台旅遊特別是赴台灣離島地區的觀光客規模會有較大增長，使得閩台旅遊業特別是福建與台灣離島地區的旅遊業可以合作發展。

7.直接「三通」有助於「閩台共同生活圈」的形成。「三通」直航的實現，閩台之間的地緣優勢得以發揮，隨著兩岸經貿交流與人員往來的進一步便利化，閩台兩地民眾將可以相對便利地進行相互投資、置業、旅遊，「閩台共同生活圈」有望形成。

8.直接「三通」有助於「海峽經濟區」的形成。「三通」直航的實現以及兩岸經貿關係正常化的實現，不僅提升福建的經濟區位優勢與投資環境，而且使得閩台之間潛在的地緣經濟優勢、地緣文化優勢、地緣政治優勢可以充分發揮，有助於閩台各種交流、合作與融合的擴展與深化，特別是閩台經貿交流、合作與一體化的發展，使得以閩台為主體的「海峽經濟區」有望形成。

（二）新形勢下福建拓展閩台緊密經貿聯繫面臨的挑戰

1.可能會面臨進一步「邊緣化」的風險。隨著兩岸經貿關係正常化，新形勢下台灣當局甚至兩岸當局的注意力可能集中於兩岸整體性的交流合作。因此，新形勢下雖具「五緣」優勢，但卻處於大陸政治、經濟、文化中心之外的福建可能被置於兩岸交流合作的主潮流之外，可能會面臨進一步「邊緣化」的風險。

2.「試點直航」與「小三通」政策優勢喪失。兩岸全面「三通」意味著福建失去了先前獨享的「試點直航」與「小三通」政策優勢，並將相對削弱「試點直航」與「小三通」渠道在兩岸交流中的地位與作用的重要性。

3.兩岸交流往來的主要通道地位難以形成。兩岸全面「三通」後，大陸所有對外開放的港口都可以與台灣所有對外開放的港口直接通航（目前大陸已同意開放63個港口，台灣方面也同意開放11個港口），使得福建成為兩岸交流往來的主要通道的期望難以成為現實。兩岸全面「三通」後在福建港口與台灣港口之間運輸的貨物，將主要是閩台之間的貿易商品、福建港口可以輻射到的周邊一帶沒有對台直航港口的內地與台灣之間的貿易商品以及需要在福建港口掛靠的國際轉運貨物。此外，在兩岸人員往來方面也大致如此。此次兩岸空運協議大陸開放了21個客運包機航點，兩岸人員往來直接通道的巨大增加，不僅必然影響到閩台客運航線的運輸量，而且也會對福建「小三通」的人員運輸量產生不利影響。

二、兩岸全面直接「三通」對福建對台優勢與作用的影響

就兩岸全面直接「三通」對海峽西岸對台優勢、地位與作用的影響而言，可以歸結為兩個效應：一個是全面「三通」帶來的「替代效應」，一個是直接「三通」帶來的「增長效應」（唐永紅，2008）。總體而言，在兩岸全面直接「三

通」與經貿關係正常化即將實現的新形勢下，增長效應將大於替代效應，海峽西岸的對台優勢必將得以進一步發揮，對台作用的潛力可以進一步開發。

所謂「替代效應」，就是指由於兩岸全面「三通」，大陸其他省市得以獲得兩岸直接交流的權力與機會，兩岸交流將有更多的直接管道，福建「試點直航」與「小三通」在兩岸交流中的地位與作用的重要性將相對下降。但這種基於「分流」而產生的替代效益是有限的，因為在沒有全面直接「三通」的現況下，基於交流的需要與當地的綜合性競爭優勢，台灣早已與大陸各地展開了廣泛的交流與合作，並非高度集中於福建地區；在人員、貿易、投資往來方面，基本上都是透過第三地間接實現的，也並非高度依賴於福建的「試點直航」與「小三通」直接管道。事實上，由於政策限制，福建的「試點直航」與「小三通」的潛力特別是人員、貨物往來方面遠未得到充分發揮。

所謂「增長效應」，是指福建在兩岸交流中的地位與作用將隨著兩岸直接「三通」而得到提升。首先，兩岸直接「三通」與經貿關係正常化意味著福建對台優勢發揮的一個制約因素得以消除，對台交流與合作有望迎來蓬勃發展的局面。其次，兩岸直接「三通」與經貿關係正常化意味著「試點直航」與「小三通」政策限制被解除，福建「試點直航」與「小三通」的潛力得以進一步發揮，規模水平必得以進一步提升。此外，兩岸直接「三通」與經貿關係正常化意味著閩台之間將開通更多的直接雙向交流管道，雙向交流的規模、廣度與深度也必將因直接交流管道的增加與經貿政策鬆綁而得到提升。

總之，隨著兩岸全面直接「三通」與經貿關係正常化的實現，福建的「試點直航」與「小三通」這一直接交流的管道在兩岸交流中的地位與作用的重要性可能會相對下降，但「試點直航」與「小三通」的絕對規模水平必將進一步提升；與此同時，隨著海峽西岸經濟區發展戰略的推進以及經濟網路不暢與經濟腹地狹小的弊端逐步克服，在制約福建對台優勢發揮的諸因素逐步解除之後，福建對台作用的潛力必將得以進一步發揮，對台交流與合作必將在更大的規模與更高的層次上得以展開。

第三節　新形勢下福建拓展閩台緊密經貿聯繫的思路與構想

綜上所述，當前進一步發揮福建對台優勢、拓展閩台經貿聯繫既面臨諸多挑戰，又面臨難得的戰略機遇。應積極應對當前的各種挑戰，抓住有利時機，採取切實有效措施，充分發揮福建對台優勢，拓展閩台緊密經貿聯繫，促進兩岸關係和平發展。

一、基本思路

基於上述對福建發揮對台優勢、拓展閩台經貿聯繫的基本經驗、制約因素、機遇與挑戰的認識與判斷，新形勢下進一步發揮對台優勢、拓展閩台經貿聯繫的基本思路應是：隨著經濟全球化與區域一體化趨勢的發展、大陸改革開放發展進程的深化，新形勢下福建對台優勢與作用的進一步充分發揮、閩台經貿聯繫的進一步拓展，仍然有賴於福建開放型經濟的進一步發展，特別是有賴於其內各種特殊經濟區域發展模式的創新與轉型。當前，應立足福建自身的各種獨特優勢與條件，特別是其港口、區位和對台優勢與條件，與時俱進地創新發展模式，將閩台經貿聯繫的進一步拓展與大陸改革開放的深化發展、區域經濟的協調發展、兩岸經濟一體化發展有機結合起來，以便在更好地發揮經貿自由化的試驗田與先行區作用、區域經濟的增長極與輻射源作用的同時，更好地發揮在兩岸經貿交流、合作與整合中的優勢和作用。

二、總體構想

遵循上述基本思路，從進一步發揮福建對台優勢與作用，進一步發展兩岸經貿關係，推進國家和平統一需要角度看，新形勢下，除了福建自身可在現有條件、政策及對台優勢基礎上勇於開拓和創新之外，大陸中央應將改革開放、區域（兩岸）合作、國家統一三個目標任務統一起來，整合構建起一個有助於擴大對外開放、推動區域（兩岸）合作、促進國家統一的平台。當前應當在兩岸臨近的有條件的次區域層面，如福建建立一個遵循WTO無歧視原則的開放性的「兩岸經貿交流合作先行區」，賦予「特殊政策」與「靈活措施」，在包括兩岸產業合作對接、兩岸金融合作試驗、兩岸旅遊合作對接、兩岸經貿自由化、兩岸經濟一體化等內容廣泛的領域先行先試。

從當前擴大對外開放、推動區域（兩岸）合作的需要看，特別是在港口區位、改革開放與對台工作方面最具條件與基礎的地方，應以構建「兩岸經貿自由化先行區」、「兩岸經濟一體化先行區」為中心和重點，並推進與此配套的其他方面的交流合作事宜與政策試驗，從而構建起「兩岸經貿交流合作先行區」內的中心（核心）區域，帶動其內的外圍區域的配套發展，以及其他方面交流合作的先行先試。此外，當前至少還應在建立兩岸產業對接合作的集聚功能、兩岸區域性金融合作的服務功能、兩岸直接往來的通道功能與台灣海峽物流的樞紐功能等方面先行先試，有所作為。這些方面本身也是兩岸經貿自由化與兩岸經濟一體化所需的輔助功能與配套措施。

如此，閩台緊密經貿聯繫得以進一步拓展，「兩岸經貿交流合作先行區」不僅將成為兩岸經貿交流合作的核心區和海峽西岸經濟區經濟發展的增長極，而且可促進兩岸交流合作朝著更加開放、更加靈活、更加密切、更加便捷的方向深化發展，加速兩岸經濟一體化發展。

三、基本原則

新形勢下建立「兩岸經貿交流合作先行區」以進一步發揮福建對台優勢、拓展閩台經貿聯繫應把握好以下基本原則：

一是「一國主權架構下的政經暫時分離」原則。在性質上，「兩岸經貿交流合作先行區」是一個國家主體內的特定區劃。在堅持兩岸同屬一個國家的主權架構下，先行區在政治上可以有最大的包容性；在經濟上透過採取「政經分離」、「經貿優先」等靈活務實的做法，來推動兩岸經濟制度性交流、合作與一體化；某些功能區可以具有「境內關外」特點或採行「境內關外」的國際慣例。

二是「先行先試與積極讓步」原則。「兩岸經貿交流合作先行區」應順應經濟全球化與區域一體化發展態勢，堅持在改革開放、經貿活動自由化與便利化方面先行先試；在這一過程中，只要不違背「兩岸同屬一個國家」的原則，經濟和政治上都將充分照顧台灣人民的利益，給台灣人民以最大的讓步。

三是「符合WTO規則與國際慣例」原則。兩岸都已是WTO成員，WTO下的涉外經濟交流合作以及兩岸經濟交流合作，自然應遵守WTO的有關規則與國際經濟活動的有關慣例。在此基礎上，實現兩岸長期、雙向、良性互動，促進閩台區域經濟合作機制和兩岸經濟合作機制的有效形成。

第四節　新形勢下福建拓展閩台緊密經貿聯繫的措施與政策

一、建立兩岸經貿自由化與兩岸經濟一體化先行區

（一）構建兩岸經貿自由化先行區

「兩岸經貿自由化先行區」，作為「兩岸經貿交流合作先行區」的一個對外開放程度以及經貿活動自由化與便利化程度最高的功能經濟區，實際上就是一個可與台灣自由貿易港區對接的單邊自由經貿區，就是要在一個條件合適的區位建立一個遵循WTO無歧視原則的、境內關外的，集國際投資、國際貿易（含對外貿易、轉口貿易、加工貿易、對台貿易）、國際金融（含離岸金融、兩岸金融）、研發製造、商品加工、倉儲展會、物流分撥、過境轉運、國際旅遊（含兩岸旅

遊）等多項功能於一身的集約化的綜合型自由經貿區。建立集約化、多功能、綜合型自由經貿區而不是單一功能的自由貿易區，是為了發揮其產業集群、規模經濟與一站式服務等優勢和作用，增強特區在全球經貿自由化過程中的國際競爭力和抗風險能力以及特區自身的運行效率與效益，並增強特區作為增長極與輻射源的實力與能力，加快所在區域經濟的開放與發展速度。

具體而言，廈門經濟特區應首先在其現有保稅區、出口加工區、保稅物流園區、保稅港區的條件與經驗基礎上，向自由經貿區（自由港）轉型。此外，具有離島特徵的福州平潭島與漳州東山島也可闢為自由經貿港區，具有「試點直航」功能的福州港也可建成國際保稅港區。如此，可以與台灣的自由貿易港區對接，率先實現兩岸經貿自由化。

（二）構建兩岸經濟一體化先行區

就建立「兩岸經濟一體化先行區」而言，就是以跨關境自由經貿區方式在上述兩岸特區之間率先實質性地啟動兩岸制度性經濟合作與一體化進程。具體而言，就是兩岸相關方面允許上述兩岸各自的單邊自由經貿區跨關境發展：首先，與對方的自由經貿區結成開放性的次區域跨關境自由貿易區，整合併充分發揮兩岸毗鄰地區的海港、空港優勢以及其他經濟發展資源與條件，使之成為海峽兩岸的國際貿易中心、物流分撥中心和以高科技產品為主導的加工製造中心，成為海峽兩岸與國際物流鏈的重要環節；其次，建立開放性的多功能綜合型次區域跨關境自由經濟區，實現生產要素的自由流動與優化配置，成為國際化的區域性資金流、物流和訊息流的彙集區，最終發展成為國際化區域經濟中心。

具體而言，廈門經濟特區應向自由經貿區（自由港）轉型，進而尋求跨關境發展，與金門合作形成開放性的多功能綜合型廈金自由經貿區，並與高雄等台灣島內自由貿易港區實現無縫對接。如此，可以實現上述「兩岸經貿自由化先行區」、「兩岸經濟一體化先行區」的目標與功能，並可作為「兩岸經貿交流合作先行區」的中心（核心）功能區域。此外，廈門市其他區域與海峽西岸其他區域作為「兩岸經貿交流合作先行區」的外圍區域，成為中心區域的腹地與服務區域，可與自由經貿區進行合理的專業化分工合作，共同實現「兩岸經貿交流合作先行區」的其他目標與功能。

顯然，上述自由經貿區中所謂的開放性，意指兩岸在自由經貿區中實行的經貿活動自由化與便利化措施，不僅適用於自由經貿區當地的經濟主體，也適用於在這些區域中開展經貿活動的兩岸其他地區的經濟主體，更以WTO無歧視原則適用於在這些區域中開展經貿活動的其他國家或地區的經濟主體。之所以強調這種開放性，不僅是為了符合WTO的有關規範和要求，而且從進一步參與全球化、促進兩岸經濟一體化與兩岸政治經濟關係發展以及這些區域自身再發展角度看，建立開放性的、無歧視性的、更加自由化與便利化的單邊自由經貿區或次區域跨關境自由經貿區，有著重大的現實意義和作用。

二、建立兩岸產業對接合作的集聚功能

（一）構建產業對接與聚集機制

總體說來，要制定台商投資海峽西岸經濟區的促進政策，以各類特殊經濟區為招商引資平台，依託現有產業鏈和產業集群，建設產業對接合作聚集基地，構建產業對接與聚集機制，積極承接台灣現代產業轉移。具體而言，應採取如下舉措，以構建產業對接與聚集機制，提升海峽西岸經濟區對台灣產業的招商引資競爭力與對接承載能力。

一要擴展產業對接合作平台，建設產業對接合作聚集基地。應將福建現有的高新技術開發區、台商投資區合併與擴區至福建省行政區範圍，將現有的經濟特區、高新技術開發區、台商投資區、海峽兩岸（福建）農業合作試驗區等方面的特殊政策統一實施，促進台商投資區、各類開發區、海關特殊監管區功能整合，提高產業承載能力，加快廈門灣、閩江口、湄洲灣等沿海一線的產業對接集中區建設，培育發展產業對接專業園區，促進閩台產業對接進一步集聚、提升。

二要健全產業鏈，提升產業合作關聯度。以電子訊息、石化、機械、船舶、冶金、新能源、生物醫藥、食品、創意、新材料等產業為重點，加快建立與台灣

產業相配套的以及大陸台資企業所需的零部件、原輔材料中心，健全產業鏈，提升產業合作關聯度，促進閩台產業融合。

三要開放投資領域，降低投資門檻。在海峽西岸經濟區下放投資審批權，放寬產業開放政策，允許台資、外資進入法律法規未禁止的、不涉及國家安全的行業與領域，允許台資、外資進入基礎設施、公用事業、社會事業與金融服務業等領域，放寬台灣及外國商業零售企業、貿易公司、物流企業、旅行社、訊息諮詢會展服務企業、醫療教育機構以及其他工商服務企業的準入條件和引進範圍。

四要實施稅收優惠政策。對海峽西岸經濟區內的投資企業，減按15%的稅率徵收企業所得稅，並比照東北等老工業基地的稅收優惠政策，對海峽西岸經濟區內的內資企業予以提高計稅工資標準的優惠，對海峽西岸經濟區內行業的增值稅一般納稅人擴大抵扣範圍，實行消費型增值稅政策，對企業固定資產與無形資產予以加速折舊的優惠。

五要加大資金投入和項目支持。大陸中央財政轉移支付、大陸中央預算內專項資金和大陸中央預算內投資，以及其他大陸中央專項資金，都要加大對海峽西岸經濟區的扶持力度，特別要加大對原大陸中央蘇區縣、革命老區、少數民族地區的扶持力度；安排大陸中央預算內投資等資金時，福建革命老區、少數民族地區等參照執行中部地區政策，福建原大陸中央蘇區縣參照執行西部地區政策；適當降低大陸中央投資項目地方投資比例，支持發展特色產業和重大項目建設，對海峽西岸經濟區的基礎設施建設給予專項補助；對具有中國或區際意義、有助於形成海峽西岸經濟區整體競爭力的項目，在項目布點與審批、土地利用等方面給予重點支持。

（二）開展產業、園區、縣市對接合作

要積極開展產業、園區、縣市對接合作，以行業對行業、園區對園區、縣市對縣市等多種方式，促進閩台產業對接合作。

一是開展產業對接。要依託各類產業園區，著力推進與台灣先進製造業、金融服務、旅遊會展、航運物流、商貿、文化創意等方面產業的對接，推動形成以電子、機械、石化等產業為主導，以廈門灣、閩江口、湄洲灣等沿海一線的閩台產業對接態勢和經濟合作布局，促使福建由輕型產業結構向重化產業結構轉型升級，形成上、中、下游產業相互關聯、相互配套的分工體系，從而使區域產業聯合邁向規模化、系統化與長期化。二是開展園區對接。要推動在福州、廈門等地的高新技術開發區、出口加工區、保税港區等各類園區與台灣新竹、台中、台南等地的科學工業園區、出口加工區、自由貿易港區等各類園區的對接與合作，促進共建合作園區，共推技術標準，共創品牌。三是開展縣市對接。要推動福州、廈門、泉州、漳州等城市與台北、高雄、基隆、台南等城市建立城市聯盟，開展市（縣）域經濟合作。

（三）加快現代服務業對接合作

制定閩台現代服務業全面對接規劃，打造閩台現代服務業合作基地，促進閩台現代服務業對接合作。

一要鼓勵支持台商以獨資或控股方式，投資福建服務業，積極引進科技研發、航運物流、現代金融、旅遊會展、商務營運、醫療衛生等現代服務業，吸引台資企業在福建設立研發中心、運營中心、銷售中心、商務中心、採購配送中心和地區總部，積極發展閩台服務貿易合作，提升閩台服務業合作層次與結構。特別是，引進並扶持一批集運輸、倉儲、配送、訊息於一身的現代物流企業，不斷提高物流服務水平，增強區域經濟輻射能力。二要在金融、商貿、物流、會展、旅遊、文化、會計、醫療、分銷、訊息服務、IC設計、商標代理、專利代理、管理諮詢、專業資格認證等方面加強閩台合作。三要放寬台資中介機構的準入限制，積極引進台灣知名中介服務機構，支持閩台中介服務企業的聯合、兼併與重組，深化閩台服務業合作水平。四要爭取設立兩岸金融合作試驗區，試辦兩岸貨幣兑換與清算以及離岸金融業務，降低台資外資金融機構進入門檻，打造兩岸區域性金融服務中心，推動兩岸金融合作邁出實質性步伐。

（四）提升農業合作水平

進一步加強海峽兩岸農業合作試驗區、現代林業合作實驗區建設，努力將兩岸農業合作試驗區建成台灣農產品輸入的區域物流集散基地、台灣農業外移的吸納基地、台灣農民再創業基地和農產品加工出口基地，充分發揮窗口作用、示範作用和輻射作用，提升閩台農業合作水平。一要大力推進台灣農民創業園建設，積極引進台灣農業資金、技術、良種、設備等生產要素，促進閩台農業深度對接。鼓勵台商以合資、合作、獨資、承包、租賃、參股、收購等方式投資農業領域；鼓勵台灣傑出農民帶資金、技術、良種等到福建投資；鼓勵台灣同胞來閩開展農業生產、農產品加工、農產品市場開發與產銷組織、農業生物技術、休閒觀光農業、農村人居環境建設等領域的合作。二要加快廈門台灣水果銷售集散中心、廈門高崎閩台中心漁港、霞浦台灣水產品集散中心的中心漁港、海峽兩岸（福建東山）水產品加工集散、泉州閩台農產品市場、福州海峽農產品批發市場等基地建設，打造兩岸農產品集散中心，提升廈門、漳州、南安、東山、霞浦等海峽兩岸農（水）產品集散中心和市場功能。三要加快建設農產品出口加工基地和台灣農業技術、新品種推廣中心，加快閩台良種引進繁育中心和示範推廣基地建設，加快建立一批閩台現代農業合作示範區和加工區。四要開闢台資農業企業融資渠道，支持台資企業參與農業產業化經營，提高農業合作層次，深化合作成效。五要加強兩岸農民合作組織交流，推動兩岸共創品牌農業，促進生產、銷售、管理、服務多方位合作。

（五）深化旅遊對接合作

深化旅遊對接合作，促進海峽旅遊區的形成與發展。一要完善閩台旅遊合作機制，加強與台灣旅遊機構的交流合作，深化閩台旅遊景區對接，實現優勢互補、資源互享、訊息互通、市場互動，共推海峽旅遊精品線路，做大「海峽旅遊」品牌。二要提升「小三通」黃金通道，增強中轉銜接服務功能，推動大陸中央准許所有大陸居民和來大陸交流旅遊的境外民眾可經由福建港口赴台澎金馬地區交流、旅遊，准許所有大陸居民可以自由行方式經由福建港口赴金馬澎地區交流、旅遊，從而擴大大陸居民從福建口岸赴台旅遊。三要積極開拓台灣旅遊市場，加強入台旅遊推介，擴大台灣同胞來閩旅遊。四要推動台胞來福建設立獨資旅行社或合資旅行社，推動福建本地旅行社優先到台灣島內或金馬澎地區設立分公司或辦事處。五要透過擴大海峽旅遊博覽會和一系列大型對台旅遊節慶活動的影響力，構築海峽旅遊交流合作平台。

（六）提升產業對接合作的技術含量

加強技術創新合作，提升產業對接合作的技術含量，促進產業技術升級。

一要注重對台高科技產業的招商引資，擴大在光電、軟體、新材料、電子訊息、精密儀器、生物科技、外包服務等領域的對台交流合作。二要加大智慧電子、數控機床、環保、生命生物工程等高新技術產業對接力度，以高新技術為導向，推動台商投資區產業升級，提升台商投資區對高新技術的產業帶動和輻射作用。三要辦好台灣學者創業園、台灣中小企業創業園，建構全方位的創業服務扶持體系，為台灣科技人員提供高層次創業平台，增強福建對台灣科技產業轉移的承接能力。

（七）做大兩岸經貿交流合作的橋樑平台

要推動舉辦海峽兩岸文化（創意）產業博覽交易會，推動赴台舉辦各類商品展，繼續辦好「4.8」台交會、「9.8」投洽會、「5.18」海交會、「6.18」科技成果交易會、兩岸旅遊交易會、海峽論壇、兩岸農產品產銷論壇等重大涉台經貿盛會，做足特色，做大影響，做響品牌，從而做大兩岸經貿交流合作的橋樑平台，強化和提升福建作為兩岸經貿交流合作前沿平台、活動基地的地位和作用。

三、建立兩岸區域性金融合作的服務功能

推動在福建設立「兩岸金融合作試驗區」，促進福建成為兩岸區域性金融服務中心。

（一）推進閩台金融機構雙向互設相互參股

可比照CEPA中關於香港、澳門金融機構在內地設立法人機構或分支機構的條件，適當放寬台灣銀行、財務公司、證券公司、保險公司在福建省設立法人機構或分支機構的條件，吸引台灣銀行、證券、保險等金融機構在閩設立分支機構，推動台灣金融機構和台資大企業財團參股福建本地金融企業，直接或間接設

立合資銀行、保險公司、證券公司。如此，既有助於台灣金融機構搶占大陸市場商機，又可促進閩台金融機構的交流合作與發展。

（二）拓展台資進入福建的渠道和形式

一方面，可加快海峽產權市場建設，探索引入台灣上櫃和興櫃交易機制，推動設立兩岸股權櫃台交易市場，打造閩台企業對接的直通平台；另一方面，可在閩設立兩岸合資的海峽投資基金，拓展台灣金融資本進入福建的渠道和形式。如此，可增強向在閩企業提供投融資等各項金融服務的能力。

（三）優先支持在閩台資企業上市融資

大陸台資企業多是中小企業，因其資產與信用能力以及在大陸銀行缺乏信用記錄問題，普遍存在資金缺乏與融資困難問題。同時，兩岸政治關係僵局所致的兩岸金融交流與合作的非正常化發展狀態，更使大陸台資企業資金來源缺乏問題尤為突出。針對大陸台資中小企業融資難的情況，除了支持兩岸金融機構進行業務創新，促進兩岸金融交流與合作，還可將在閩台資企業納入大陸中小企業信用擔保體系，並優先支持在閩台資企業在大陸A股及創業板證券市場直接融資。

（四）開展兩岸跨境貿易以人民幣計價結算試點

國家有關部門和人民銀行總行可授權人民銀行在閩分支機構具體負責，安排兩岸貨幣兌換、清算工作，在福建居民赴金馬澎旅遊和對台小額貿易業務範圍內，透過兩地銀行協會協商，在福建試行人民幣和新台幣計價結算，開展兩岸跨境貿易以人民幣計價結算試點。

（五）試點建立人民幣新台幣兌換與清算機制

在兩岸整體層面的貨幣清算機制建立之前，一方面，可允許在閩銀行率先公開掛牌辦理新台幣與人民幣兌換業務（已獲準），擴大兩岸貨幣雙向兌換範圍，以應對兩岸交流合作的貨幣兌換需求；另一方面，可在廈金兩地嘗試建立兩岸貨幣清算機制，試行人民幣和新台幣直接匯兌結算，逐步建立兩岸資金清算中心。例如可推動兩岸商業銀行間互設人民幣、新台幣帳戶，進行人民幣和新台幣直接清算；允許福建藉助「小三通」渠道，將福建銀行收兌的新台幣直接押送至金門，與台灣的銀行直接兌換美元或人民幣。如此，既可節省間接匯兌清算的額外成本，又能避免第三方貨幣匯率變化帶來的風險與損失。

（六）試辦對台離岸金融業務

要積極推動對台離岸金融業務，為台資企業提供包括離岸存款質押在岸授信業務、離岸綜合授信額度、離岸貿易授信融資業務、離岸貸款業務和銀團貸款、債券融資等服務，探索開展離岸再保險業務。如此，可一定程度舒解台資企業融資難的問題。

（七）建立健全服務海峽兩岸的金融體系

在推進建立兩岸金融監管合作機制的基礎上，要建立健全服務海峽兩岸的金融體系，包括金融市場體系、金融機構體系、金融業務創新體系、金融人力資源體系和金融法規政策體系，從而改善金融發展環境，深化對台金融合作，打造兩岸區域性金融服務中心。

四、建立兩岸直接往來的通道功能

應在兩岸「試點直航」與「小三通」基礎上，努力成為兩岸直接往來的一個重要通道，特別是服務中西部發展的對台通道。應加快對台港口的規劃與建設，完善港口集疏運體系，拓展對內通道與港口腹地，整合閩台港口物流資源，擴大通道中的人員與貨物往來，推進台海大通道建設，以打造海峽兩岸國際貿易中心、物流分撥中心，成為海峽兩岸與國際物流鏈的重要環節，更好地發揮區域輻射功能與對台通道作用。

（一）加快港口規劃與建設

在福建沿海港口布局規劃的基礎上，重點建設「兩集兩散」港口，形成對台運輸樞紐，同時增設對台滾裝碼頭與相應配套措施，打造南以廈門港、北以福州港為樞紐港的沿海對台港口群，形成協同發展，並進一步提升通關作業、檢驗檢疫等港口服務效率，推進福建沿海主要港口成為大陸中西部貨物進出台灣的重要通道，成為大陸東南沿海面對亞太與台灣的門戶港。

在集裝箱港口布局方面，重點推進廈門港和福州港江陰港區為主的兩個集裝箱運輸中心的建設，將之建設成為港口集疏運通暢、各種配套設施齊全的國際大港，以對接台灣集裝箱運輸。

在對台散雜貨港口布局方面，應加大湄洲灣、羅源灣港區散雜貨碼頭泊位的推進力度，形成對接台灣的散雜貨中心，推進湄洲灣、羅源灣港區成為台灣進口礦石、石油等大宗散雜貨的中轉港。

在對台滾裝碼頭布置方面，應優先布置在廈門港、福州港、泉州港，根據需要適時在漳州、莆田和寧德港增設。

在臨港物流園區的規劃與建設方面，廈門港、閩江口可規劃建設以商貿為主體的商貿物流園區；莆田湄洲灣可規劃建設以服務工業為主、以內貿集裝箱運輸為特色的主樞紐港；漳州古雷港可針對漳州是台灣農業投資密集地區的特點規劃建設農產品物流中心，並服務於漳州臨港工業；寧德三都澳可重點發展大型專業貨櫃碼頭。

（二）完善港口集疏運體系

加快與港口相連接的鐵路、高速公路支線建設，形成以福建主要港口為輻射中心的暢通華東、華中、華南的交通運輸體系，推進海陸空聯運，以提升福建內部各地區之間以及福建連接內地各省市的交通、流通、通信網路與能力，拓展腹地與服務區域，並增強港口的集聚與輻射能力。

應繼續並加快推進「兩縱五橫」鐵路、「三縱八橫」高速公路和普通公路網路建設。應重點加大向莆鐵路、龍廈鐵路、沿海鐵路，以及湄洲灣北岸港區、可門港區作業區、江陰港區疏港鐵路的建設力度，爭取利用海陸聯運方式增強福建港口的輻射範圍，爭取成為中西部地區對台的一個主要通道。

（三）拓展福建與中西部地區的通道

除了加快推進福建與中西部地區的交通通道建設之外，還可從以下方面拓展通道：

一是加強與中西部省市的區域通關協作，進一步推進海西綜合通道區域通關建設。二是推動區域通關查驗合作平台建設，推行跨省區不同關區、檢區間的區域通關模式，擴大「屬地申報、口岸驗收」和直通式放行範圍。三是促進福建港口與周邊省份、中西部地區生產、物流企業之間的合作，推進建設「無水港」，加快建設服務中西部發展的對台綜合通道。四是擴大福建電子口岸覆蓋範圍，實現與江西、湖南等中西部省區電子口岸平台的互聯互通與訊息共享，開放一站式、全流程、個性化的口岸大通關執法與物流訊息綜合服務項目，為對台進出口提供遠程服務。

（四）整合閩台港口物流資源

透過閩台港口聯盟、物流聯盟的組建，實現閩台港口協同發展，不僅實現聯盟港口之間的直航，而且聯盟港口可依託資源互補與充分利用的原則，共同規劃港口和航運體系，共同建設港口與物流訊息流平台，共同開發國際航線，構建台海國際海運樞紐中心。應重點推進廈門港、福州港與高雄港、台中港、基隆港以及澎湖、金門、馬祖等離島地區港口的對接，整合併發揮閩台的海空港口優勢及其他資源條件，打造海峽兩岸國際貿易中心、物流分撥中心，成為海峽兩岸與國際物流鏈的重要環節，更好地發揮區域輻射功能與作用。

（五）擴大通道中的人員往來

福建要發揮兩岸往來通道作用，除了要具備作為通道本身的軟、硬體設施條件之外，還需要拓展通道中的人流量與物流量。人流量的拓展方面，除了致力於閩台共同生活圈的構建以加強閩台人員往來之外，當前，一是還可以進一步做好對台旅遊特別是對台灣離島地區的旅遊，深化旅遊對接合作，促進海峽旅遊區的形成與發展；二是還可推動大陸中央准許所有大陸居民可經由福建港口赴台澎金馬地區交流、旅遊，准許所有大陸居民可以自由行方式經由福建港口赴金馬澎地區交流、旅遊。

為此，一應爭取允許福建省公安部門辦理經福建赴台交流或旅遊以及省外居民赴金馬澎地區交流或旅遊的《大陸居民往來台灣地區通行證》；二應爭取把五年期「台胞證」的受理範圍擴大到台灣本島民眾，爭取盡快在福州、廈門設立五年期「台胞證」制證點，把「一年多次來往大陸簽注」延伸到福州、廈門口岸，為台胞提供在福州、廈門辦證、制證、簽注的方便快捷的服務；三應推動兩岸雙方同時受理審批辦證，實現兩岸交流、旅遊出入境便捷化。

（六）拓展通道中的物流往來

物流量取決於物流市場需求。物流市場需求包括國際國內轉運需求和閩台經濟交流合作本身的需要。除了拓展國際國內轉運需求之外，閩台經濟交流合作的發展是福建發揮通道作用的一個主要的物質基礎。為此，從長期來看應致力於海峽經濟區的構建，深化閩台產業對接與合作。而就當前而言，可以採取如下措施以拓展閩台物流市場需求。

一要爭取國家有關部門批准福州馬尾、莆田湄洲、泉州石井、寧德三沙建設對台小額貿易市場，提升福建對台小額貿易的規模和水平。二要提升和完善台輪停泊點，加快台輪停泊點的「台輪聯檢接待中心」等配套設施建設，完善台灣水果運輸停靠點功能，爭取將有條件的台輪停泊點規劃建設成滿足台灣水產品、農產品、土特產品、台灣快遞郵包進出和台灣企業小宗貨物等運輸船隻停靠的對台綜合性碼頭。三要盡快完成廈門台灣水果銷售集散中心、泉州閩台農產品市場、福州海峽農產品批發市場、霞浦與東山水產品中心的建設，爭取批准設立海峽兩岸（連江）水產品集散中心，爭取擴大對台漁工勞務輸出，擴大台灣水果、水產品零關稅進口。四要吸引台灣大型物流和商貿企業進入臨港物流園區、保稅區、保稅港區及對台小額貿易市場經營兩岸貿易與物流，鼓勵兩岸工商團體參與商品交易區、綜合服務區、倉儲區等的經營。

（七）推進台海大通道建設

除了用足現已開放的海空直航通道之外，還應大力推進廈金大橋項目、海峽隧道項目的規劃與實施，推動落實省政府與鐵道部《會議紀要》，做好福台高速鐵路項目規劃等前期工作，力爭早日建成貫穿兩岸、延伸亞太的台海大通道，以克服海空通道的固有侷限，充分開發閩台地緣優勢的潛力。

五、所需大陸中央的政策與支持

建設「兩岸經貿交流合作先行區」，除了福建自身在現有條件、政策及對台優勢基礎上勇於開拓和創新之外，大陸中央應當在不違背WTO關於特殊經濟區的有關規範的條件下，賦予相應的特殊政策及試驗權，並在有關配套措施方面給予大力支持。

（一）賦予經貿活動自由化政策

為構建「兩岸經貿自由化先行區」與「兩岸經濟一體化先行區」，大陸中央應準予福建在其適當區域建立自由經貿區，並賦予相應政策支持。

第一，明確開闢廈門島、平潭島、東山島為「自由經貿區」。其功能定位為一個遵循WTO無歧視原則的、境內關外的，集國際投資、國際貿易（含對外貿易、轉口貿易、加工貿易、對台貿易）、國際金融（含離岸金融、兩岸金融）、研發製造、商品加工、倉儲展會、物流分撥、過境轉運、國際旅遊（含兩岸旅遊）等多項功能於一身的集約化的綜合型自由經貿區。如此可構建起大陸參與經濟全球化進程的一個新平台。

第二，明確自由經貿區採行「境內關外」的國際慣例做法，即對自由經貿區採取「一線放開、二線管住、區內自由」的海關監管模式。確立了「境內關外」前提下的海關監管制度，自由經貿區才有可能按照國際慣例運作，投資自由、貿易自由、金融自由、運輸自由、人員進出自由等在自由經貿區內才會得到根本性的解決。

第三，賦予自由經貿區以特殊權力、特殊政策、特殊管理體制等。這是構築自由經貿區存在與發展的前提及條件。除個別商品（如煙、酒）外完全取消關稅和繁雜的海關常規手續，並准許外國商品豁免關稅而自由進出自由經貿區；准許國際資本在區內自由投資經營；賦予自由經貿區內的企業以各種經濟自由，包括經營活動自由（包括投資自由、雇工自由、經營自由等）、商品流通自由、人員進出自由、貿易自由、金融自由（即貨幣兌換自由、資金流動自由、資金經營自由）等；此外，自由經貿區要實行「機構一體化、管理一元化、服務一條龍」的特殊管理體制，以保障其運作效率與效益。

（二）擴展某些特殊經濟區邊界至福建全省

鑒於福建省現有的經濟特區、高新技術開發區、台商投資區的發展及其作用的發揮面臨著改革開放先行先試政策優勢逐步淡化、經濟網路不暢與經濟腹地狹小等諸多因素的嚴重制約，還應把這些特殊經濟區的地域空間範圍擴大到整個福建省行政區範圍，以擴大其發展的功能空間，並把現有的經濟特區、高新技術開發區、台商投資區、海峽兩岸（福建）農業合作試驗區等方面的特殊政策統一實施，促進這些特殊經濟區做大做強，以便更好地發揮在區域經濟發展中的增長極與輻射源作用，以及在對外和對台交流合作中的優勢、潛力和作用。

（三）放寬產業開放政策

在福建省下放投資審批權，放寬產業開放政策，允許台資、外資進入法律法規未禁止的行業與領域，允許台資、外資進入基礎實施、公用事業、社會事業與金融服務業等領域，放寬台灣及外國商業零售企業、貿易公司、物流企業、旅行社、訊息諮詢會展服務企業、醫療教育機構以及其他工商服務企業的準入條件和引進範圍。

（四）賦予財政稅收支持政策

對先行區內的投資企業，減按15%的稅率徵收企業所得稅；比照東北等老工業基地的稅收優惠政策，對先行區內的內資企業予以提高計稅工資標準的優惠，對先行區內行業的增值稅一般納稅人擴大抵扣範圍，實行消費型增值稅政策，對企業固定資產與無形資產予以加速折舊的優惠；大陸中央財政在現行財政體制的基礎上在一定時期內對先行區的開發建設予以專項補助，在國債資金、大陸中央預算內投資、專項資金等安排上，將先行區列為享受大陸中央一般轉移支付省份的政策待遇，繼續加大對先行區基礎設施、社會公用事業、循環經濟和生態建設、高技術產業、結構調整等項目及資金的支持力度；對福建12個原大陸中央蘇區縣，實行與贛南等其他大陸中央蘇區縣同樣的扶持政策。

（五）賦予經貿交流與人員往來便利化政策

應進一步放寬有關政策限制，授予福建審批兩岸人員經福建往返兩岸的權限，率先實現閩台經貿交流與人員往來便利化。例如，准許具備條件的所有福建港口可與台灣所有港口進行客運、貨運直航，適度放寬通關便利政策；准許兩岸民眾、貨物可經由福建港口往返於兩岸之間；開放所有大陸居民赴台澎金馬地區旅遊，並參照港澳自由行政策，允許大陸居民憑有效證件自由前往台澎金馬地區交流或旅遊；允許福建省公安部門辦理經福建赴台交流或旅遊以及省外居民赴金馬澎地區交流或旅遊的《大陸居民往來台灣地區通行證》；把五年期「台胞證」的受理範圍擴大到台灣本島民眾，爭取盡快在福州、廈門設立五年期「台胞證」制證點，把「一年多次來往大陸簽注」延伸到福州、廈門口岸，為台胞提供在福州、廈門辦證、制證、簽注的方便快捷的服務。

第五節　新形勢下福建拓展閩台緊密經貿聯繫的意義與作用

顯然，上述拓展閩台緊密經貿聯繫的思路、構想與舉措有著重大的現實意義和作用。

一、發揮經貿自由化與便利化試驗田與先行區作用

上述思路、構想與舉措有助於構建起大陸、海峽西岸及台灣參與經濟全球化進程的一個新平台，在貿易自由化、金融全球化、投資全球化、生產要素流動全球化等方面進一步率先發展，從而可以順應全球化深化發展趨勢與要求，積極穩妥地在更高層次上和更大範圍內參與全球化進程，發揮經貿自由化與便利化試驗田與先行區作用；也可作為兩岸經濟體對WTO承諾的對外開放義務（包括加入WTO時承諾的和今後參與WTO多邊談判承諾的義務）的率先試驗區，從而可在多

邊開放過程中優先促進兩岸經貿交流與合作的進一步發展，更好地實現與保障兩岸經濟利益。

二、發揮台灣海峽區域經濟的增長極與輻射源作用

上述思路、構想與舉措不僅可以整合台灣海峽東西兩岸的海港、空港優勢以及其他經濟發展資源與條件，吸引國際經濟資源與要素的流入，從而在克服台灣海峽東西兩岸自身經濟發展面臨的各種瓶頸約束的同時，使先行區成為兩岸人員往來、貨物中轉、經貿交流的重要樞紐，並促進海峽西岸經濟區內部的分工、合作與協調發展，而且有助於整合海峽兩岸乃至兩岸四地彼此的經濟互補性優勢特別是港口區位優勢與運輸能力，在促進包括台灣海峽東西兩岸的海峽經濟區的形成與發展的同時，有利於加強兩岸四地中華經濟區內部的承接與合作，從而在更大範圍、更高層次上發揮區域經濟的增長極與輻射源作用。

三、發揮兩岸制度性經濟合作與一體化先行試驗區作用

上述思路、構想與舉措首先可以作為兩岸經濟體制度性交流、合作與一體化的一個先行區與試驗區。兩岸共同在這些局部區域中率先以WTO無歧視原則消除經貿活動壁壘，實行商品與要素的自由流動，並率先以自由經貿區對接方式或跨關境自由經貿區方式，實現這些小範圍的、低協調水平的兩岸制度性經濟合作與一體化，是基於兩岸經濟發展現實條件的一個現實選擇，可順應兩岸功能性經濟一體化深化發展趨勢與要求，並可為將來兩岸間全面性的制度性經濟合作與一體化探索經驗，奠定基礎。

四、發揮對台工作前沿平台與兩岸全面整合先行試驗區作用

上述思路、構想與舉措還可以形成兩岸交流合作的一個重要連接點與接口，大陸對台工作的一個前沿平台與抓手，乃至兩岸社會經濟、文化、政治全面整合的一個先行試驗區，為兩岸將來更大範圍、更多領域、更高層次的制度性合作、一體化以及兩岸和平統一探索經驗，並構築必要的經濟、社會和政治基礎與動力，更好地發揮海峽西岸在兩岸交流、合作與整合中的優勢和作用。

第六節　新形勢下福建拓展閩台緊密經貿聯繫的條件與可行性

拓展緊密經貿聯繫、尋求區域經濟整合需要的最佳條件是緊密的地理聯繫、深厚的民族文化淵源、資源稟賦與產業結構的互補性、商品與要素的自由流動、開放的政策環境或相同的政策與法律體系、趨同的經濟體制與運行機制。以此觀之，上述拓展閩台緊密經貿聯繫的思路、構想與舉措，不僅具有眾所周知的獨特優勢與如前所述的基礎條件，而且面臨新形勢下的機遇與可能。這裡著重從福建獨特優勢與基礎條件上的可行性、自由經貿區一般經濟條件、WTO有關規範、兩岸經貿關係發展態勢、兩岸政治關係新形勢、國際經濟發展形勢與格局等層面考察其可行性。

一、福建獨特優勢與基礎條件上的可行性

（一）對台「五緣」優勢

福建與台灣地緣相近、血緣相親、文緣相承、商緣相連、法緣相循（「五緣」）。這種「五緣」條件，既是福建獨特優勢，也是福建發揮對台獨特作用、拓展閩台緊密經貿聯繫的重要基礎。一是地緣相近。福建是大陸距離台澎金馬地區最近的省份，廈門角嶼至小金門1000多米，福建平潭島距離台灣本島新竹僅68海里。鄭成功收復台灣和清政府統一台灣都是從福建發兵的。二是血緣相親。80%以上的台灣民眾祖籍地在福建，其中近80%又是來自閩南的漳州、泉州等地。在台灣的福建同鄉會有147個、宗親會126個，遍布台灣25個縣市。每年有60多萬台胞來閩，常住的有10多萬人。在閩定居的台胞和台屬人數占大陸各省定居台胞和台屬人數的2／3。三是文緣相承。自古以來閩南沿海民眾蹈海入台，使得福建的民間信仰和民俗文化隨之傳到台灣。福建的閩南文化、客家文化、媽祖文化等，在台灣都有廣泛的影響，成為維繫兩岸聯繫的重要精神文化紐帶，是促進兩岸人員、文化往來與交流的重要動力和資源。四是商緣相連。閩台商貿往來歷來十分密切，即便在兩岸軍事對峙時期，仍然是「人不通船通，商不通貨通」。現在，台灣是福建的重要經濟貿易夥伴。五是法緣相循。閩台政治法律關係密切，自宋朝在台灣設立行政機構，到1885年台灣單獨建省之前，台灣歸福建管轄，是福建的一個府，即便台灣建省時，還稱作「福建台灣省」，曾享受過福建給的「轉移支付」。「五緣」把福建與台灣緊密聯繫在一起，閩台交流合作源遠流長。

（二）港口區位優勢

福建區位優勢與港口條件也很突出。台灣海峽地處東亞地區的中心位置，作為一條黃金水道，是東北亞與東南亞、太平洋北部與印度洋沿岸、大西洋沿岸經貿往來的航運交通要道和樞紐地帶，在世界航運中占有十分重要的地位。台灣海峽區域具有海、空轉運便利優勢，較之於新加坡、香港、上海等重要臨近港口，台灣港口與亞太地區主要港口及西太平洋主要城市之間平均航行時間最短。而福建地處台灣海峽西岸前沿，與台灣岸線相對、港口相通，距離最近，空中直航均在「1小時」時圈之內；福建同時又處於長三角與珠三角兩大經濟區的中間地帶，素有大陸「海上走廊」之稱。這種得天獨厚的地緣優勢與區位優勢，既有助於福建開展對台交流合作，也有助於福建發展對外經貿關係。事實上，福建擁有

3324公里的海岸線，可建10萬—30萬噸級泊位的深水岸線資源居中國第一位，有26處岸段可建20萬噸級以上的深水泊位100個以上，其中6處可建50萬噸級超大型深水泊位；福建沿海還有1404個島嶼，具有良好的航運條件。目前，福建已建成福州港、廈門港、泉州港等10個一類港口，開闢中國內外航線441條；截至2007年底，福建建成生產性泊位524個，其中萬噸級以上泊位78個，港口貨物吞吐能力達2.39億噸，完成集裝箱吞吐量686萬標箱。事實上，廈門港、漳州港、泉州港、湄洲港、福州港，屬於中國第五大港口群（東南沿海港口群），具有連接兩岸、溝通中西部腹地、面向東南亞、走向國際的優越海運條件，也有利於臨港工業發展，如能與台灣的高雄港、基隆港、台中港形成聯動，可構成兩岸直航貨物的集疏運樞紐，乃至東南亞、世界物流的重要連接點。

（三）改革開放優勢

福建東南沿海地區是開放度較高的區域。近30年來，在大陸中央賦予的改革開放與對台工作先行先試的特殊政策主持下，福建形成了全方位多層次的對外開放格局，擁有國家級經濟特區（廈門）、開發區（馬尾）、台商投資區（福州、海滄、杏林、集美）、保稅區（福州、廈門）、出口加工區（福州、廈門、福清、泉州）、保稅港區（海滄）等一批功能經濟特區，建立了適應經濟快速發展的政府管理體制和與世界經濟接軌的市場經濟運行機制。廈門、福州、泉州三市則是福建省全面發展競爭力的前三強，閩東南地區經濟發展已在一定程度上融入了國際經濟大循環中，並與台灣形成了良好互補、互動關係。

（四）經濟基礎條件

如前所述，改革開放以來，福建基於閩台在經濟發展階段方面的梯度差異性，在產業結構和生產要素稟賦方面的互補性，充分發揮自身各種優勢，貫徹大陸中央「同等優先、適當放寬」的對台經濟工作方針，在大陸中央賦予的特殊政策與靈活措施的支撐下，不斷拓展合作領域和方式，不僅對台經貿工作取得明顯成效，閩台直接往來勢頭良好[5]，而且對台載體平台建設初具規模[6]，成為兩岸交流合作的一個重要地區與平台，也為閩台經貿聯繫的進一步拓展與兩岸經貿關係的進一步發展奠定了良好的基礎。

二、自由經貿區一般經濟條件上的可行性

從自由經貿區理論與國際實踐看（鄧力平、唐永紅，2003；唐永紅，2005、2006），建立自由經貿區，一般除了要在法律制度、經濟政策與管理體制等方面營造適宜開展國際或地區間經濟活動的良好軟環境條件之外，還在地理區位與基礎條件等硬環境方面有著較高的要求，主要包括：有利於開展國際或地區間經濟活動與發揮集散功能的優越的地理區位特別是良好的位置接觸性與廣闊的服務區域[7]、完善的基礎設施特別是優良的港口與便捷的國際國內通道、良好的發展基礎與環境，等等。實踐中，需要運用成本——效益分析法並綜合考慮與權衡各種因素，來判定特定地點建立自由經貿區的可行性。

以廈門為例，廈門地處東南亞國家與中國大陸、台灣聯繫的中心位置，是東北亞和東南亞國際主航線的海上交通要沖，顯然具有建立自由經貿區所需的區位與服務區域條件、港口與物流條件（唐永紅、鄧利娟，2005）。從成本——效益角度看：在成本方面，廈門不僅遠離大陸的政治中心，而且又都是海島地形，因而隔離成本較低[8]；特殊的海島地形使廈門內的現有企業和人口規模相對比較確定，加之經濟以外向型為主且國際競爭力較強，因而關稅減免損失[9]與經貿轉向效應[10]也不會過大。在效益方面，基於其區位優勢與港口條件，在大陸當前的關稅水平條件下，自由經貿區經貿活動的自由化與便利化必將進一步吸引國際經貿活動的進入，產生較大的經貿創造與擴大效應；特別是鑒於兩岸目前在社會政治經濟制度與政策上存在較大的差異，在相互關係方面存在較大的對立與分歧，透過自由經貿區對接或建立開放性次區域跨關境自由經貿區的形式，不僅在兩岸次區域層面上實現了制度性合作與一體化，推進兩岸經濟一體化進程，而且較大程度地便利了兩岸經濟交流與合作，可以在兩岸經貿方面產生較大的創造與擴大效應。

三、WTO有關特殊經濟區規範上的可行性

WTO下兩岸經濟體的行為措施應遵循WTO的有關規範。從WTO對世界特殊經濟區的有關規範看，WTO以「原則中有例外，例外中有原則」的現實主義精神容許其成員方在其特殊經濟區實施特殊制度、優惠政策，但條件是不得有違透明度原則和非歧視原則，即這些特殊制度、優惠政策引致的特區的貿易自由化與市場準入水平不得低於其對WTO承諾的約束義務水平（即不得低於在其他地區實施的貿易自由化與市場準入水平），並且必須以透明的方式同時對所有的WTO成員提供（鄧力平、唐永紅，2003；唐永紅，2005、2006）。顯然，一個開放性的、無歧視性的、更加自由化與便利化的可對接單邊特殊經濟區或次區域性跨關境自由經貿區符合WTO有關要求。

事實上，特殊經濟區的存在與發展已有很長的歷史了，鑒於其獨特的地位和作用，不僅建立和發展特殊經濟區已是當今國際性的潮流，而且隨著世界經濟的發展，特殊經濟區的內涵與外延均發生了深刻的變化（鄧力平、唐永紅，2003；唐永紅，2005、2006）。特別地，近年來世界特殊經濟區出現了由單邊的一國內部型向雙邊或多邊的跨國（跨關境）型發展的新趨勢，即幾個主權國家或單獨關稅區把各自的彼此相鄰的部分領土結成一個一體化的經濟區域。世界上的各種「增長三角」就是這種次區域性的跨國（跨關境）特殊經濟區的典型形式。在各國或各地之間由於存在較大差異，在整個區域層面建立經濟一體化組織較為困難時，次區域經濟合作方式是一種現實的選擇。

四、兩岸經貿關係發展態勢下的可行性

眾所周知，「兩岸共同市場」這種一體化程度較高的制度性經濟一體化形式，超越了當前兩岸經濟發展的現實水平和客觀條件。局部地區的可對接的單邊自由經貿區和次區域性的跨關境自由經貿區在經濟運作機制上主要是市場調節性的，一般只需要參與方的地方政府間的低水平低層次的鬆散性、隨機性協調。為順應兩岸功能性經濟一體化深化發展趨勢與要求，並在一定程度上舒緩國際區域

經濟一體化發展帶來的競爭與邊緣化壓力，兩岸可以局部漸進方式推進兩岸制度性經濟一體化，實行兩岸商品與要素的自由流動。這也符合從局部到整體、由量變到質變的發展規律，有利於以漸進方式推進更高層次的制度性合作與一體化。

事實上，台灣目前正在推動以自由貿易港區為代表的經貿特區計劃，這為兩岸單邊自由經貿區的對接和次區域跨關境自由經貿區的形成提供了可能。而且，高雄自由貿易港區經過一段時間籌備後已於2005年初正式營運，目前急需拓展發展空間，台灣當局有可能在對大陸開放方面讓其先行一步；而金門作為一個離島，對台灣的政治重要性及其影響有限，加之金門本身有著良好的港口和區位優勢，在金門地區的強烈要求下，台灣當局也有可能將其作為向世界特別是大陸開放的一個前沿與窗口。事實上，2005年6月12日台灣「立法院院長」王金平就提出將金門打造成「一網三區」的「新金門」構想：「兩岸客貨航線網」、「兩岸台商訊息交流區」、「金門和平觀光特區」、「金廈共榮經濟特區」（火山，2005）。金門縣縣長李炷烽也曾多次倡議建立「金廈生活圈」、「金廈一國兩制試驗區」。[11]2008年8月24日，馬英九以「從殺戮戰場到和平廣場」為題發表金門炮戰50週年的講話，更為上述構想的實現提供了想像的空間[12]。

從大陸方面看，進一步發展福建及廈門特區，進一步發揮其在改革開放與現代化建設中的帶動與示範作用，特別是進一步發揮其對台獨特優勢和作用，促進兩岸的交流、合作、整合與發展，是既定的發展方略。在當前形勢下，建立可對接的單邊自由經貿區或跨關境自由經貿區，可以進一步發揮福建及廈門特區的獨特對台優勢與試驗探索作用，可以在實現福建及廈門特區自身再發展的同時實現兩岸經貿關係的再發展。因此，各級政府應予以大力支持。

從兩岸經濟交流方式看，現階段福建沿海與台灣有「試點直航」與「小三通」，這為閩台間的交流與交往提供了通道，客觀上為建立可對接的單邊自由經貿區或跨關境自由經貿區提供了初步的直航條件。而且，隨著兩岸經貿關係的正常化，閩、廈、金、馬、澎、高等地有望成為兩岸貨物運輸與人員往來的中轉地之一，從而有助於上述自由經貿區及兩岸次區域經濟合作與一體化的發展。

五、兩岸政治關係新形勢下的現實可能性

新形勢下，進一步發揮福建對台優勢拓展閩台經貿聯繫，面臨新的戰略機遇與現實可能。

從大陸的對台方略看。閩台之間獨特的「五緣」優勢，是福建最大的也是不可替代的優勢。發揮對台優勢與作用，實踐「和平統一、一國兩制」偉大構想，為祖國統一大業作出歷史性貢獻，是大陸中央賦予福建的神聖使命與一貫的期待。2007年，黨的十七大報告關於「推進『一國兩制』實踐和祖國和平統一大業」部分明確提出「牢牢把握兩岸關係和平發展的主題」，「在一個中國原則的基礎上，協商正式結束兩岸敵對狀態，達成和平協議，構建兩岸關係和平發展框架，開創兩岸關係和平發展新局面」，「兩岸同胞要加強交往，加強經濟文化交流，繼續拓展領域、提高層次，推動直接『三通』，使彼此感情更融洽、合作更深化」，「將繼續實施和充實惠及廣大台灣同胞的政策措施」，「支持海峽西岸和其他台商投資相對集中地區經濟發展」。2008年4月12日，胡錦濤在博鰲「蕭胡會」回應蕭萬長的呼籲時，強調今後將「繼續推動兩岸經濟文化等各領域交流合作、繼續推動兩岸週末包機和大陸居民赴台旅遊的磋商、繼續關心台灣同胞福祉並切實維護台灣同胞的正當權益、繼續促進恢復兩岸協商談判」。2008年5月28日胡錦濤在與吳伯雄會談時強調，「國共兩黨和兩岸雙方應該共同努力，建立互信、擱置爭議、求同存異、共創雙贏」。這些為進一步發揮福建對台優勢、拓展閩台經貿聯繫提供了機遇，指明了方向。

從台灣島內局勢與發展態勢看。2008年3月台灣領導人選舉底定，認同「九二共識」、主張兩岸交流合作、和平發展的泛藍陣營，繼縣市長、「立法委員」選舉大勝後又重新奪回執政權。這表明台灣同胞求和平、安定與發展的意願日益增強，兩岸和平發展已成為現階段兩岸關係發展的趨勢和主題。事實上，對面臨著連任壓力的台灣新當局而言，推動兩岸關係和平發展也是其必然的選擇：一是因為島內主流民意要求改善和發展兩岸關係；二是因為台灣經濟越來越離不開大陸，全面直接「三通」是台灣經濟發展的內在要求。台灣島內局勢與發展態勢的

這種演變為進一步發揮福建對台優勢、拓展閩台經貿聯繫提供了重要機遇與現實可能。

六、國際經濟發展形勢與格局下的可行性

再從國際經濟發展形勢與格局看。隨著經濟全球化與區域一體化趨勢的不斷發展、大陸改革開放進程的不斷深化和經濟起飛後的持續快速發展，21世紀的世界經濟重心與國際經濟格局正在發生明顯的變化。圍繞大陸這一新的經濟增長點的國際產業分工體系的調整與國際經貿活動的開展，既加快了大陸經濟的全球化步伐，又為之提供了史無前例的發展機遇。這顯然一方面對作為對外開放前沿的福建加快對外開放與全球化步伐提出了迫切要求，另一方面也為進一步發揮福建對台優勢、拓展閩台經貿聯繫提供了戰略契機。

第七節　本章小結

本章在總結福建過去30年來求閩台緊密經貿聯繫的成效、經驗與制約因素，闡明「三通」新形勢對福建拓展閩台緊密經貿聯繫的影響的基礎上，提出新形勢下福建拓展閩台緊密經貿聯繫的思路與構想、措施與政策，並闡明其意義與作用、條件與可行性。

研究表明，近30年來，福建發揮獨特對台優勢力求閩台緊密經貿聯繫取得了一定成效，但尚未窮其潛力。閩台兩地經濟近30年在投資、貿易與發展等方面形成了一定的且不對稱的相互依存性。但除了福建在利用外資與進口方面對台灣具有較高的依賴性之外，閩台兩地經濟體在其他單一層面與總體層面的相互依存與一體化程度基本上還處於較低水平，閩台經貿聯繫的緊密性尚有較大提升的空間；而且，兩地經濟相互依存性還呈現了較大程度的不對稱性特徵：福建經濟

體對閩台經貿往來的依賴程度明顯高於台灣經濟體。此外，1990年代以來，較之於長三角與珠三角地區，福建在拓展對台經貿聯繫方面顯示了較弱的競爭力。

回顧福建自改革開放以來拓展閩台緊密經貿聯繫的歷程，研究發現，除了福建敢闖敢試、敢為天下先的勇氣和精神這一主觀方面的因素之外，福建對台優勢與作用的發揮、拓展閩台經貿聯繫取得成效，與大陸及福建開放型經濟的持續快速發展有著高度的正向相關性，是和大陸中央在改革開放與對台工作方面對福建的定位以及相應賦予的「特殊政策」與「靈活措施」緊密相關的。大陸與福建開放型經濟在穩定的社會政治局勢下持續快速發展，是決定福建對台優勢與作用得以發揮、拓展閩台經貿聯繫取得一定成效的根本性因素。大陸中央在改革開放與對台工作方面對福建的定位以及相應賦予的「特殊政策」與「靈活措施」，是決定福建對台優勢與作用得以發揮、拓展閩台經貿聯繫取得一定成效的關鍵性因素。

研究發現，近30年來，在主觀及客觀方面都存在一些影響和制約福建拓展閩台經貿聯繫、發揮對台優勢與作用的因素：其一，兩岸政治關係僵局在政策層面的制約和影響；其二，經濟網路不暢與經濟腹地狹小的弊端日益顯現；其三，改革開放先行先試的政策優勢逐步淡化和喪失。這些挑戰與約束顯然會影響到福建對台優勢的進一步發揮，給福建拓展閩台經貿聯繫帶來新的挑戰。福建進一步拓展閩台經貿聯繫、發揮對台優勢與作用，有賴於大陸中央在改革開放與對台工作方面對福建的新的定位和相應的政策支撐。

研究認為，在兩岸關係發展的新形勢下，福建對台優勢與作用必將發生較大變化，在拓展閩台緊密經貿聯繫、促進兩岸經貿關係發展方面必將面臨新的機遇與挑戰。總體上而言，兩岸直接「三通」與兩岸經貿關係正常化將有助於福建對台優勢與作用的充分發揮，有助於閩台緊密經貿聯繫的拓展。隨著兩岸全面直接「三通」與經貿關係正常化的實現，福建的「試點直航」與「小三通」這一直接交流的管道在兩岸交流中的地位與作用的重要性可能會相對下降，但「試點直航」與「小三通」的絕對規模水平必將進一步提升；與此同時，隨著海峽西岸經濟區發展戰略的推進以及經濟網路不暢與經濟腹地狹小的弊端逐步克服，在制約福建對台優勢發揮的諸因素逐步解除之後，福建對台作用的潛力必將得以進一步發揮，對台交流與合作必將在更大的規模與更高的層次上得以展開。

研究認為，新形勢下福建對台優勢與作用的進一步充分發揮、閩台經貿聯繫的進一步拓展，仍然有賴於福建開放型經濟的進一步發展，特別是有賴於其內各種特殊經濟區域發展模式的創新與轉型。當前，應立足福建自身的各種獨特優勢與條件，特別是其港口、區位和對台優勢與條件，與時俱進地創新發展模式，建立一個遵循WTO無歧視原則的開放性的「兩岸經貿交流合作先行區」，將閩台經貿聯繫的進一步拓展與大陸改革開放的深化發展、區域經濟的協調發展、兩岸經濟一體化發展有機結合起來，以便在更好地發揮經貿自由化的試驗田與先行區作用、區域經濟的增長極與輻射源作用的同時，更好地發揮在兩岸經貿交流、合作與整合中的優勢和作用。

從當前擴大對外開放、推動區域（兩岸）合作的需要看，特別是在港口區位、改革開放與對台工作方面最具條件與基礎的地方，應以構建「兩岸經貿自由化先行區」、「兩岸經濟一體化先行區」為中心和重點，並推進與此配套的其他方面的交流合作事宜與政策試驗，從而構建起「兩岸經貿交流合作先行區」內的中心（核心）區域，帶動其內的外圍區域的配套發展，以及其他方面交流合作的先行先試。此外，當前至少還應在建立兩岸產業合作的集聚功能、兩岸區域性金融合作的服務功能、兩岸直接往來的通道功能與台灣海峽物流的樞紐功能等方面先行先試，有所作為。這些方面本身也是兩岸經貿自由化與兩岸經濟一體化所需的輔助功能與配套措施。

研究認為，構建「兩岸經貿交流合作先行區」，進一步拓展閩台緊密經貿聯繫，除了福建自身在現有條件、政策及對台優勢基礎上勇於開拓和創新之外，大陸中央應當賦予先行區相應的特殊政策與支持：賦予經貿活動自由化政策、擴展某些特殊經濟區邊界至先行區、放寬產業開放政策、賦予財政稅收支持政策、賦予經貿交流與人員往來便利化政策。

研究認為，新形勢下構建「兩岸經貿交流合作先行區」，進一步拓展閩台緊密經貿聯繫，應把握好以下基本原則：一是「一國主權架構下的政經暫時分離」

原則；二是「先行先試與積極讓步」原則；三是「符合WTO規則與國際慣例」原則。

研究認為，基於福建對台優勢和現有條件，建立「兩岸經貿交流合作先行區」，進一步拓展閩台緊密經貿聯繫，有著重大的現實意義和作用：可以發揮經貿自由化與便利化試驗田與先行區作用、台灣海峽區域經濟的增長極與輻射源作用、兩岸制度性經濟合作與一體化先行試驗區作用、對台工作前沿平台與兩岸全面整合先行試驗區作用。

研究認為，上述建設「兩岸經貿交流合作先行區」的思路與構想，不僅現實意義突出，而且從福建對台優勢與基礎條件、自由經貿區一般經濟條件、WTO有關規範、兩岸經貿關係發展態勢、兩岸政治關係新形勢、國際經濟發展形勢與格局等層面看都有其可行性與可能性。

第二章　拓展兩岸直接「三通」新作為研究

石正方[13]蔣亞杰　劉嚴毅

實現兩岸直接「三通」是大陸的一貫主張。從1979年中國人大常委會在《告台灣同胞書》中明確提出希望兩岸儘早實現通航通郵，進行經貿交流的「三通」主張開始，求兩岸直接「三通」即成為大陸推動對台經貿發展的重要目標。30年來，在大陸的積極推動下，在兩岸學界、業界有識之士的積極呼籲和傾力實踐下，兩岸直接「三通」不斷突破台灣當局的政策封堵獲得階段性進展。

如今，台灣第二次政黨輪替為兩岸關係增添了積極因素，兩岸經貿關係發展環境發生了可喜變化，兩岸「三通」前景明朗，並出現了前所未有的新突破——2008年11月4日兩會簽署了「海峽兩岸郵政協議」、「海峽兩岸空運協議」及「海峽兩岸海運協議」，意味著兩岸直接「三通」瓶頸的突破，標誌著海峽兩岸「大三通」時代的到來。

「大三通」時代，並不意味著兩岸直接「三通」的全面實現，而是為兩岸「三通」帶來了新任務新課題。值此新形勢下，如何利用各方面的積極因素推進兩岸直接「三通」深化發展，應在新觀察的基礎上制定新的戰略。作為與台灣具有「五緣」優勢的福建，如何在發掘「試點直航」、「小三通」平台潛力的基礎上，構建新的「先試先行」優勢，在新時期有更大作為，為推進兩岸全面「三通」發揮更大作用，同時提升自身在兩岸經貿合作領域的地位，值得深入研究。本子課題重點研究上述內容。

研究報告由四部分組成。第一部分對兩岸「三通」發展歷程進行回顧，並總結其成效及經驗；第二部分對新形勢下兩岸「三通」的主要影響因素進行分析；第三部分探討新形勢下兩岸「三通」發展走勢及應對策略；第四部分是本章的重點部分，集中探討兩岸「三通」新局勢下，福建如何充分發揮既有優勢，創造新優勢，實現新作為，繼續為推進兩岸直接「三通」發揮獨特作用。

第一節　兩岸「三通」發展歷程、成效與經驗

實現兩岸直接「三通」是大陸的一貫主張。1979年中國人大常委會在《告台灣同胞書》中就明確提出希望兩岸儘早實現通航通郵，進行經貿交流。1995年，江澤民主席在關於發展兩岸關係、推進祖國和平統一進程的八項主張中也指出，「兩岸直接通航、通郵、通商是兩岸經濟發展和各方面交往的客觀需要，也是兩岸同胞的利益之所在，完全應當採取實際步驟，加速實現直接『三通』。」2003年，國務院台辦發表《以民為本，為民謀利，積極務實推進兩岸「三通」》政策說明書，全面而具體地闡述了大陸方面對「三通」問題的基本立場和政策主張，指出「以民為本，為民謀利」是大陸方面的立足點和出發點。「三通」問題是兩岸中國人之間的內部事務，台灣方面某些政治團體不應該把這項於兩岸人民福祉都有利的事當成自己的政治籌碼，而應擱置政治爭議，從兩岸人民的根本利益出發，由兩岸人民自己共同決定。推動實現兩岸「直接雙向、互惠互利、平等協商」的「三通」，才是真正符合兩岸人民心聲和願景的「三通」，並在此基礎上提出了透過兩岸民間行業組織協商「三通」問題等具體的執行方式。這一系列的政策主張體現了兩岸人民的共同願望，得到兩岸人民的擁護和肯定。

一、兩岸「三通」發展歷程回顧（1979—2008年底）

「三通」是指海峽兩岸通郵、通商、通航。綜觀兩岸「三通」，可以說是由通郵開始，以通商為主線、通航為關鍵，由間接到直接、部分到全面的一個漸進發展的過程。

1.通郵方面

兩岸「三通」最早由通郵發端，成效也最早顯現。早在1979年大陸就率先經香港或外國接轉兩岸電話和交換信件；1989年6月，台灣國民黨「大陸工作會報」宣布開放對大陸通話與通郵，台灣郵政部門開始直接收寄到大陸的航空函件，向上海直封航空函件總包，同年台灣電信部門透過第三地區或外國對大陸開通了直撥電話和電報業務；1993年台灣郵局開辦收寄大陸水陸平常函件，同年海峽兩岸關係協會與台灣海基會就兩岸掛號函件業務簽署協議，隨即開辦此項業務；1996年兩岸電信公司經過協商達成共識，逐步建立了直達海底光纜和衛星通信，開辦了各項電信業務；2003年，兩岸之間的通郵業務是透過兩岸郵局之間開辦的，互辦業務種類主要有平常及掛號信函、明信片、印刷品、盲人讀物和印刷品專袋。兩岸互寄信函從1989年的300噸上升到2001年的982噸，增長約3.2倍。2003年，兩岸航空函件總包經由香港或澳門郵政轉運，水陸路函件總包經由香港郵政轉運。在互聯網技術普及之後，兩岸互寄信函業務量由於電子郵件的廣泛使用而減少。

2.通商方面

兩岸的「通商」是兩岸直接「三通」發展的主線，也是推動兩岸通航發展的內在動力。1980年代初，由於當時台灣當局對大陸「不妥協、不接觸、不談判」的「三不政策」的限制，台灣一些企業就開始透過香港對大陸進行轉口貿易以及進行迂迴投資。隨著台灣解除外匯管制和開放台灣居民赴大陸探親，兩岸經濟關係由暗轉明，貿易和投資數量逐步增加。這期間，台灣以輕紡為代表的勞動密集型產業開始大量向大陸轉移，把大陸沿海地區作為加工出口基地，以「台灣接單、大陸生產、香港轉口、海外銷售」的模式，推動兩岸經濟關係迅速發展。1990年台灣公布「對大陸地區間接投資或投資合作管理辦法」，有條件地正式開放台商間接對大陸投資，從此台灣以石化為代表的資本密集型產業也開始向大陸轉移。這期間台商開始透過在沿海地區設立投資據點布局大陸市場，同時兩岸經第三地（港澳、日本、韓國等地）的轉運貿易也開始迅速發展起來，台灣對大陸的貿易順差也不斷加大，至1999年，台灣享有順差超過150億美元。進入21世紀後，台商在大陸的投資活動大量增加，並且以上下游企業共同遷入的形式在大陸沿海經濟發達地區形成幾處台商聚集地，台灣以電子資訊為代表的技術密集型產業開始轉移大陸，經營的重點也轉以大陸市場為取向。不僅如此，大陸台資技術密集型企業的集聚漸漸吸引了一些如研發、物流、諮詢等台灣生產性服務業跟進大陸投資。這期間大陸對台灣的貿易順差繼續擴大，2007年達到了775.6億美元。

3.通航方面

海峽兩岸的直接通航是兩岸通郵通商的基礎，也是實現兩岸全面直接「三通」、推進兩岸交流與合作正常化的關鍵。兩岸通航主要分為海上通航和空中通航兩方面。

海上通航是兩岸貿易貨物運輸的主要方式，也是兩岸經貿交流中的重要一環。海峽兩岸自1986年起正式開啟海上掛方便旗船舶的兩岸間接通航，兩岸貨物透過經由香港澳門或日本、韓國等第三地轉運。在20多年的通航發展過程中，間接通航的形式在兩岸經貿交流的實際運作中得到迅速發展。兩岸航商出於運輸成本的考慮，不斷創新出新的間接通航形式以簡化轉運程序、節約運輸成本和時間。從轉口運輸形式發展到轉運形式（以聯貨提單的方式付運貨物，只在中間海域重新集裝整合），從過境運輸形式（又稱彎靠，是指沒有在中間港重新裝卸與轉換運輸工具的一種轉運形式），再到「轉單不轉運」的變通形式（指在過境運輸中，商船直接往來於兩地之間，只是在形式上辦理「航至第三地」的過境手續），兩岸運輸成本因而得到大幅降低。

然而，相對於兩岸經貿交流發展的要求，兩岸直接通航嚴重滯後，成為兩岸經貿交流深化發展的瓶頸，也使得兩岸直接通商（特別是直接貿易）無法真正實現。直航問題一旦解決，兩岸之間的直接通郵、通商問題即可迎刃而解。因而，人們習慣上將兩岸「三通」狹義地理解為「兩岸直航」，而將台灣與大陸的直接通航稱為「大三通」，將大陸福建沿海地區廈門、馬尾與台灣離島金門、馬祖之間的局部海上直接通航稱為「小三通」。

（1）「大三通」發展歷程

截至2008年12月兩岸「大三通」協議落實以前，兩岸直航雖然尚未全面實現，但是業已取得階段性成果。特別是新世紀以來，無論空中直航還是海上直航部分都有較大推進。

第一，兩岸在航空直航方面取得了較大進展。早在1981年10月，大陸民航主管部門即表示可隨時與台灣有關當局進行兩岸空中通航的談判，並採取積極措施予以推動。然而，由於台灣當侷限定兩岸空中不能直接飛航，兩岸空運不得不採取間接通航模式，客貨運輸大多經香港、澳門等地中轉。兩岸這種間接通航模式不僅徒增空運成本，也耗費不必要的時間，給民眾旅行帶來極大的不便。隨著兩岸人員交往日益密切，旅客流動量不斷增加，中轉旅行模式愈加不能適應形勢發展的需要。1990年3月，大陸頒布《中國大陸與台灣間民用航空運輸不定期飛行的申請和批准程序的暫行規定》；1995年8月起，兩岸民航業界互為客貨銷售代理和開辦「一票到底」、「行李直掛」等業務，簽署了多項協議，開展票務、商務、機務、航務、服務等方面的合作，在一定程度上突破了空中直航的技術障礙。1995年12月，澳門航空公司與台灣有關方面達成通航協議，雙方同意澳航班機飛行兩岸時，以經澳門「換班不換機」的方式飛行兩岸。1996年8月起，港龍航空公司的班機飛行兩岸時，也可以採用這一辦法。2002年港龍航空公司開闢「台北——香港——上海」的「一機到底」航線，大大節省了中轉時間。2003年兩岸春節期間，為便利台商返鄉過年，大陸方面採取靈活務實的辦法，批准台灣6家航空公司共16架次包機，從台灣、高雄經停港澳至上海往返接送台商。這是50多年來台灣航空公司的飛機首次循正常途徑停降大陸機場，從而實現了兩岸空中直航的歷史性突破。由於當時陳水扁當局的限制，首次兩岸春節包機須中停港澳，只允許台灣航空業者單飛和單向載客，大陸航點僅上海一地。2005年，兩岸航空公司共同參與了第二次春節包機，航班實現雙向對飛，不必降落港澳但須繞經香港飛行情報區，大陸航點新增北京、廣州。2006年，春節包機搭乘對象由台商及眷屬擴大至所有持合法有效證件往返兩岸的台灣居民，大陸航點新增廈門。2006年上半年，海峽兩岸航空運輸交流委員會與台北市航空運輸商業同業公會達成共識並做出框架性安排，將春節包機擴大到春節、清明、端午、中秋四大傳統節日。2008年6月13日，海峽兩岸關係協會會長陳雲林與海峽交流基金會董事長江丙坤在北京簽署《海峽兩岸包機會談紀要》。根據紀要附件，兩岸週末包機從7月4日起已正式實施。週末包機時段為每週五至下週一共計4個全天。

至此，兩岸空中通航雖然實現了「週末包機」，但是確切而言，還是「曲道」而非真正的直航性質，航行兩岸的航班尚需經由香港飛行情報區。雖然可以直飛，節約了以往中轉港澳機場的一系列通關手續，但是成本的下降有限。另外，所實行週末包機的航點和班次都很有限，發展改善空間很大。兩岸空中通航以客運為主，同時也兼營郵件以及部分貨物運輸。隨著兩岸經濟交往日趨頻繁，貿易貨物透過空中渠道轉運於兩岸之間越來越普遍，尤其是高檔產品、電子資訊產品、保鮮農產品的空運數量呈大幅增長趨勢。因此，兩岸貨運包機有待達成共識獲得突破進展。

第二，兩岸海上通航雖然取得了可觀成果，但仍以間接通航為主。從1979年初中國人大常委會發表《告台灣同胞書》後，大陸方面一貫主張實現兩岸直接「三通」，積極推動兩岸通航事宜。雖然台灣當局從「去中國化」、「台獨」政治出發，千方百計拖延兩岸直航進程。但是，在經濟利益的驅動下，經過兩岸同胞的共同努力，兩岸海上通航經歷了一個不平凡的發展歷程，從1986年之前的互不通航到之後的間接通航，從1995年起分步開放通航到2001年的局部直航，20多年來不斷取得進展與突破。不僅間接通航程序不斷簡化，「試點直航」取得初步成效，沿海局部直航（即所謂「小三通」）也已獲得了可喜發展。但總體而言，在此階段，兩岸的海上直航仍以間接航運為主，直接通航進展有限。

但是，在實際操作上，間接通航的程序已越來越簡化。兩岸航運界在通航的實踐中，逐步摸索出一種「轉單不轉運」的「準直航」模式，並成為兩岸通航的重要形式之一。在客觀形勢的壓力下，台灣當局對兩岸通航的政策也不得不作相應的調整，採取「直運不直航」的做法，准許外籍和權宜籍貨船以過境（即彎靠）的方式直接行駛兩岸。除原已開通的兩岸間接不定期航線外，近幾年來，兩岸間接通航的進展主要有：其一，1997年1月起，上海、天津、青島、大連、福州、廈門、鹽田等主要港口與台灣基隆、台中、高雄等港口之間，開通運送兩岸貨物繞經第三地而不需換船的集裝箱班輪航線，兩岸貿易貨物運輸成本從而大幅度降低。其二，1997年6月大陸資本的方便旗船舶可以進入台灣港口。在香港和台灣註冊的船舶，在進入對方港口時，可以不懸掛帶有國家標誌的尾旗。其三，1998年6月台灣航運企業可以赴大陸設立代表機構（至2003年底，大陸方面共批准台灣航運公司在大陸沿海主要港口設立7家營業性機構和37家航運代表處）；試點直航船舶可以將航線延伸至第三地；隨船赴台灣的大陸船員可集體登岸觀光遊覽。其四，從1998年9月起，兩岸船舶公司經營的外貿集裝箱班輪可以同時掛靠兩岸港口，並可簽發本公司的提單、結匯，國際航線網路布局更趨合理，經營環境進一步改善。其五，從2001年8月起，兩岸試點直航的中轉貨物可實行海、陸、空聯運，大陸貨物運抵高雄港後可透過桃園國際機場轉出口至國際市場。

從此階段兩岸貨運方式看，主要是集裝箱運輸。兩岸轉運或過境貨物大多是台商用於在大陸投資設廠的小型成套機械設備、企業生產所需的原材料和零部件以及台商在大陸購得的農工原料和企業生產的半成品，而集裝箱運輸形式由於便利此類物資的中轉、裝卸以及海、陸、空聯運，因而在兩岸間接海運中居於主導地位；散裝運輸主要是從大陸轉運台灣的煤炭、沙石等大宗物資。從貨運方向看，主要是台貨轉運大陸。隨著入世後台灣方面逐步放寬大陸貨物入台的限制，兩岸海上貨運方向將發生變化，由傾斜趨向平衡。

1997年4月19日，廈門輪船總公司的「盛達輪」，裝載大陸的外貿出口貨物從廈門港出發，橫渡台灣海峽直駛台灣高雄港標誌著兩岸雙向海上試點直航的正式啟動，結束了近半個世紀兩岸沒有任何商船直接往來的歷史，兩岸航運關係從此進入一個新的發展階段。至2007年4月19日，兩岸「試點直航」10週年，共有10家兩岸資本的船舶公司使用十艘方便旗船（其中大陸和台灣各獲準六家，每家各一艘船，而台灣只有四家參與營運）參加兩岸集裝箱班輪運輸，營運業績穩步增長，運送集裝箱數量不斷增加，累計運營上萬航次，運量達300多萬標箱，實載率超過50%。試點直航10年，廈門港的直航貨物吞吐量累計達到了289.1萬標箱；福州港的直航貨物吞吐量也超過了200萬標箱。

兩岸試點直航實現了台灣本島高雄港與大陸福建地區廈門、福州兩港的直接通航，但是還僅僅是一種「準直航」模式，由於台灣當局的政策限制，兩岸直航仍有許多障礙。例如，直航船舶不能運送兩岸之間的貿易貨物和旅客；能夠運送兩岸貿易貨物和旅客的船舶不能直航；在兩岸登記註冊的船舶不能參與兩岸航運業務；台灣還只開放高雄一個港口進行「試點直航」等。這種人為造成的「船通貨不通，貨通船不通」的現象，直接影響了兩岸貿易貨物的正常運輸。

（2）「小三通」航線進展情況

2000年6月，台灣當局為迴避兩岸直接「三通」的壓力，提出並推動金門、馬祖與福建沿海的通航與通商即所謂的「小三通」（此前，福建省政府及學者就沿海與金門、馬祖地區的局部「三通」問題，提出「兩門對開，兩馬先行」的方案，與台灣當局提出的「小三通」基本一致），大陸方面為方便兩地民眾往來，以個案方式開放兩地的直航與通商。

「小三通」是兩岸海上航運交流的重要一環，是「大三通」的重要組成部分。「小三通」客運直航於2001年1月初啟動，目前有金門——廈門、馬祖——馬尾、金門——泉州3條定期客運航線和金門——湄洲1條不定期客運航線。由於過去陳水扁當局的限制，「小三通」適用對象只侷限於金、馬地區的民眾；後經島內民眾呼籲，台「行政院」宣布自2006年5月1日起，將適用對象擴展至「除設籍在金馬的居民之外，包括金馬旅台鄉親、配偶、直系血親和二親等旁系血親，都可以經由『小三通』管道往返兩岸」；2008年4月又擴展至所有台商及其眷屬。2008年6月19日，台灣當局有關部門宣布將「小三通」直航適用對象擴展到所有持有兩岸出入境有效證件的台灣居民，並將根據此次擴大「小三通」的方案調整海空運能，對金門、馬祖的機場、港口軟硬體設施進行完善。9月6日，台灣行政當局宣布「推動『小三通』正常化方案」，宣布9月底開放大陸旅客經由金門、馬祖「小三通」渠道中轉台灣本島，進一步對「小三通」政策鬆綁。9月7日，國台辦主任王毅在廈門舉行的「海峽兩岸經濟論壇」上受權宣布五項促進兩岸經貿交流的措施，其中規定凡持有效往來台灣的通行證及簽注的大陸居民，今後也可以經金門、馬祖、澎湖往來大陸與台灣本島；此前兩會協商首批開放赴台旅遊的大陸13個省市居民，今後也可以赴金門、馬祖、澎湖旅遊，並經金門、馬祖、澎湖赴台灣本島旅遊。至此，兩岸在「小三通」政策方面漸行漸近，使目前作為兩岸最便捷直航通路的「小三通」在溝通兩岸方面發揮愈來愈重要作用的空間越來越大。

「小三通」有利於加強兩岸同胞交流、交往，促進雙方共同發展。這一航線使金馬地區民眾與大陸的交往有了及時、便捷、順暢的渠道，部分台灣同胞也可透過金廈航線往來兩岸，與香港、澳門航線相比，日益成為台灣民眾往來兩岸的黃金水道，是目前兩岸最經濟、便捷的路線。透過廈金航線，兩岸人員往來每人每次至少節省1萬元新台幣，交通時間也相應縮短近一半。至2007年底，「小三通」客運直航累計運送旅客244.5萬人，平均年增長約1.3倍。

「小三通」貨運直航於2001年8月開始正式運作，目前已經開闢福州、廈門、泉州、漳州和莆田至金門，以及福州、泉州、寧德至馬祖等不定期貨運航線。雙方使用兩岸資本並在兩岸註冊的船舶，採用只掛公司旗的方式，經營兩地海貨運航線。目前，總運量已超過530萬噸。

二、兩岸「三通」成效總結

30年來，在兩岸的共同努力下，兩岸「三通」經過曲折的發展，在各方面特別是通商和通航方面取得巨大進展。

通商方面，經過20多年來兩岸經貿的發展，至2007年底，大陸台資企業累計約有75146家，台商數量達到100多萬人的規模，協議投資金額超過1000億美元，實際到資達458億美元。台資投資大陸的總額占大陸外資投資總額達10%左右，排名第二。兩岸貿易方面，年貿易總額由1980年代末的35億美元上升到2007年的1244.8億美元。具體階段性成果如表2-1所示：

表2-1　兩岸通商階段性成果表

單位：億美元

時間代表 時間段	兩岸貿易 總額	中國對台 出口額	中國對台 進口額	台商中國 協議投資額	台灣對中國產業 轉移（代表產業）
1989 年 1980 年代	35	29	6	10	勞動密集型產業（輕紡）
1999 年 1990 年代	235	40	195	440	資本密集型產業（石化）
2007 年 21 世纪初期	1244. 8	234. 6	1010. 2	1000	技術密集型產業，服務業 （高科技產業，生產性服務業）

資料來源：筆者根據實際情況自行整理而成。

透過上表我們可以發現，隨著兩岸通商進程的發展，台商大陸投資重心由勞動密集型產業向資本密集型產業再向技術密集型產業和服務業轉移，兩岸產業合作層次越來越高，兩岸經貿關係越來越緊密，台商愈加看好大陸廣闊的市場和豐富的資源，對大陸的投資額也越來越大。從台商投資的主體來看，從最早的中小企業發展到集團企業，從民間資本發展到公營資本；從台商投資的領域來看，從製造業擴展到服務業領域；從投資地域上來看，投資從沿海地區向西和向北推進，並在長三角、珠三角、海峽西岸和環渤海地區形成台資的產業集聚地，表明兩岸經貿合作向全方位擴展的趨勢。與此同時，兩岸貿易關係的發展也越來越緊密。兩岸貿易總額迅速增長，台灣對大陸的貿易順差也越來越大，從1989年的23億美元發展到2007年的775.6億美元，台灣對大陸的貿易依存度越來越大，這對海峽兩岸和平穩定發展的根本形勢造成了重要的穩固作用。

此外，兩岸通商的發展不僅推動了兩岸間資金流的流動，也帶動了物流和兩岸間人員的頻繁往來，推動了兩岸直接通航的發展。從物流運輸方面來看，兩岸間經貿合作的日益緊密要求兩岸貨物運輸不斷創造出更能節約時間成本和運輸成本的新模式，諸如轉口運輸形式、轉運形式，過境運輸形式、「轉單不轉運」的過境運輸變通形式等，不僅使得兩岸海上貨物通航程序不斷簡化，而且推動了兩岸經貿交流向直接形式的轉化。另一方面，福建與金馬澎等台灣離島地區「小三通」的開展和興盛，也為兩岸實現海上直接通航作出了有益的示範作用。這些都為實現兩岸海上直接通航打下了良好的基礎。

兩岸經貿合作的熱絡也帶來了兩岸人員的頻繁往來。自1987年台灣當局開放台灣居民赴大陸探親以來，兩岸人員往來日益頻繁、層次不斷提高，民間交流也獲得較大發展，交流領域日益廣泛。

1987—2006年，兩岸人員往來人數逐年增多，截至2006年底，赴大陸台灣居民已達4240.8萬人次，年均增長率達17%；大陸居民赴台也達140.8萬人次，年均增長13.1%。與兩岸貿易格局類似，兩岸人員往來也呈現出不平衡的格局。各項人員往來情況如圖2-1、圖2-2所示。

同時，大陸應邀赴台交流項目也逐年增多，累計項目數達37386項，年均增長率超過30%；累計赴台交流人數達25.8萬人次。兩岸交流涉及經濟、教育、文化、衛生、科技等眾多領域；且交流層次不斷提高，兩岸經濟、企業、科技、學術等各界知名人士積極參與並推動互動交流，就各類深層次問題廣泛交換意見。

兩岸人員交流的日益頻繁，對兩岸客運直航提出了要求。從「春節包機」到「節日包機」，再過渡到「週末包機」；包機框架協議的訂立，從往來人員條件限制的放寬到兩岸包機航點的逐漸增加，這些都促使兩岸空運直航常態化的發展，為不久的將來實現兩岸空運全面直航做好了充分的準備。

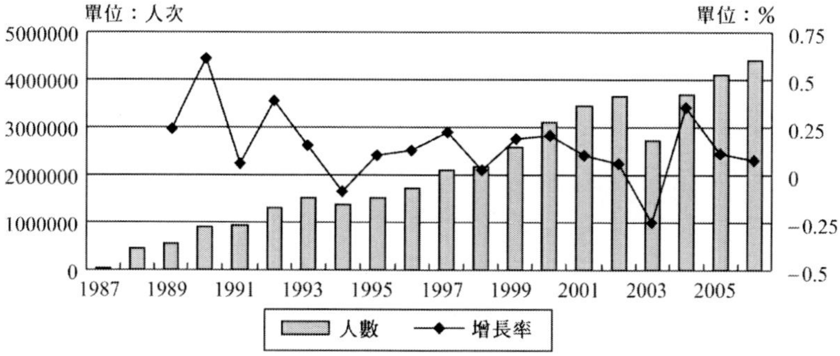

圖2-1　歷年台灣居民赴大陸人數

資料來源：國台辦網站http://www．gwytb．gov．cn/。

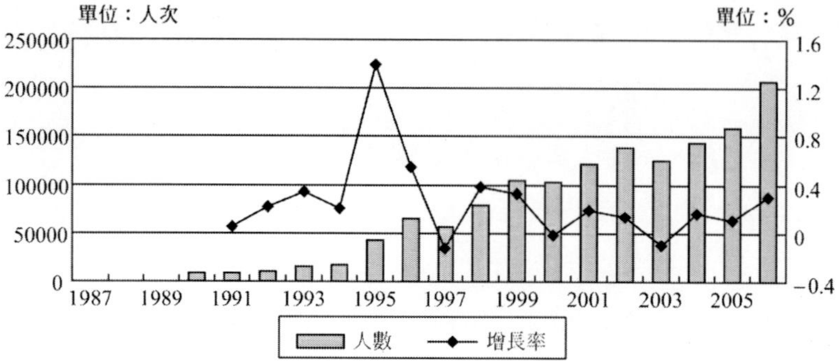

圖2-2　歷年大陸居民赴台灣人數

資料來源：國台辦網站http://www，gwytb，gov，cn/。

三、推動兩岸「三通」經驗總結

1.以促進兩岸經貿交流與合作為主線推動兩岸「三通」

由兩岸「三通」的發展歷程可以看出，兩岸「三通」的根本動力在於兩岸經貿合作與發展的客觀要求。然而，受兩岸政治氣候的影響，特別是台灣當侷限制性兩岸經貿政策的制約，兩岸直接「三通」被添加了政治色彩，無法在市場推動下順利達成。因此，如何在符合兩岸人民共同利益的情況下促進兩岸的直接通航，成為兩岸「三通」的關鍵問題。

30年來，大陸一貫堅持以交流促合作，以經濟交流促進政治和解的兩岸關係原則，在推動兩岸「三通」方面，堅持以促進兩岸經貿交流與合作為主線，圍繞著「有利於兩岸經濟共同繁榮、有利於兩岸關係互動發展、有利於兩岸人民共同利益」的軸心，靈活務實、積極穩妥地探尋實現兩岸直航的突破點和解決方案。這一經驗，為持續推進兩岸直接「三通」的深化發展提供了寶貴借鑑。

2.建立多種途徑進行兩岸「三通」問題交流與平等協商

在解決兩岸「三通」問題的過程中，特別是在兩岸直航的推進過程中，兩岸經濟社會發展的差異性，以及受到歷史遺留因素的影響，不論在政治層面還是技術層面都增加了爭議和困難，兩岸「三通」曲折的發展進程和膠著的談判協商在所難免。

兩岸「三通」本質上是一種以兩岸經貿交流合作為基本動力，以兩岸人民根本利益需要為取向的經濟問題，要求兩岸以「九二共識」和「一中」原則為基礎，暫時擱置政治爭議，以兩岸人民的根本利益需要為出發點，讓經濟問題回歸經濟協商渠道。如果一任政經問題糾結，則將使兩岸「三通」遲遲不得進展，使兩岸經濟合作錯失機會，損害整個中華民族的利益。因此，在兩岸官方因政治問題無法實現對話溝通的情況下，建立諸如民間對民間、行業對行業、企業對企業、城市對城市的交流平台就顯得至關重要。30年來，正是由於大陸以靈活務實的策略借助多元化的協商平台推動兩岸「三通」，使兩岸「三通」取得了一系列階段性成果。

另外，在「三通」問題方面，堅持兩岸協商的平等地位也是十分重要的。兩岸屬於一個國家主體內部的不同關稅區，兩岸經貿往來應該互惠互利，合作雙贏，否則，就會違背經濟交流的市場規律，挫傷業界的積極性。兩岸經貿交流中長期存在「單向、失衡」的現象，兩岸經貿資源的配置受到「三通」瓶頸制約無法達成合理、優化，枉費不必要的成本，不但降低了兩岸經貿合作的總體收益，而且削弱了兩岸經濟的競爭力。特別是對經濟總量小的台灣而言，負面影響更大。另外，台灣前當局將「三通」開放當做政治籌碼，一直謀求以「國與國」的所謂「對等」開放作為與大陸協商的前提；在此情況下，「三通」問題已不是單純的經濟問題，因此必須堅持一個中國原則，不能喪失政治立場。「三通」問題的平等協商必須建立在一個中國的共識基礎上。

第二節　新形勢下兩岸「三通」影響因素分析

2008年3月22日，馬英九和蕭萬長以高票當選台灣領導人，並於5月20日正式上任。在就職演講中，馬英九提出希望「海峽兩岸能抓住當前難得的歷史機遇，共同開啟和平共榮的歷史新頁」，並提出「今後將繼續在『九二共識』的基礎上，儘早恢復協商，並秉持4月12日在博鰲論壇中提出的『正視現實，開創未來；擱置爭議，追求雙贏』，尋求共同利益的平衡點。兩岸走向雙贏的起點，是經貿往來與文化交流的全面正常化，我們已經做好協商的準備。」「兩岸不論在台灣海峽或國際社會，都應該和解休兵，並在國際組織及活動中相互協助、彼此尊重。兩岸人民同屬中華民族，本應各盡所能，齊頭並進，共同貢獻國際社會，而非惡性競爭、虛耗資源……」可以預見，馬英九在執政期間對大陸的政策將趨於更大的靈活性和創新性。台灣新當局的這些理念是和大陸方面一貫的基本原則和主張一致的，兩岸的和平局勢具有了共識的基礎，海峽兩岸關係進入了一個新時代。在此新形勢下，兩岸「三通」的發展面臨著新契機。總的來看，新形勢下影響兩岸「三通」的因素有以下幾個方面：

一、兩岸關係大局的影響

從海峽兩岸「三通」的發展歷程來看，兩岸關係形勢，對兩岸經貿發展、兩岸「三通」的推進影響巨大。

1970年代末兩岸政治關係從對立邁向緩和，但兩岸「三通」一直受到台灣當局對大陸限制性經貿政策的影響。李登輝時期，台灣當局推行對大陸經貿的「戒急用忍」政策；2000年陳水扁當局提出所謂的「積極開放、有效管理」政策，對早就勢在必行的兩岸全面、直接、雙向「三通」設立政治障礙，甚至用「兩國論」來規範包括「三通」在內的兩岸經濟關係，對台灣人民特別是大陸台商的根本利益造成了很大的損失。

馬英九作為台灣的領導候選人，在競選期間提出了其當選後的施政主張，表示與大陸「和平共處、對等協商」，提出「結束敵對狀態，簽署和平協議；加強經貿交流，落實投資保障；爭取國際空間，全面開放直航；開放觀光，學歷認證，促進農業合作；共同打擊犯罪，確保社會安寧」等五項主張，與大陸方面「以民為本，為民謀利」的出發點一致，為實現兩岸對話協商奠定了良好基礎。

兩岸實現全面直接「三通」是大趨勢，是不以個人主觀意願或某個政黨的利益為轉移的。馬英九當局清楚地認識到這一點。在大陸政策方面，馬英九為首的台灣新當局認識到，台灣的海島型經濟必須緊密建立與島外的經濟聯繫才能保持台灣現有的優勢，台灣無法繞開大陸因素達成發展，從而提出了新當局大陸政策的政見：如果兩岸之間恢復協商，將基於「九二共識」，堅持「不統、不獨、不武」的原則，兩岸經濟遠景則倚賴建立「共同市場」和「三通」的全面開放。對於兩岸交流的開拓，則主張開放大陸觀光客來台以及承認大陸學歷等。這些都符合了兩岸人民特別是台灣人民的意願，也是其得以高票當選的主要原因。

馬英九競選政見中，提出了用「活水」政策替代之前的「鳥籠」政策，把台灣建設成為亞太運營中心的目標，並提出了在任期間完成七個兩岸直航機場和七個兩岸直航港口開放的目標，並盡快放開台商大陸投資40%的投資淨值限制和產業類別限制；提出以台灣為核心，整合世界市場和大陸市場的商機，積極融入亞太地區區域經濟合作組織，使兩岸經貿關係正常化，打造「台北——東京——首爾——上海」和「高雄——新加坡——香港」直航的「雙黃金圈」，以及「美國矽谷——台北——上海」和「東京——台北——上海」這兩個高科技產業的「雙黃金三角」的構想。同時，還提出了大陸遊客赴台觀光旅遊政策，為直接推動兩岸直航方面的「三通」提供了契機；建設高雄自由貿易港、台中亞太海空運中心和台北桃園國際航空城等一系列台灣基礎交通建設的規劃也為兩岸全面、直接地「三通」提供了一個良好的基礎條件。

總之，無論是從政治理念還是從經濟戰略來看，台灣新當局都重視與大陸協商合作、謀求建立兩岸關係和平發展的良好氛圍。從而促成了兩岸在「九二共識」基礎上的善意互動，兩岸關係從此開創了前所未有的良好局面。政治氣氛的緩和為經濟交流提供了寬鬆的環境，特別是兩會協商的恢復和功能提升，為兩岸社會經濟文化領域的協商打開了新局面，直接促成了「週末包機」、「小三通」全面開放乃至台北協商「四項協議」的簽署，開創了兩岸「大三通」時代。

可以預見，在兩岸關係大好形勢的影響下，兩岸直接「三通」將會得到持續有效地推動，不斷獲得新進展新突破。

二、兩岸經貿關係深化發展的要求

兩岸經貿往來恢復發展30年來，相互貿易、台商對大陸投資規模和層級不斷提升，兩岸的產業合作也已由最初的垂直分工向水平分工演進，台資產業集群與本土化也漸成氣候，標誌著兩岸經濟的功能性一體化的長足發展，進而對制度性構建提出強烈的要求。然而，「三通」問題作為兩岸經貿交流的瓶頸，阻礙了兩岸經貿的正常化，從而也使得兩岸經貿的制度化嚴重滯後於經濟現實。

我們知道，正常的經貿關係是以互惠互利為準則，也只有互惠互利，實現「雙贏」才能保證雙方經貿合作的持續發展。而長期以來，兩岸的經貿關係一直處於「間接、單向、不對等」的畸形狀態，而且呈愈演愈烈之態勢。貿易方面，從1980年代初期開始，大陸在兩岸貿易中就處於逆差地位，隨著兩岸「間接」貿易額的不斷擴大，逆差額更呈大幅增加之勢。截至2007年底，兩岸貿易總額累計達7281.7億美元，其中大陸對台出口1259億美元，自台進口6022億美元，大陸累計逆差達4763億美元。大陸對台灣貿易的巨大逆差，表明了兩岸貿易的明顯不對等性。這種不對等不是出於兩岸經貿互補的市場需求，而是台灣當局單方面封閉市場所致。因而，這種不對等性越強，越不利於兩岸各自經濟優勢的發揮。投資方面，兩岸資金流動呈現單向性，主要以台商對大陸的單方面投資為主。據統計，截至2007年底，台商在大陸投資75146個項目，累計吸引台資457.6億美元，占大陸吸引外資的6.0%。而與此形成鮮明對照的卻是，由於台灣限制大陸資金入島投資，除了容許含有陸資成分的港龍航空及澳門航空經營兩地的航線外，僅在2002年透過開放陸資來台投資不動產。

兩岸經貿關係的這種嚴重失衡，不僅使大陸因長期貿易逆差而利益受損，而且由於台資單向流入大陸，兩岸經濟資源的交流不暢，無法實現優化配置，對島內經濟也產生不利影響。因此要謀求兩岸經貿健康、穩定、持續地發展，使兩岸雙方共同受益，必須扭轉兩岸經貿關係的這種「間接、單向、不對等」的畸形狀態，推進兩岸雙邊經貿關係正常化。而解決問題的突破口就是「三通」。「三通」首先能夠透過直接貿易管道的建立實現兩岸貿易由「間接」向「直接」的轉變，而且可以激活相關的經濟及非經濟因素，消除隱性成本，推動兩岸投資由「單向」向「雙向」的轉變，逐步扭轉「不對等」狀態，使兩岸經貿最終走上「直接、雙向、互利」的正常軌道，實現兩岸雙贏。

兩岸「三通」不僅能夠帶來貿易投資成本節約等顯而易見的實惠，使兩岸社會福利得到提高，而且能夠改善兩岸投資貿易環境，為兩岸經貿的長足發展奠定基礎。這種改善主要反映在三個方面：其一是兩岸直航航線、通關等配套設施以及相關操作技術的完善。其二是指與直接貿易相配套的兩岸資訊交流以及溝通、調節、仲裁乃至兩岸經貿立法等服務的完善。長期以來，由於海峽兩岸「間接、單向」的非正常貿易，造就了相關的資訊、仲裁、立法服務不完善甚至不發育的局面。這既不利於兩岸主管部門對兩岸經貿活動的宏觀調控，也無法向兩岸工商界提供及時、準確的市場訊息和諮詢服務，更沒有有效的調節、仲裁管道來理順兩岸貿易中出現的糾紛。隨著「三通」的實現，兩岸直接貿易對資訊、仲裁、立法等服務的需求，會促進這些配套服務的盡快完善。其三是指「三通」能夠消除兩岸關係中的某些不確定性。「三通」的順利實施，意味著兩岸經濟關係的一個歷史性轉折，是兩岸經濟關係由「畸態」走向「正常化」的標誌。這種轉折透露出的訊息能夠大大增強投資者和消費者信心，不僅有利於兩岸雙邊投資貿易的發展，而且能夠改善各自的總體性投資環境，增強對外資的親和力。

因此，突破「三通」瓶頸，是實現兩岸經濟正常化進而制度化發展的關鍵，是兩岸經貿關係深化發展的要求。

三、台灣經濟景氣提升的需要

新世紀以來，台灣經濟景氣持續低迷不振，不但經濟增長率下降，淪為「四小龍」之末，而且失業率、通貨膨脹率大幅上升，人民生活痛苦指數增高。究其根底，島內投資環境惡化是個重要原因。半個多世紀以來，台灣的經濟發展經歷了幾個階段性變化：1951—1988年統稱工業化時期，後期經濟增長率平均在9%左右；1989—1999年，台灣經濟開始向後工業化階段轉型，確定以通信、訊息等十大新興產業為支柱產業，其中訊息產業產值名列世界前茅，其間經濟增長率平均為6.3%。1999年以來，台灣經濟準備進入新一輪轉型。但是由於新主政的民進黨不僅缺乏管治經驗，而且「政治掛帥」，把精力都放在「拚政治」上，台灣經濟出現停頓並由此進入徘徊期。近年來，由於台灣經濟轉型長期停滯，經濟發展找不到方向，同時「台獨政治」致使兩岸關係緊張，因而投資者普遍對台灣經濟的未來缺乏信心。

實際上，兩岸經濟的互補性以及大陸作為亞太經濟新成長極核對周邊國家和地區經濟的帶動作用，是台灣經濟發展的新動力源。有鑒於此，馬英九在其競選政策中提出了振興台灣經濟的一系列方案。一方面主張透過「愛台十二項建設」，加大政府支出建立基礎設施以在一定時期內為台灣經濟景氣的提升提供動力，所建設的桃園、台中和高雄作為北、中、南三大物流轉運及發貨中心，可藉助與大陸地區的緊密聯繫，吸引大量的貨流、金流與人流到台灣。一方面主張透過「全球聯結」策略加強與包括大陸地區在內的島外的經濟聯繫，以藉助台灣的地理優勢，整合大陸和世界市場的商機，透過打造「雙黃金航圈」和利用台灣科技產業經營分布海峽兩岸的優勢打造科技產業「雙黃金三角」，提升台灣在全球高科技發展的關鍵角色。在這個過程中，台灣可以擺脱其在亞太地區的「邊緣化」困境，融入以中國大陸為主體的東亞區域經濟合作中去，並藉助其自身優勢最終實現台灣成為「亞太營運中心」、「亞太經貿樞紐」、「亞太資產管理與籌資中心」、「區域運輸中心」、「全球創新中心」的目標。此外，馬英九當局還提出了「產業再造345計劃」，希望吸引台商回台投資，打造「台商營運總部」，振興台灣產業，發展旅遊觀光等服務業，創造就業機會同時促進台灣經濟發展等。

上述計劃的實施，均須仰賴兩岸「三通」，特別是直航後台灣投資環境的改善和競爭力的提升。台灣屬於海島型經濟，島內有限的經濟資源和空間，要求其放眼全球市場，特別是與之同根同源的海峽西岸，透過整合大陸的資源進行分工與合作，為台灣經濟升級與轉型開闢一條出路。只有實現兩岸全面、雙向、直接「三通」，才是台灣擺脫經濟困境的根本出路。全面直接「三通」特別是直航方面，不僅可以使得海峽兩岸航運成本下降，使得兩岸資源得到合理的配置。同時，由於海峽兩岸航運成本下降，台灣企業可以發揮島內原有的自身產業優勢，進軍大陸市場，並把企業總部、研發、設計、營銷等重要部門留在台灣，以良好的企業環境建造國際企業營運總部中心，帶動台灣經濟增長。美國麥肯錫顧問公司也認為，台灣想要建立的「區域營運中心」或「營運總部」，80%的商機在大陸市場。開放兩岸直航是台灣實現「營運中心」的關鍵所在。

在馬英九政策中提升台灣經濟景氣的觀光政策方面，也離不開「三通」，特別是直航的實現。大陸觀光客赴台旅遊不僅會創造龐大的商機，而且可以提供大量就業機會，解決台灣失業率高的問題。台灣旅遊資源豐富，但從2007年台灣境外遊客量來看，僅為同期香港境外遊客的13.2%、韓國的57.6%。台灣境外遊客最多的來源地分別為日本、港澳、美國、韓國、新加坡。隨著大陸居民收入整體水平的不斷提高，大陸居民成為一個巨大的潛在市場。由於受制於兩岸種種限制，大陸赴台旅客甚少。2007年大陸有約4000萬人次出境旅遊，而赴台旅客僅占0.58%。根據歐洲商會委託里昂證券的研究報告，新當局政策貫徹後，直航加上大陸居民赴台旅遊觀光，可以使台灣經濟增長率增加2.27個百分點。

第三節　新形勢下兩岸「三通」走勢及應對策略

一、兩岸經貿關係正常化是大勢所趨

「3.22」台灣「大選」馬英九陣營獲勝，意味著兩岸經貿關係利好利多，未來兩岸經貿關係在正常化道路上會大步邁進，兩岸經貿的交流合作會更加緊密。

1.兩岸經貿關係走向正常化，是歷史的必然趨勢

兩岸自1980年代恢復經貿往來至今，貿易、投資關係日益緊密，中國大陸不但已成為台灣最大的出口目的地，對大陸出口占其對外出口已近四成，而且是台商投資最集中地區，雖然不同統計口徑結果有所偏差，但台灣對外投資有六成以上集中在大陸。經過20多年來的發展，兩岸產業分工也由初期簡單化的垂直分工向垂直與水平兼具的複合型分工演進，在長三角、珠三角、環渤海及福建等地台資企業的集群發展已成趨勢，台資企業的本土化也日益顯現。總之，近20年來兩岸經貿關係日益密切，已形成合則兩利、分則兩害的互利互補之勢。特別是台灣經濟對大陸經濟的依賴更強，如果沒有對大陸的貿易順差，台灣的外貿將出現巨額逆差。而台商來大陸投資的快速增長，也極大地帶動了島內相關產業的發展，促進了台灣的產業調整和升級。一旦喪失大陸市場，對台灣經濟發展將極為不利，這是台灣各界、無論持何政見者都不能不正視的事實。海峽兩岸經貿交流對台灣經濟的重要性日益凸顯，台灣各界有識之士，包括學者、商界、在野黨派等不斷呼籲陳水扁當局鬆綁兩岸經貿政策，開放兩岸「三通」直航。特別是廣大台商更是「用腳投票」，千方百計突破當局政治封堵赴大陸投資，身體力行地促進了兩岸經貿關係的發展。

3月22日，台灣「大選」落幕，馬英九以高票當選，大贏對手221萬票。島內各界解讀馬英九陣營勝選主要原因，認為其競選主軸「拚經濟」訴求奏效。實際上，馬、蕭為候選人的藍營與謝、蘇為候選人的綠營，為了贏取選票，都在「拚經濟」上大做文章。謝、蘇所提出的「大投資」與馬、蕭陣營提出的「愛台十二項建設」，主導思想具有很大一致性，即都是謀求透過提振政府與民間投資，帶動內需，促進經濟成長。兩者的最大分歧在於兩岸經貿政策方面。馬、蕭承諾開放兩岸直航、鬆綁企業登陸投資40%上限、開放大陸遊客入島旅遊及開放陸資來台投資生產事業等；這些開放性兩岸經貿主張受到島內廣大民眾的普遍歡迎，民調支持率因此大有提升，從而使得堅持「去中國化」限制性兩岸經貿政策理念的民進黨倍感壓力，不得不在「總統」選舉前透過「行政院」「一週一利多」積極鬆綁相關政策，如輕罰違規西進投資台商、彈性解釋企業登陸40%上限、開放島內銀行間接參股陸銀等，以拉取選票挽救頹勢。可以說，馬、蕭陣營

競選獲勝，相當程度上得益於其開放性兩岸經貿主張。其對鬆綁兩岸經貿政策的一系列承諾使島內民眾看到了希望，對於吸納選票造成了關鍵性的作用。這次「大選」的結果充分反映了台灣民眾對於兩岸經濟關係正常化的強烈訴求。可以說，兩岸經貿關係走向正常化，是民心所歸、潮流所向，是歷史的必然趨勢。

2.今後四年，馬、蕭將全力推進兩岸經貿關係正常化發展

承認「九二共識」、發展兩岸關係是近年來國民黨的一貫主張。特別是民進黨執政八年時間裡，其基於「去中國化」、「台獨」政治理念的限制性兩岸經貿政策致使台灣經濟不能充分利用大陸經濟成長所帶來的發展機會，而走上衰退的下坡路的事實，更使得國民黨認識到推進兩岸關係發展對於振興台灣經濟的重要性。過去的幾年裡，國民黨作為「在野黨」積極推進兩岸關係發展，先後有江丙坤、吳伯雄、連戰訪問大陸，取得了「胡連會」、「國共論壇」等成果。並於2005年8月中國國民黨第17次黨代會上將「胡連會」五項共同願景正式列入中國國民黨政策綱領，表示要反對「台獨」，主張回歸「九二共識」，重啟兩岸會商，循序邁向「兩岸共同市場」，實現兩岸「三通」，全面開放大陸人民赴台觀光，推動兩岸農業交流等。

如今，代表國民黨參選的馬、蕭陣營贏得「大選」，國民黨即將由「在野黨」成為「執政黨」。可以動用行政資源推動實施其兩岸經貿主張，對於兩岸經貿關係而言，無疑是利好利多。有充分的理由相信，無論是為實踐競選承諾保障政治前途計，還是為台灣經濟振興計，在今後的四年裡，即使面對「台獨」勢力的阻撓羈絆和「在野黨」的攻訐杯葛，都會著力推動兩岸關係發展，積極推動落實競選中所提出的一系列兩岸經貿主張，「胡連會」所達成的五項共識將會陸續付諸實施，海峽兩岸兩會接觸和事務性商談也將很快得到恢復。

3.中國大陸政府貫徹「和平統一」理念，將更加努力促進形成兩岸互利合作的發展局面

和平統一是大陸對台政策的主旋律。胡錦濤總書記在中共十七大的政治報告中提出簽署「兩岸和平協議」的倡議。在最近舉行的兩會期間，胡錦濤主席又強調「實現兩岸關係和平發展，基礎是堅持一個中國原則，目的是為兩岸同胞謀福

祉，途徑是深化互利雙贏的交流合作。我們要繼續促進兩岸人員往來和經濟文化交流，繼續推動兩岸直接『三通』進程，也要繼續努力爭取恢復和進行兩岸協商談判」。兩岸和平發展的環境需要兩岸人民共同來創造。一直以來，兩岸經貿關係正常化發展的「瓶頸」在於台灣當局的限制性兩岸經貿政策，而其根源在於台灣當局背離一個中國原則。雖則中國大陸政府一向努力謀求搭建對台經貿交流平台、推進兩岸經濟合作的深化發展，但無法得到台灣當局的善意回應。如今，台灣「大選」塵埃落定，正如島內外各界普遍認同的那樣，堅持一個中國原則的馬、蕭陣營當選，兩岸關係將因此跨出和平穩定發展第一步。毋庸置疑，一個中國原則基礎上，兩岸官方在兩岸經貿交流方面的共識將形成巨大的合力，成為兩岸經貿正常化進而機制化發展的動力所在。

事實上，「5.20」馬英九上任後，兩岸關係如所預期的那樣向著和平穩定的方向邁進，在短短的幾個月時間裡，兩岸經貿交流取得了可喜的突破，過去在陳水扁時期遲遲不得達成的週末包機、大陸居民赴台旅遊、「小三通」全面開放等都已啟動並穩步推進。兩岸就全面直接「三通」的協商也已啟動。

二、兩岸「三通」協商主體多元化形勢利好

兩岸「三通」發展至今，取得了一系列階段性進展，是兩岸有效協商的結果。回溯兩岸「三通」的歷史進程，可以發現，兩岸「三通」協商經歷了民間團體、兩會、兩黨等不同階段，目前進入了以兩會為主題的「協商主體」多元化時期。協商主體的多元化將大大有利於進一步推進兩岸「三通」協商。

1.兩岸「三通」協商機制的歷史演進

（1）兩會作為橋樑和紐帶時期（1990—1999年）

海峽兩岸關係協會（以下簡稱海協會）為1991年12月成立於北京的民間團體，以促進海峽兩岸交往，發展兩岸關係，實現祖國和平統一為宗旨，是大陸方面與台灣方面協商兩岸交往中相關問題的受權民間團體。海峽交流基金會（以下

簡稱海基會）於1990年11月成立，內設祕書處、文化服務處、經貿服務處、法律服務處、旅行服務處及綜合服務處等6個業務單位，主要功能是接受「陸委會」委託，辦理兩岸交流所衍生的各項事務。

在兩會商談之前，兩岸民間機構也曾發揮作用，如1986年5月中國國航和台灣華航就降落廣州的台灣華航交接貨機、機組人員和貨物事宜達成協議，簽署「兩航會談紀要」。但兩岸頻繁的協商始於海協會與海基會的會談。

為促成海協會與海基會的會談，並達成透過商談妥善解決兩岸同胞交往中衍生具體問題的目的，1992年10月28—30日，海協會與海基會在香港就兩岸事務性（公證書使用）商談中如何表述堅持一個中國原則的問題進行了討論。最終關於一個中國原則表述問題的討論，以形成雙方相互接受的兩岸具體表述內容（「九二共識」）為結果而告一段落。

「九二共識」為兩會商談和「辜汪會談」奠定了基礎。1993年4月第一次「辜汪會談」在新加坡舉行。此次會談中，海協會會長汪道涵先生充分說明了兩岸經濟交流合作的迫切性和必然性，並集中論述了兩岸經濟交流合作中的8個具體問題：對兩岸經濟合作的基本主張；直接「三通」應當擺上議事日程；關於兩會共同籌開民間的經濟交流會議（制度）的建議；台商在大陸投資和大陸經貿界人士訪台問題；兩岸勞務合作問題；台灣參與開發浦東、三峽、圖們江問題；合作開發能源、資源問題；兩岸合作開發台灣海峽和東海無爭議地區石油資源問題。此外，汪會長還就兩岸科技、文化交流及兩會會務問題提出了意見，闡明了觀點。而海基會董事長辜振甫先生則就兩會聯繫合作、共同打擊海上走私、犯罪及兩岸經濟合作，青少年和科技文化交流等問題發表了意見，表示願意設法促進兩岸企業界人士互訪與海協會商討籌開民間經濟交流會議及共同開發和利用資源與能源問題。

經過海協會與海基會會談，雙方共同達成以下協議：《辜汪會談共同協議》、《兩會聯繫與會談制度主張》、《兩岸公證書使用查證協議》及《兩岸掛號函件查詢、補償事宜協議》。「辜汪會談」是海峽兩岸高層人士在長期隔斷之後的首次正式接觸，是兩岸走向和解的歷史性突破，是兩岸關係發展進程中的重要里程碑。

1998年10月，海基會董事長辜振甫先生率海基會代表團訪問上海、北京，與海協會會長汪道涵先生舉行「辜汪會晤」。這次會晤開啟了兩岸政治對話，雙方還達成了包括兩岸繼續進行政治對話及汪道涵會長應邀訪問台灣的「四項共識」。

兩岸會談新局面開始不久便遭到李登輝拋出的「兩國論」的破壞，拆毀了兩岸會談的「基礎」。陳水扁上台後，拒絕承認一個中國的原則，拒絕承認兩岸兩會達成的「九二共識」，兩岸關係持續陷入緊張僵局。

（2）民間機構持續發揮作用時期（1999—2005年）

兩會協商不能繼續，但是兩岸經濟合作衍生的「三通」等事務卻日趨緊迫，「三通」未能開放，台灣居民往返大陸不便，時間成本與運輸成本居高不下，大大影響了台商的利益，並對台灣經濟產生不利影響。在該情況下，兩岸民間組織及有識之士不斷呼籲兩岸「三通」儘早開放。在兩岸經貿關係不可逆轉地向前發展，兩岸人民強烈要求、積極爭取的形勢下，台灣當局的兩岸「三通」政策不得不表現出彈性和鬆動。此時台灣的所謂「政策開放」，往往是因在技術或行政上無法有效阻止而對既成事實的追認。兩岸直航政策的開放也幾乎重複著「禁止——默許——開放」的「三部曲」。在兩岸民間團體的積極爭取下，兩岸「三通」取得一定進展。在民進黨當政期間，兩岸「三通」直航仍能取得一定進展，這與兩岸相關民間機構居間溝通協商是分不開的。

2000年台灣「行政院」審查通過「試辦金門、馬祖與大陸地區通航實施辦法」草案。2001年1月28日，福州馬尾經濟文化合作中心代表與馬祖地區代表在福州簽署《福州馬尾—馬祖關於加強民間交流與合作的協議》；同年3月廈門市兩岸交流協會代表與金門地區兩岸關係交流協會代表簽署《關於加強廈門與金門民間交流交往合作協議》，「小三通」自此開放。

2002年2月大陸民航總局與台灣中華飛航管制員協會達成協議，相互交換航行通告和航空氣象情報。

兩岸節日包機是兩岸民間組織推動「三通」向前發展的成功典範。早在2002年台商和島內一些知名人士便提出構想，期望藉兩岸春節包機緩解大陸台商春節返鄉一票難求、周折輾轉的困難，最終促成了2003年首次台商春節包機的實施。2005年兩岸春節包機再次成功實施，航空公司由台灣公司擴增至兩岸航空公司，班次增加至48班次，包機繞經香港飛行情報區而不必降落港澳，大陸航點由原來的上海新增北京、廣州。2006年春節包機又將搭乘對象由原來的台商及眷屬擴展到往返兩岸、持有效合法證件的台灣居民，大陸航點新增廈門。2006年海峽兩岸航空運輸交流委員會與台北市航空運輸商業同業公會就兩岸客運包機節日化和開辦專案包機的技術性、業務性問題達成了共識，做出了框架性安排，兩岸客運包機從原來的春節包機擴大到清明、端午、中秋、春節四個主要民族傳統節日期間的兩岸包機；雙方同意開辦緊急醫療救援包機、殘疾人等急難救助包機，並在貨運包機上取得突破性的進展，將可針對台商開辦專案貨運包機。往返航次增至72航次。春節包機實施時間「拉長」為春節前後各14天，清明、端午及中秋包機時間為節日前後各7天。四大節日期間，雙方各執行84個往返班次，共計168班。其中，春節期間雙方各執行48個往返班次，雙方共計96班。其他每個節日包機，雙方各執行12個往返班次，雙方共計24班。兩岸包機又向前跨出一大步。

（3）以政黨交流為平台時期（2005—2007年）

自2005年起兩岸國共兩黨交流日趨頻繁，國共兩黨交流平台逐漸成形。透過國共兩黨的會談，雙方就兩岸經濟合作問題進行深入探討，並達成某些協議，取得良好效果。

2005年4月連戰率團訪問大陸，並與胡錦濤進行會談，並發表新聞公報，這是60年來兩黨領導人歷史性會晤。公報在堅持「九二共識」的基礎上，促進兩岸同胞的交流和往來，共同促進盡速恢復兩岸談判，共謀兩岸人民福祉；促進終止敵對狀態，達成和平協議；促進兩岸經濟全面交流，建立兩岸經濟合作機制；促進協商台灣民眾關心的參與國際活動的問題；建立黨對黨定期溝通平台等。其中促進兩岸經濟全面交流，建立兩岸經濟合作機制一項具體包括：促進兩岸展開全面的經濟合作，建立密切的經貿合作關係，包括全面、直接、雙向「三通」，開放海空直航，加強投資與貿易的往來與保障，進行農漁業合作，解決台灣農產品在大陸的銷售問題，改善交流秩序，共同打擊犯罪，進而建立穩定的經濟合作機制，並促進恢復兩岸協商後優先討論兩岸共同市場問題。

2006年4月14—15日，第一屆兩岸經貿論壇在北京召開，由中共大陸中央台灣事務辦公室海研中心與中國國民黨國政研究基金會共同主辦，海峽經濟科技合作中心、兩岸和平發展基金會共同協辦。此次論壇提出推動兩岸經濟交流與合作、積極推動兩岸直航通航、促進兩岸農業交流與合作、加強兩岸金融交流、鼓勵和支持台灣其他服務業進入中國內地市場、積極推動實現大陸內地居民赴台旅遊、共同探討構建穩定的兩岸經濟合作機制等七項建議。並由陳雲林主任宣布促進兩岸交流合作的15項政策措施，其中，涉及農業的有7項、涉及醫療的有4項、涉及觀光旅遊的有2項，以及開放報考報關員和認可台灣高校學歷各1項措施。

為促進兩岸農業交流與合作，國共兩黨合作平台積極規劃「兩岸農業合作論壇」，並於2006年10月17日在博鰲舉辦。論壇主題為「加強兩岸農業合作，實現兩岸農業互利雙贏」。論壇達成促進兩岸農業交流與合作，實現雙贏，歡迎台灣農民、農業企業到中國內地投資興業，採取措施保障台灣農產品輸入中國內地通道快速順暢，繼續幫助台灣農產品在中國內地的銷售，維護農產品貿易的正常秩序，推動構建兩岸農業技術交流和合作機制及推動建立兩岸農業安全合作機制等7項建議。之後，陳雲林主任立即宣布20項兩岸農業交流及合作的具體政策措施。

2007年4月28—29日，中共大陸中央台辦海研中心與中國國民黨國政研究基金會再次於北京共同舉辦第三屆兩岸經貿文化論壇，論壇主題為「直航、教育、旅遊觀光」。論壇提出促進兩岸空中直航與航空業交流合作，推動兩岸海上通航與救援工作，繼續拓展福建沿海與金門、馬祖、澎湖直接往來的範圍與層次，積極促進兩岸教育與交流合作，繼續推動實現中國內地居民赴台旅遊，促進兩岸關係和平發展等6項共同建議，而後由交通部、公安部、人事部、教育部、民航總局、旅遊局等6個單位宣布13項開放政策。

2008年4月12日，兩岸共同市場基金會董事長蕭萬長，出席在海南舉辦的博鰲亞洲論壇。2008年4月13日，「台灣經濟和兩岸經貿展望圓桌會議」本著「交流合作，互利共贏」的原則，圍繞兩岸產業合作、推動直接「三通」、兩岸經濟發展形勢和面臨的挑戰等問題進行研討。

2008年4月29日，胡錦濤在會見中國國民黨榮譽主席連戰時指出，當前台灣局勢發生了積極變化，兩岸關係呈現出良好發展勢頭。兩岸雙方應當共同努力，建立互信、擱置爭議、求同存異、共創雙贏，切實為兩岸同胞謀福祉、為台海地區謀和平，開創兩岸關係和平發展新局面。胡錦濤主席提出的十六字箴言，將是今後一段時間內指導我們對台工作的方針。

在兩岸合作機制尚未建立的情形下，國共兩黨雙方領導人的會見，在促進兩岸關係向前發展方面發揮了重要作用。而兩岸「三通」直航的相關政策也多在國共兩黨開展的相關論壇和雙方領導人會見中得到體現。

2.新形勢下兩岸「三通」協商主體的多元化

台灣順利實現第二次政黨輪替，馬英九上台後，台灣對大陸政策發生極大轉變，由原來的被動改變政策轉為積極尋求兩岸合作出路，兩岸關係發生重大的積極變化。在兩岸民間和官方共同推動下，海峽兩岸關係協會與海峽交流基金會於時隔九年後重新恢復談判。

2008年6月12日，海峽兩岸關係協會會長陳雲林與海峽交流基金會董事長江丙坤在北京舉行會談，並就兩岸週末包機及大陸居民赴台等事宜進行協商，並於7月13日最終簽署《海峽兩岸包機會談紀要》與《海峽兩岸關於大陸居民赴台旅遊協議》。11月4日下午，兩會又在台北簽署了《海峽兩岸空運協議》、《海峽兩岸海運協議》、《海峽兩岸郵政協議》和《海峽兩岸食品安全協議》四項協議，標誌著兩岸「大三通」時代的到來。也說明兩會協商作為兩岸協商的重要平台正在發揮重要的積極作用。

在兩岸關係緩和的情況下，除兩會外其他民間團體也較之前更為活躍，國共兩黨的交流也日趨頻繁，兩岸協商主體及架構日趨多元，只是在眾多協商主體中，兩會協商最有成效，其影響也更為深遠。可以預見當前及今後一段時間，海協會與海基會的會談模式將成為兩岸協商談判的主要平台，與此同時，國共經貿論壇等其他交流方式將作為二線交流平台持續發揮作用。大陸和台灣有望透過這些平台，擱置爭議，繞開敏感問題，針對兩岸經貿政策特別是當前十分緊迫的「三通」問題展開談判，並使其逐步得到放寬。

今後兩岸努力的方嚮應為著力建立兩岸協商的固定模式，促進海協會與海基會在兩岸互設辦事處，增強聯絡，如有可能將兩會協商上升為脫離於政黨之外，直接分別代表兩岸利益，具有更高自主權的團體。唯有如此，在台灣才不會出現一旦政黨輪替，則海協會、海基會協商就難以為繼的尷尬局面。最終經過兩岸積極、務實的協商，儘早實現兩岸全面、直接「三通」。

三、新形勢下兩岸「三通」進程展望

綜合前述分析，「馬英九時期」兩岸經貿關係形勢樂觀，將會在兩岸官方的積極推動下獲得突破性進展。從近來島內在兩岸經貿交流政策鬆綁方面的舉動來看，新當局正在努力落實馬、蕭競選文宣中所提出的一系列「開放」承諾。馬英九在其競選政見中提出有關鬆綁兩岸經貿政策方面規劃的優先協商議題包括：（1）兩岸貿易正常化及特定產業保護機制；（2）兩岸投資保障及經貿糾紛調解仲裁；（3）兩岸智財權保護及專利認證規範協調；（4）產品標準規格化及標準檢測認證規範協調；（5）兩岸金融接軌與監理合作；（6）兩岸海空直航協商及安排；（7）兩岸漁業勞務合作機制。實際上，上述內容可以歸結為兩岸經貿正常化與兩岸經貿機制化兩方面。前者如兩岸包機、大陸民眾入島旅遊、「小三通」全面開放、開放台商大陸投資40%上限等；後者如兩岸海空直航談判、兩岸共同市場等方面。就現有基礎及未來協商談判複雜性來看，兩岸經貿關係正常化更容易達成，可望在較短的時間內落實。而兩岸經貿機制化方面，特別是涉及政治敏感度高的話題則需假以時日。

兩岸「三通」是一個漸進的過程，涉及一系列合作模式、規制的建立，不只是兩岸海、空港全面開放乃至市場開放的問題，受兩岸政治環境的影響，需要官方的協商談判，也需要業界逐漸在實踐中達成合作默契。兩岸「三通」的關鍵在於海空客貨運直航通道的建立，但其深化發展卻是個漫長的過程，特別是兩岸「通商」方面，機制性合作框架的建立尚待時日。

馬英九「5.20」就職以來，短短的幾個月時間裡，不但兩岸週末包機、開放「小三通」、大陸遊客赴台旅遊已經初見成效（這幾項開放內容或已有成例可循，或僅涉及單方面法規修正，不存在複雜的技術層面問題）；並且在需要兩岸官方（授權）磋商的「海空直航」談判部分也取得了歷史性的新突破。2008年11月4日下午，海協會會長陳雲林與海基會董事長江丙坤在台北簽署了《海峽兩岸空運協議》、《海峽兩岸海運協議》、《海峽兩岸郵政協議》和《海峽兩岸食品安全協議》四項協議。根據《海峽兩岸空運協議》及其附件，雙方同意開通台灣海峽北線空中雙向直達航路，並建立兩岸空（航）管部門的直接交接程序，同意繼續磋商開通台灣海峽南線空中直達航路及其他更便捷的航路。兩岸資本在兩岸登記註冊的航空公司，經許可後將可從事兩岸間航空客貨運輸業務。在客運包機方面，兩岸將在原有週末包機的基礎上，增加包機航點、班次，調整為客運包機常態化安排。大陸方面同意將在現有北京、上海（浦東）、廣州、廈門、南京5個週末包機航點的基礎上，開放成都、重慶、杭州、大連、桂林、深圳、武漢、福州、青島、長沙、海口、昆明、西安、瀋陽、天津、鄭州等16個航點作為客運包機航點。台灣方面同意將已開放的桃園、高雄小港、台中清泉崗、台北松山、澎湖馬公、花蓮、金門、台東等8個航點作為客運包機航點。雙方每週7天共飛不超過108個往返班次，每方各飛不超過54個往返班次。今後將視市場需求適時增減班次。客運包機常態化安排實現後，此前的節日包機不再執行。春節期間可視情況適量增加臨時包機。雙方還同意利用客運包機運送雙方郵件。在貨運包機方面，雙方同意開通兩岸貨運直航包機，運載兩岸貨物。大陸方面同意開放上海（浦東）、廣州，台灣方面同意開放桃園、高雄小港作為貨運包機航點。雙方每月共飛60個往返班次，每方30個往返班次。在《海峽兩岸海運協議》及其附件中，雙方同意相互開放主要對外開放港口作為直航港口，兩岸資本並在兩岸登記的船舶，經許可後可以從事兩岸間客貨直接運輸。大陸方面現階段開放上海、寧波、秦皇島、廈門等63個港口，台灣方面開放基隆（含台北）、高雄（含安平）、台中、花蓮等11個港口。在船舶識別問題上，雙方同意兩岸登記船舶自進入對方港口至出港期間，船舶懸掛公司旗，船艉及主桅暫不掛旗。雙方同意在兩岸貨物、旅客通關入境等口岸管理方面提供便利。根據協議，雙方按照平等參與、有序競爭原則，根據市場需求，合理安排運力。雙方同意對航運公司參與兩岸船舶運輸在對方取得的運輸收入，相互免徵營業稅及所得稅。協議載明，雙方積極推動海上搜救、打撈機構的合作，建立搜救聯繫合作機制，共同保障海上航行和人身、財產、環境安全。發生海難事故，雙方應及時通報，並按照就近、就便原則及時實施救助。根據《海峽兩岸郵政協議》，雙方同意開辦兩岸直接平常和掛號函件（包括信函、明信片、郵件、印刷品、新聞紙、雜誌、盲人文件）、小包、包裹、特快專遞（快捷郵件）、郵政匯兑等業務，並加強其他郵政業務合作。協議分別確定了兩岸郵件封發局。大陸方面郵件封發局為北京、上海、廣州、福州、廈門、西安、南京、成都；台灣方面郵件封發局為台北、高雄、基隆、金門、馬祖。雙方可視需要，增加或調整郵件封發局，並由增加或調整一方通知對方。雙方同意透過空運或海運直航方式將郵件總包運送至對方郵件處理中心，並同意建立郵政業務帳務處理直接結算關係。

上述協議的簽署表明兩岸「大三通」時代的來臨。然而，將協議文本上的藍圖落實到實踐活動中，把官方協議轉化為業界的合作，即實現兩岸「三通」常態化還需要一個過程，一個透過實踐不斷完善的過程。其中最為複雜的是兩岸直接「通商」問題，兩岸經貿還沒有實現正常化，其向機制化的邁進需要更長時期的努力。可以說，新形勢催開了兩岸直接「三通」的大門，但入門後的路有賴於業界的實際運作，需要踏踏實實走出來。因此，未來一段時期內，推進兩岸直接「三通」的重點是：一是落實第二次「江陳會」所簽署的「四項協議」，將協議藍圖轉化為現實經濟交流圖景，並進一步協商解決兩岸通航未盡事宜（如空中通航南線裁彎取直問題、貨運包機擴大化等）；二是推進兩岸經貿正常化、機制化議題協商，包括陸資入島、兩岸金融合作、兩岸互涉性經貿立法等方面。如第二次「江陳會」初步商定的，下一輪商談具體解決兩岸金融合作問題、共同打擊犯罪問題、兩岸漁工勞務合作問題、兩岸雙向投資及簽訂投資保護協議問題、兩岸動植物檢驗檢疫合作問題、兩岸產業合作問題、兩岸知識產權保護問題、兩岸媒體記者常駐問題，並就以適當方式構建兩岸經濟合作制度化安排問題進行探討。

直航「三通」實現了兩岸直接貿易，但是兩岸經貿資源的流動還是受到一些制度性扭曲的制約，不能夠回歸市場途徑。因此，進一步拆除兩岸經貿資源流通壁壘，實現兩岸經貿交流正常化、機制化是未來兩岸經貿合作深化發展的重要內容。兩岸「三通」邁出了一大步，但兩岸經貿一體化還需要長期努力。

第四節　新形勢下福建拓展兩岸「三通」之作為

隨著兩會台北協商「四項協議」的簽訂，兩岸「三通」取得重大的歷史性突破。這次「三通」成功協商，主要是發揮了兩會的平台作用，關鍵是為兩岸關係和平穩定提供了良好的政治氛圍，是兩岸官方協商結出的碩果。接下來「協議」的落實，需要借重業界的身體力行，為地方政府、行業組織和其他相關團體提供作為空間。福建與台灣地緣關係最為緊密，一度是兩岸「三通」政策「先行」的地區；具有「試點直航」和「小三通」運作的經驗；在直航「三通」的開放藍圖中福建的海、空港居於重要位置，基於地利之便，未來將在兩岸「三通」格局中繼續扮演重要的角色。歷史的經驗基礎與未來的角色預期，賦予福建在兩岸「三通」進一步協商中的獨特使命——發揮示範作用，推進兩岸「三通」深化發展。

一、在兩岸「三通」協商中發揮新作為

1.建立兩岸事務談判基地

福建應繼續遵照大陸中央授權和要求以及兩岸有關協定，有效配合兩岸重大

事務商談，妥善解決敏感問題。當前可以從處理兩岸地方性政治事務入手，爭取處置地方性涉台突發性事件的授權，以便與金馬澎開展海上救助合作，建立海上救援協作機制，簽訂相關協議，舉辦海上聯合搜救演練；以適當的方式與金馬澎乃至台灣方面就漁事糾紛、漁工勞務和共同打擊海上違法犯罪活動展開地方性事務商談與合作，形成共同打擊海上違法犯罪活動的管理和防範機制。至於兩岸層面的政治事務協商談判，建議海協會可在廈門設立辦事處，並推動海基會在金門設立辦事處，從而可輪流以廈門與金門為基地進行兩岸政治事務協商談判。

2.加強閩台民間協商合作機制建設

一直以來，民間團體在兩岸「三通」協商中發揮著至關重要的作用，特別是兩岸政治嚴峻對峙時期，兩岸「三通」的每一次突破都有賴於業界、民間團體的協商共識及實踐推動。目前，兩會協商得以恢復，成為「三通」協商的重要平台，但「三通」協議的落實和深化發展仍然需要兩岸業界、民間團體的共同努力。因此，福建應加強閩台民間團體、行業協會之間的協商合作，為之提供平台，營造良好的氛圍。如開展閩台對口港之間的「港際交流」等。

3.加強兩岸基層政黨交流，繼續發揮「國共平台」在「三通」協商中的獨特作用

自2005年起國共兩黨高層交流平台逐漸成形。「國共平台」包括兩黨領導人會商、智庫論壇、台商權益商談、基層黨際交流。透過國共兩黨的會談，雙方就兩岸經濟、文化合作問題進行深入探討，並達成某些協議，取得豐碩成果。而推動開放兩岸直接「三通」一直是國共兩黨高層會談及「智庫論壇」熱議的話題。

目前兩岸關係向積極方向演進，直接「三通」也獲得了突破性進展，但是全面「三通」還需要兩岸多方努力，還需要國共平台持續發揮作用。這方面福建能夠推動的主要是基層黨際交流的部分。自2005年「胡連會」後，國共兩黨地方黨務主管的制度化交流正式起跑，廈門首啟國共基層交流的「『何』『沐』（和睦）會」，今年10月，中共廈門市委又第一個以中共基層組織身分組團赴台參訪，實現了國共基層組織的雙向交流。

國共兩黨將黨際交流層次定在「基層接觸」，議題設定在城市交流，代表了兩岸政黨交流形式和內容的深化，說明隨著交流的進一步展開，兩黨從高層次的政治問題轉向兩岸民眾享受切身利益的方向，對兩岸民間交流、地方交流、城市交流均有很強的推動力。福建應在既往經驗基礎上，堅持不懈地推動兩岸國共基層黨組交流，把廈門經驗推廣至其他地區。

4.推進閩台對口城市交流合作

城市交流立足城市間經貿文化合作機制的構建，對於促進兩岸民眾交流、推進兩岸經貿制度性一體化具有重要作用。大陸對推進兩岸城市交流一直持積極的態度，但由於台灣當局方面問題，兩岸城市交流卻是遲遲未有多少突破，目前還是以民間形態為主，沒有上升到官方層次。2003年廈門與高雄曾達成市長級互訪意向，但終因台灣當局阻撓而被迫取消。今年6月台北市市長郝龍斌訪問上海，可以說實現了兩岸城市交流在官方層次上的推進。如今兩岸關係形勢利好，啟動兩岸城市交流應不再存在大的障礙。福建應充分發揮地緣、文緣優勢，積極推動閩台對口城市的交流，為促進兩岸全面意義的直接「三通」提供新協商管道。

二、推進「試點直航」口岸向直航口岸轉型，發揮示範作用

廈門、福州與高雄之間的「試點直航」自開辦以來，發揮的重要作用日趨明顯。自1997年開辦兩岸試點直航始，截至2007年4月19日，福州港、廈門港兩岸試點直航滿10週年，累計運輸貨物分別達到184.3萬標箱和289.1萬標箱。但是，由於「試點直航」航線只能運輸非兩岸貿易的貨物（即轉口貿易貨物），而兩岸貨物則需中轉第三方（如香港或日本石垣島）才可運抵目的地，當前存在「船通貨不通」、「貨通船不通」的狀況，「試點直航」的作用和功能受到很大限制。

兩岸「試點直航」以來，共有十家兩岸資本的船公司使用十艘方便旗船（其

中大陸和台灣各獲準六家，每家各一艘船，而台灣只有四家參與營運）參加兩岸集裝箱班輪運輸。經過兩岸航運界的不懈努力，雙方船公司、聯檢、船代、裝卸等部門配合默契，參與經營的船舶航行安全、順利，並從初期虧損到保本，再至微利，逐步朝良性循環的軌道發展。

兩岸「試點直航」雖然非真正意義的直航，但是卻為兩岸直航「三通」積累了運作經驗，包括「小三通」在內，目前閩台之間已經創造出海空直航、客貨並進的立體運輸通道，為直接「三通」創造了「福建模式」。值此兩岸直航「三通」航港大幅度開放之際，福建的「試點直航」應在原有功能基礎上積極開發「兩岸貨物」運輸功能，及時實現由「試點直航」口岸向直航「三通」口岸轉型。具體措施如下：

1.全面開通兩岸海上直航航線。在兩會協議生效的第一時間（12月13日），將現有經日本、香港中轉的彎靠集裝箱班輪航線直接開通進入台灣本島；將現在福建沿海經日本、香港中轉的不定期散雜貨航線直接開通進入台灣本島；將現在福州、廈門與高雄港的集裝箱試點直航航線裝載兩岸貿易貨物，直接通關入島。

2.借重既有的港際及業界聯繫拓展貨源。廈門、福州兩港應積極與高雄港就相關事宜進行溝通協商，拓展合作範圍，與相關航商、物流業者及其他外圍服務機構建立新的緊密合作關係，以招徠「兩岸貨源」。

3.總結經驗，示範推廣。組織專家、相關業者、管理部門對「試點直航」及「小三通」的「福建模式」進行檢討，總結經驗，補充完善，使之能夠很好地指導即將到來的直航（12月中旬左右）運作，並更好地為其他兄弟港口發揮示範作用。檢討福建出入境檢驗檢疫局於2006年10月頒布的促進閩台經貿發展和人員往來措施[14]的落實情況，查缺補漏，補充完善，以推廣到即將開放的兩岸新航線，有效提升福建口岸檢驗檢疫效率，改善通關環境。

4.積極與台灣有關當局磋商開放大陸船公司赴台灣設立分支機構。國際貿易涉及的國際貨物運輸，特別是國際海上貨物運輸是一個極其複雜的系統工程，貨物自大陸港口起運後，牽涉到一系列諸如單據的移轉、貨物的追蹤、訊息的反饋等，貨物到達目的港後又涉及聯繫裝卸公司、理貨公司進行相關作業，並經歷報關報檢並將貨物暫存目的港（地）倉庫進行倉儲，收取費用等環節。因為國際海運一般運輸時間都比較長，且貨物在海上容易發生貨損。而且國際海洋運輸中只要一個環節出問題，便需進行風險的劃分、責任的追查、損失的賠償等活動。如果大陸船公司可在台灣設立分支機構，則其分支機構便可以替船公司代為辦理諸多事務。而在當前大陸船公司赴台設立分支機構並未開放的情況下，大陸船公司運載試點直航貨物至台灣相應港口後，只能求助於當地代理公司，這期間一旦發生風險或稍有疏漏，則大陸船公司便有可能因無法及時處理而蒙受額外的損失。因此，與台灣有關部門協商開放大陸船公司赴台設立分支機構十分必要。

5.加快港口建設。試點直航進一步放開後，廈門港和福州港將成為大陸最大受益港口，屆時兩岸運輸需求旺盛，必將對兩港基礎設施提出更高的要求。廈門、福州兩港若要在試點直航及馬上開始進行談判的貨運直航方面造成更為積極重要的作用，就需提早對其基礎設施進行改善。為迎接試點直航開放及兩岸海運直航，在硬體基礎設施方面，要對廈門港和福州港進行擴容擴建工程。特別是重點推進廈門港和福州港江陰港區為主的兩個集裝箱運輸中心的建設。到2012年力爭形成廈門、福州和泉州3個億噸大港。此外應進一步完善港口通關、檢驗檢疫環境及服務水平，簡化程序，縮短時間；增加港口配套措施，如餐飲服務、超市商場、公用電話的設計等；以期提高服務意識，在軟體設施方面進行大幅調整和改善。

6.加緊建設保稅港區。福建保稅港區的建立對於拓展海西效應，推進兩岸試點直航範圍的擴大及海運直航的早日實現，擴大兩岸經貿合作與交流將產生直接影響。目前，廈門東渡港區、象嶼保稅區和象嶼保稅物流園區三區合一的整合工作，正在加緊進行，3平方公里左右的廈門綜合保稅港區力爭早日亮相。將「三區」整合為綜合保稅區，有利於實現「功能整合，政策疊加」，促進港區發揮規模效益，進一步提升「三區」運作水平。早日實現由「區港聯動」向廈門自由貿易港區的過渡，屆時實行港區一體化管理，以港口為重要依託和必要載體，充分發揮保稅區的轉口貿易、出口加工、保稅區倉儲及國際貿易等功能，從而提高港口的開放度和自由度，帶動口岸諸如港口作業、運輸業、倉儲業、國際貿易業、出口加工業、包裝業和進出口金融業等口岸產業的發展。區港一體化將會降低成本，提高辦事效率，增強廈門港的綜合競爭力，由集裝箱大港迅速發展成為國際主樞紐港，成為亞太地區的國際航運中心。廈門將以自由貿易港區為主體，以加工貿易（製造中心）和物流配送（物流中心）為兩翼，以金融（外匯、離岸金融）、法律服務、運輸服務為三個支撐體系，更好地對接台灣高雄自由貿易港區。福州保稅區目前也積極把現有資源投資建立綜合物流中心；投資或與區內物流企業合作，開展電子、化工原料、鞋材、服裝、台灣農產品等專業物流服務；投資專用物流基礎設施，重點是：冷庫、恆溫庫、自動化倉庫等；投資成立國際貨運代理公司；投資成立陸路運輸公司；與保稅區現有物流企業進行全面的物流合作，分享其物流業務等。

三、繼續發掘「小三通」的潛力與作用

「小三通」是在兩岸無法全面進行直接通航的情況下的一種特殊制度安排，它充分利用了福建與台灣之間地緣近的特點，在推動海西地區與台灣之間的人流、物流交往方面發揮了積極的作用，有效地促進了閩台經濟文化交流。首先，「小三通」的便捷性，吸引了大批台商經由往來兩岸，從而增加了台商接觸、瞭解福建的機會。而且「小三通」貨運直航促進了閩台小額貿易的繁榮，其中進口商品中以台商投資所需機器零組件為主。小額貿易的繁榮顯然利於降低台商赴閩投資的成本，從而有利於福建吸引台資。其次，「小三通」海上直航開通以後，兩岸間雙向互動的民間文化交流活動日漸增多，尤其是南音、歌仔戲、木偶等民間戲曲文化的交流更加頻繁。為進一步擴大「兩門」（廈門——金門）、「兩馬」（馬尾——馬祖）通航，福州馬尾和廈門兩地分別於2001年1月及3月與馬祖、金門的民間團體簽訂了《福州馬尾——馬祖關於加強民間交流與合作的協議》和《關於加強廈門與金門民間交流合作協議》，跨越了台灣當局設定的兩岸直航必須在「政府對政府談判的基礎上進行」的政策主張。此後，福建沿海與金馬澎地區的海上直航不斷有新的突破。2006年是「兩門」、「兩馬」直航5週年，兩岸藝術團體藉機紛紛獻演助興。此外，福建沿海與台灣金馬澎地區的海上

直航還促進了兩岸媽祖文化、客家文化、關帝文化和陳靖姑文化的頻繁交流。福建沿海與金馬澎海上直接通航不僅為閩台文化交流提供了便捷通道，而且對擴大兩岸文化交流產生了重要的助推作用。特別是2004年底和2005年7月，廈門和福州分別啟動了福建居民赴金門、馬祖旅遊後，閩台海上「小三通」更呈現出蓬勃發展的態勢。再次，福建是大陸與台灣地緣關係最為緊密的省份。然而由於一直以來兩岸貿易都是經由港澳等第三地中轉，使得與台灣一衣帶水的福建反而成為最為繞腳的地方，最近的距離成為最遠的路。「小三通」的開通，在福建沿海和台灣離島實現局部直航和特定意義上的直接通郵、通商（包括通匯），使福建的對台地緣優勢得到一定的發揮，從而使福建在兩岸交流領域的重要性更加清晰地體現出來。因此，對於「大三通」後「小三通」的發展前景問題，有很多擔憂的聲音。

「大三通」是兩岸全面直接雙向的直航「三通」。包括空中直航與海上直航。「大三通」後，兩岸人員與貨物運輸不必再繞經第三地中轉，而是「裁彎取直」，實現目標港（包括空港、海港）之間點對點的運輸。因此，「大三通」的實現意味著兩岸之間新便捷航路的開通，勢必對目前「小三通」客運造成分流。就目前形勢和未來發展看，「大三通」對「小三通」的影響到底如何？是不是真像人們擔心的那樣，「大三通」的實現意味著「小三通」發展前景的終結？筆者的觀點是：回顧「小三通」成長歷程，可以發現陳水扁時期「小三通」受到多方限制，並沒有按照市場規律的導引獲得充分發育。「大三通」的實現標誌著兩岸經貿交流大環境的根本性改善，「小三通」在此前受到的種種束縛全面解除而獲得更大發展。「大三通」確實對「小三通」有分流作用，但分流有限，不足以抵消「小三通」自身的成長。「小三通」有其不可替代的便捷性和獨特的運轉模式，加之海峽西岸經濟區經濟的顯著提升、海峽兩岸旅遊合作的開發等將為「小三通」注入新活力。即便「大三通」後「小三通」淪落為地方性航線，也會在兩岸區域合作的滋養下獲得長足的發展。

雖然根據上述分析，我們不必過分擔心「大三通」後「小三通」的發展前景問題，然而，市場潛在空間雖是客觀存在，但需付諸努力開發落實。因此，探討「大三通」後做大「小三通」的對策，是十分必要的。做大，就不能夠拘泥現有格局，要勇於開拓新市場空間；做大，就不可以目光短淺，隨遇而安；做大，就要善用各方資源，在合作共贏中提升整體利益。因此，做大「小三通」應從以下方面著手：

1.把握先機，推進「小三通」運作模式優化，鑄造「小三通」航線核心競爭力，全面提升「小三通」功能

「小三通」自2001年開通以來，主要功能在於人員往來，貨運方面僅限於閩台小額貿易領域。實際上，金門縣政府曾多次提請台灣當局有關部門，希望設立金門為兩岸貨物中轉站，從而使金門經濟受惠。然而，在陳水扁當局的限制性兩岸經貿政策下這是不可企及的。日前台灣新當局宣布「小三通正常化推動方案」，開放大陸旅客經由金門、馬祖「小三通」渠道中轉台灣本島。台行政當局大陸事務主管部門負責人賴幸媛表示，根據「小三通正常化推動方案」，台行政當局也將開放金門、馬祖免税進口小額小量的大陸農漁產品，並採取簡化通關程序等便捷化措施；並將擴大開放馬祖白沙港為「小三通」兩岸通航港口，金門水頭港區在相關港埠設施配套完成後，也將從現在的客運運輸擴大到貨物運輸[15]。9月7日，大陸方面宣布大陸居民可以經由福建赴金門、馬祖、澎湖旅遊，並經金門、馬祖、澎湖赴台灣本島旅遊。如此，「小三通」作為兩岸旅遊航路的作用凸顯出來。「小三通」將因此獲得良好發展契機。

「小三通」作為兩岸航線，直接參與方為金門、馬祖、澎湖及福建廈門、福州、泉州等地；「小三通」的功能提升，除政策支撐外，尚需航線軟硬體設施的改善。硬體方面：包括港口、碼頭、公路等設施建設，軟體包括通關入境、檢疫檢驗等管理方面。在兩岸相關地區各自努力提升「小三通」配套服務的同時，需要兩岸雙方通力合作，共同推進「小三通」運作模式的優化，以全面提升「小三通」核心競爭力，使其有能力應對「大三通」的可能衝擊。

2.推進「小三通」沿線旅遊開發合作，打造「小三通」特色旅遊線

如前所述，「小三通」沿線特色旅遊產品的開發能夠繁榮「小三通」航線，為「小三通」注入持久活力。因此，要做大「小三通」，兩岸旅遊界的合作聯盟具有重要意義。目前，大陸遊客赴台旅遊業已啟動，兩岸有關行政部門相繼宣布

允許開放大陸遊客經由金門、馬祖「小三通」渠道中轉台灣本島；使「小三通」有機會成為兩岸雙向旅遊的便捷通道。「小三通」沿線旅遊資源豐富，兩岸聯手打造特色旅遊產品，對於抵減「大三通」對其人員分流的負面影響具有重要意義。市場商機存在，急需的是行動起來，磋商合作。

3.推進閩台全方位經濟合作，拓展兩岸物流市場需求

依據地緣經濟原理，閩台經濟合作具有先天優勢，其深化發展能夠有效擴充「小三通」的物流市場，是「小三通」賴以持久繁榮的物質基礎。推進閩台全方位經濟合作，包括港口、產業、交通物流等諸方面。閩台經貿合作的深化必然導致閩台之間經貿交流規模的擴張，包括人流、物流方面。對「小三通」而言，最有幫助的莫過於閩台小額貿易的成長。小額貿易是台商赴閩投資所需設備零組件自台進口的主要渠道。「小三通」獨特的運行模式能夠有效降低運輸成本，提高運輸效率，因而是「小額貿易」的首選。近年來，閩台小額貿易成長迅速，2007年閩台小額貿易年增長率達到53個百分點，主要歸因於大陸落實開放性政策使潛在的市場空間得以釋放。有充分的理由相信，今後四年預期中的兩岸經貿政策鬆綁將帶來更大利多，閩台小額貿易將更加興旺活絡。

4.推進海西物流體系建設，推進區域經濟合作，有效擴展「小三通」物流腹地

「小三通」的優勢在於方便快捷，包括自身的運作及其與之對接的交通網路集疏運的高效率。海西北有長三角經濟區，南有珠三角經濟區，西有大京九經濟腹地，打通海西與上述經濟區之間的交通通道，將有效拓展「小三通」的物流腹地，有效增加「小三通」的流通量。近年來，福建先後建成了通往廣東、浙江、江西的高速公路，徹底打開了福建的「山門」，把福建與珠三角、長三角和中西部地區緊密連接起來。「十一五」期間，福建將建設溫州——福州、廈門——深圳、江西向塘——福建莆田等快速鐵路，構建以高速公路、快速鐵路、大型海港、空港為骨架的海西綜合交通運輸體系。這些將有效提升海西內部物流效率，以及海西作為台灣與大陸腹地之間物流中轉地的功能。然而，僅有硬體建設是不夠的，交通聯繫只是區域經濟聯繫的基礎，產業聯繫才是區域經濟聯繫的實質內

容，是區域物流聯繫的物質源泉。因此，在推動海西內部區域經濟整合的同時，還要著力推進海西與周邊區域的合作，在市場經濟規律導引下，輔以政府的行政推動，建立以企業跨區域合作為主體，以產業合作為脈絡的區域經濟合作，是有效活躍海西物流、擴展「小三通」物流腹地的重要途徑。

5.推進海西對台經濟合作模式創新，爭取新政策空間支持

「大三通」意味著「小三通」既有政策空間的消失。因此，使「小三通」繼續受惠於政策傾斜，也是保證「小三通」繁榮發展的有效途徑。目前福建正在研議爭取大陸中央政府的政策支持，批准建設「對台合作先行區」，規劃在廈金合作方面有所作為。學者王秉安等提出創建「廈門灣對台合作新區」、「閩江口對台合作新區」、「廈金特別安排區」等概念，呼籲大陸中央政府賦予海西對台合作新區綜合改革試驗的權限和全面開展對台合作交流先行先試的權限，以適應新形勢下兩岸經貿合作深化發展的趨勢。目前兩岸關係穩定發展，為兩岸經貿合作提供了寬鬆的政治環境，兩岸經貿合作領域的具體問題因而成為關注的焦點，如兩岸金融合作等深層次的內容需要審慎推進，需要在局部地區先行先試。海西如能當此重任，則一方面可以發揮地緣優勢服務於兩岸經貿交流，一方面可以促進海西區域經濟發展，因此應積極爭取。

四、建立與台灣新對口港的航運通道

1.關於直航「三通」新航道探討

海峽兩岸關係協會會長陳雲林與台灣海峽交流基金會董事長江丙坤於2008年11月4日就兩岸海運直航、包機常態化、貨運包機、兩岸通郵以及兩岸食品安全等議題在台北開展協商，並最終簽署《海峽兩岸海運協議》、《海峽兩岸空運協議》、《海峽兩岸郵政協議》以及《海峽兩岸食品安全協議》。按照《海峽兩岸海運協議》，大陸方面開放丹東、大連、營口、唐山、錦州、秦皇島、天津、黃驊、威海、煙台、龍口、嵐山、日照、青島、連雲港、大豐、上海、寧波、舟

山、台州、嘉興、溫州、福州、松下、寧德、泉州、肖厝、秀嶼、漳州、廈門、汕頭、潮州、惠州、蛇口、鹽田、赤灣、媽灣、虎門、廣州、珠海、茂名、湛江、北海、防城、欽州、海口、三亞、洋浦等48個海港，以及太倉、南通、張家港、江陰、揚州、常熟、常州、泰州、鎮江、南京、蕪湖、馬鞍山、九江、武漢、城陵磯等15個河港，共計63個港口從事兩岸間客貨直接運輸；台灣方面則開放基隆（含台北）、高雄（含安平）、台中、花蓮、麥寮、布袋（先採專案方式辦理）等6個港口，以及金門料羅、水頭、馬祖福澳、白沙、澎湖馬公等5個「小三通」港口，共計11個港口，從事兩岸間客貨運輸。兩岸資本並在兩岸登記的船舶，經雙方同意許可便可從事兩岸間的海運直航。該協議的簽署將實現海上客貨直接運輸，促進兩岸經貿交流。此次港口的全面開放將實現大陸各大經濟區域板塊與台灣的全方位對接。

（1）長江三角洲經濟區與台灣北部地區對接的航道。長江三角洲經濟區GDP約占中國1／4，是大陸經濟最為發達和台商最為活躍的區域經濟板塊，在今後一段時間內仍為帶動大陸經濟向前發展的重要增長極。此次依託連雲港、大豐、上海、寧波、舟山、台州、嘉興等各大海港以及太倉、南通、張家港、江陰、揚州、常熟、常州、泰州、鎮江、南京等河港將實現與台灣的全方位對接。長三角的上海港、連雲港、寧波舟山港的綜合競爭力在中國大陸排名前列，2007年分獲第二、第九和第六，發展潛力巨大。

與台灣海運直航開放後，長江三角洲與台灣特別是台灣北部地區的經濟往來將更加熱絡。台灣北部的基隆港臨近的台北市為台灣第一大城市，處於長江三角洲經濟區的上海為大陸第一大經濟城市、金融中心。上海港與基隆港僅相距419海里，依託兩大港口，上海與台北的經濟往來將日趨密切。上海與台北不僅地理相近，而且兩城市經濟發展水平相當，人民生活水準相近。當前在上海投資的台灣廠商超過50萬人，這些廠商對上海的投資衍生出了兩地之間大量的貿易貨物。以上海為中心城市的長江三角洲經濟區在大陸吸引台資方面一直遙遙領先。按照台灣「投審會」資料，台商對大陸投資較為集中的前五大省市中，便有三個位於長三角，分別為江蘇省（2007年吸引台商投資38.42億美元，占台商大陸總投資的38.57%）、上海市（同年利用台資14.40億美元，占台商大陸總投資的

14.46%）、浙江省（同年利用台資6.91億美元，占台商大陸總投資的19.86%）。因此長江三角洲與台灣北部地區通道的打開，特別是建立上海——基隆航道，將節省台商巨額的運輸成本，如以直航將降低貨物運輸成本的15%—30%計算，台商在這一過程的受益將十分巨大。

馬英九上台後提出以兩岸聯結突破參與區域經濟合作，從而整合大陸和全球商機，具體涉及推動「雙黃金航圈」及「雙營運中心」計劃：利用台灣地理優勢，推動東北亞及東南亞雙航圈；利用台灣科技產業利基及經營大陸市場優勢，建構高科技業的「雙黃金三角」，以「矽谷——台北——上海」及「東京——台北——上海」的策略性聯結，提升台灣在全球高科技發展的關鍵角色。毫無疑問，以基隆——上海為中心的長江三角洲經濟區與台灣北部地區航道的開放，將促進這些政策目標的早日實現，特別是「雙黃金三角」目標的實現。

（2）海峽西岸經濟區與台灣中部地區對接的航道。福建為台商投資最早的區域之一，曾一度在吸引、利用台資方面走在大陸各省市的前列。按照《海峽兩岸海運協議》，海峽西岸經濟區的溫州、福州、松下、寧德、泉州、肖厝、秀嶼、漳州、廈門、汕頭、潮州等海港將實現與台灣特別是台灣中部地區的對接。

海西區與台灣中部地區隔海相望，地理位置極為相近。海西區與台灣具有血緣相親、地緣相近、文緣相承、商緣相連和法緣相循的「五緣」優勢，兩地語言相通、風俗相近，有著相同的信仰和文化，兩地經貿、社會、文化往來極為密切。廈門港、福州港為海峽西岸經濟區最重要的兩個港口，在2007年中國港口綜合競爭力排名中分獲第七與第十七位。

台灣中部地區為近年來台灣經濟較為活躍的地區之一，以台中市為中心，包括台中縣、彰化縣、南投縣、雲林縣、苗栗縣在內的大台中區域已逐漸成形。海峽西岸經濟區中經濟最活躍的廈門市與大台中地區經濟最為活躍的台中市為海峽兩岸距離最近的城市，從廈門港到台中港的直線距離只有135海里。基於這樣的先天優勢，廈門與台中的交流由來已久，可追溯到海峽兩岸關係剛剛解凍之時，那時就有台中鄉親來廈門走親訪友。1980、90年代，來廈投資興業的台中商人更是絡繹不絕。市台商協會會長曾欽照，常務副會長沈輝雄、陳琰焜等知名在廈台商都是台中人。台中市為台灣第三大城市，從1997年開始，台中商界開始組團來廈參加投洽會。而台交會每年吸引超過200家台灣業者參展，中部廠商即占1/3。此外，廈門與台中兩地政府的交流和溝通也走在前列。2005年8月，中國國民黨台中市黨部訪問團一行來廈，開啟兩黨基層交流；2008年7月台中市市長胡志強復又率領160多人包機直航廈門訪問；2008年9月廈門市市長何立峰率團經「小三通」回訪台中；廈門與台中之間的經貿聯繫日趨緊密，人員往來日趨頻繁。

以廈門港與台中港的對接為中心，促進海峽西岸經濟區眾港口與台灣中部台中港及麥寮港的對接，將帶動台灣中部地區企業赴海西區投資興業，拉動兩地貿易增長，從而帶動海西區進一步發展。

（3）珠江三角洲經濟區與台灣南部地區對接的航道。珠江三角洲經濟區是台商投資集聚度較高的區域之一，按照台灣「投審會」統計，僅2007年一年，珠三角便吸引台資6.91億美元，占台商大陸總投資的19.86%。珠江三角洲經濟區的惠州、蛇口、鹽田、赤灣、媽灣、虎門、廣州、珠海、茂名、湛江等港口與台灣特別是台灣南部的對接，將活躍兩地經濟發展。

廣州港僅次於上海港和深圳港，為中國大陸第三大港口，為大陸華南地區最大的國際貿易港之一，是珠江三角洲水網運輸中心和水路運輸樞紐。港口交通便利，鐵路有京廣、廣九、廣湛線與中國主幹鐵路相連，形成鐵路運輸網；公路與汕頭、湛江、深圳等省內重要市縣均有幹線連通，公路網路溝通閩、贛、湘、桂等省區。廣州白雲國際機場已開闢中國國內、國際航線110多條左右，來往於中國主要大中城市及香港、曼谷、馬尼拉、新加坡、悉尼、墨爾本、吉隆坡等地的航班，可完成客貨航空運輸。而高雄港為台灣第一大港，自然條件良好，且高雄交通便利，擁有四通八達的鐵路、高速公路作為貨物集運和疏運的通道。經濟腹地範圍廣，為台灣最大的工業中心，並擁有100萬噸級船塢的造船廠，主要工業有煉油、化工、機械製造及水泥等。

廣州港與高雄港地理位置較近，便於開展業務。珠江三角洲經濟區以廣州港為中心與台灣南部港口順利對接，建立通道。廣州港和高雄港之間貨運通道的打開，無疑會促進雙方特別是對提振高雄經濟、重鑄其往日輝煌有重要影響作用。

（4）環渤海經濟區與台灣北部地區對接的通道。環渤海經濟區GDP總額占中國份額超過1／4。近年來，東南沿海地區由於勞工成本及原材料價格的上漲，台資企業外遷現象明顯。而環渤海經濟區憑藉著四通八達的交通網路、低廉的生產要素成本、廣闊的市場腹地以及優惠的傾斜政策成為台資企業的遷入地。台資企業在環渤海的集聚現象日趨明顯，環渤海經濟區正逐漸成為台商投資的熱門區域。

環渤海經濟區擁有眾多實力強大的港口，按照2007年中國港口綜合競爭力排名，青島港、天津港、營口港和大連港分別擠進前十，分獲第四、第五、第八和第十名，而煙台港、秦皇島港、日照港也表現突出，分獲第十一、第十二和第十六名。龐大的港口群使得環渤海經濟區與台灣對接的通道極為便利。

天津位於環渤海灣的中心，是中國四個直轄市之一，也為北方最大的沿海開放城市，為環渤海經濟區的中心城市。天津的交通網路極為發達，依靠立體交通和訊息通信網路，可以很方便地與世界連通。天津港通達全球400多個港灣，服務華北、西北、東北12個省市；天津濱海國際機場，連接中國內外30多個國際名城。新世紀初，國務院從大陸經濟社會發展全局出發，作出了加快天津濱海新區開發開放的重大戰略決策。黨的十六屆五中全會、十六屆六中全會、十七大和十屆中國人大四次會議、十一屆中國人大一次會議都對加快濱海新區開發開放提出了殷切的期望和要求。國務院2006年對濱海新區開發開放作出了全面部署。現在的濱海新區聚集了國家級開發區、保稅區、高新區、出口加工區、保稅物流園區和中國面積最大、開放度最高的保稅港區，是中國綜合配套改革試驗區。

台灣北部地區港口距環渤海經濟區最為近便，同時台灣北部地區恰為台灣經濟最為活躍的地區。實現台灣北部的基隆港和花蓮港等與大陸環渤海地區港口的成功對接，特別是與天津港順利對接，可以節省運輸成本，方便兩岸台商。此外，台灣想要打造東北亞黃金航圈，便不得不和大陸與東北亞經濟往來最為密切的環渤海經濟區建立直接連接。可以說，以天津——基隆為核心的環渤海經濟區與台灣北部地區通道的建設，不僅對基隆、台灣北部地區經濟發展有重要作用，而且對拉動台灣總體經濟向前發展，也將大有裨益。

2.福建建立對台航運新航道的對策

《海峽兩岸海運協議》的簽署，大陸63個港口（48個海港、15個河港）與台灣11個港口實現對接。但因為大陸開放各港口的自然條件不同、配套設施差別大、市場腹地大小不一，雖然同為開放港口，但其在兩岸海運直航中所起的作用大小也不盡相同。大陸開放的63個港口中福州、松下、寧德、泉州、肖厝、秀嶼、漳州、廈門8個港口位於福建，港口開放數量位居大陸各省市首位。福州港與廈門港為原來兩岸試點直航港口，11年來積累了豐富的對台航運經驗。福州港、廈門港應充分利用這一優勢，把這一經驗盡快推廣至其他港口，並憑藉自身豐富的經驗，儘早與對岸港口建立穩定的聯繫，從而走在大陸各大港口前列。其他各港口當務之急則應為盡力完善自身硬體設施，瞄準自身優勢，互相加以區隔，協同發展。

（1）發揮福建優勢，在鞏固既有航線基礎上，積極建立新航道，打造以廈門港、福州港為樞紐港的大陸東南沿海對台港口群。按照簽署的《海峽兩岸海運協議》，福建有8個一類港口對台灣開放，這在大陸其他省份是沒有的。比如江蘇，雖然同時開放了12個港口，但是河港占了10個，河港主要是用於內貿運輸，所以福建港口的優勢仍然存在。今後福建省的港口可以增加航線密度，也就是充分發揮閩台地緣優勢，開發新航線，開通和台灣各中小港口的直航。具體而言，就是在全省沿海港口布局規劃的基礎上，重點建設「兩集兩散」港口（所謂「兩集」，就是在廈門港和福州港的江陰港區，形成兩個2000萬—3000萬標箱的主要集裝箱幹線港，從而培育開闢福建通往國際主航線的港口；所謂「兩散」，就是在湄洲灣和羅源灣岸線，形成兩個具有散貨吞吐能力2億—3億噸的散貨轉運中心），積極拓展貨源，打造廈門港、福州港為對台海上運輸樞紐港；同時因地制宜，積極完善其餘開放港口的港航設施，將福建沿海建設成為大陸東南沿海對台港口群。

目前來看，福州港有意向與台北的基隆港建立對口港關係，而泉州、廈門、莆田等則屬意台中港。就地緣關係來看，福建沿線港口距離台灣各大港口的直線距離都不超過200海里，具有大陸其他地區港口不具備的地緣優勢。筆者認為，福建各港口沒有必要自行割據，而應該在評估貨源市場的基礎上布建新航線。福建省政府有關部門及時搭建平台促進福建港口與台灣港口的對接，以舉辦論壇的形式，把閩台各大港口邀集到一起溝通交流，促進合作意向的達成。除了台北、台中沿線港口外，應鞏固加強與高雄港的交流，拓展與高雄港的聯繫。

（2）吸引中西部貨源，打造兩岸貨運黃金通道。這次兩岸海運直航的大幅開放，對於福建而言機遇與挑戰並存，能否抓住機遇，有賴於福建大力拓展內陸腹地，實施「海鐵聯運」，成為內陸腹地廣闊的兩岸貨運黃金通道。從目前協議開放的63個大陸港口港區來看，江西開放的九江港、湖南開放的城陵磯港、湖北開放的武漢港、安徽開放的馬鞍山和蕪湖港，都屬於河港，西南部的貴州、雲南等內陸省份沒有港口，如果貨從廣州、上海走，距離遠、成本高，而這些省份靠近福建，可以把福建打造成兩岸貨運的一個大通道，吸引中西部省份的貨從福建轉往台灣。

（3）加強閩台港口合作，共建航運中轉港。鑒於目前台灣沒有20萬噸級以上的大型碼頭泊位，福建要加大建設力度，盡快完成25萬—30萬噸的大型散貨碼頭，為今後台灣的礦石等散貨進口提供中轉服務。這個概念可以再延伸到「兩岸集裝箱中轉樞紐港」的定位：福州、泉州、廈門對基隆、台中、高雄等港口的交流緊密，可以與這些港口合作，成為兩岸拼箱、拼船共建的航運中轉港。

（4）建立閩台郵政航線。根據《海峽兩岸郵政協議》，福州和廈門開放為對台郵件封發局，台灣方面為台北、高雄、基隆、金門、馬祖。建立閩台郵政航線，一是充分利用福州、廈門開放為對台郵件封發局的契機，拓展兩岸通郵工作，積極爭取郵政集團公司將更多省份郵件從福建中轉，並在條件成熟時推動「兩門」、「兩馬」航線開通郵政專船，將福建打造為兩岸郵件重要交換中心；二是力爭福州、廈門成為第二批貨運包機航點，積極推動郵政貨運專機執行兩岸航空郵件運輸；三是大力拓展閩台區域如物流業務等特色郵政業務[16]。

（5）建立閩台旅遊專線。福建應在持續提升服務質量、增加航班運力，創建「小三通」客運品牌優勢、促進「小三通」成為大陸赴台旅遊主通道的同時，開通澎湖——廈門、馬祖——武夷山的直航包機，打造台灣——馬祖——武夷山、台灣——澎湖——廈門的旅遊線路。

五、整合福建港口群以及與鄰近港口的協同功能

直航「三通」後，兩岸實現真正的直接航運貿易，沿海各區域的競爭在很大程度上將直接體現為港口腹地和港口運力的競爭。因此如何提升港口運輸能力、拓展港口腹地至關重要。

從福建港口近年來的發展情況看，儘管福建擁有良好的深水港資源，但港口資源尚未得到有效的開發，港口的基礎設施薄弱，實際吞吐能力不足，運能嚴重滯後於運量的增長；港口結構性矛盾較突出，港口碼頭泊位少，大型專業化深水泊位不多，集疏運條件差，中轉儲存能力不高；港口在發展初期沿海泊位建設遍地開花，小而分散且功能模糊，多為綜合性港口，專業化不突出。這些既不利於市場經濟條件下的有序分工和合理競爭，也破壞了原本極為有利的建港資源。另一方面由於內陸交通條件制約，港鐵等聯運方式無法實現。福建港口經濟腹地長期以來侷限於本省境內，特別是福建東南沿海地區，其縱深腹地湖南、江西等省更是由於交通原因，被長三角和珠三角地區占了先機而無法覆蓋，港口潛能沒有得到充分的發揮。

直航「三通」對於福建而言，是機遇更是挑戰。福建港口面臨大陸沿海其他港口群的競爭壓力，同時也面臨閩台經貿交流的新形勢新要求。這些都迫使福建港口必須在儘可能短的時間內迅速提高自身的競爭力，除了加強各個港口的軟硬體設施建設之外，促進福建各個港口之間的協同發展顯得尤為重要。協同發展可以在提升個體港口實力的同時發揮福建港口群的整體競爭力。

1.促進福建內部港口間協同發展

促進福建港口群的協同發展，不僅要加強各個港口自身的基礎建設，以現代化、訊息化為基礎發展各個港口的功能，而且要針對福建各個港口的不同特點，

做好功能上的劃分，從港口群協調發展的整體觀念布局，做好各個港口的建設和功能定位。

福建港口可以分為三個層次：第一層次是廈門港、福州港，構成福建港口體系的核心；第二層次包括泉州港、莆田港、漳州港；第三層次為寧德港。目前，只有廈門港和福州港是多功能綜合性港口，其他包括泉州、漳州、莆田、寧德港在內的主要是臨海工業區（開發區）港口，其共同特點是專業貨種較少，以地方建設所需的大宗貨物運輸為主。福建港口受制於行政區劃的分割，港口體系空間結構呈現出明顯的分散化。福建各港口發展的自成體系，缺乏區域與整體意識，使得條件都十分不錯的福建港口管理各自為政，大大內耗了福建港口群的競爭力。因此，要提升福建港口的整合功能，就要具體從以下方面入手：

（1）以建設訊息化標準平台為基礎，解決福建港口管理各自為政的狀態，從各港口經濟腹地和功能布局的角度對各個港口的主要功能和次要功能，以及各港口之間的協同功能作出具體規劃，實現福建港口群整體功能的提升。未來福建港口體系可以形成以廈門灣港和福州港為主樞紐港，大力發展「第三代」港口建設，使這兩個港口朝著成為集物流、資金流、訊息流於一身的國際貿易綜合運輸中心和後勤基地方向發展，並根據港口關聯度與周邊中小港口聯動，帶動一批中轉站場和支線碼頭的發展，形成功能化、網路化的港口群子系統。

在提升自身港口服務功能同時，還要加強兩個主樞紐港之間的協同聯繫。前者有賴於制度性的創新，比如實行「進出口貨物直通放行制度」，在產地可直接辦理報檢、查驗和放行手續等，提供迅速高效的港口運輸服務。在提升效率的同時降低港口服務的費用，以加強與上海港等其他臨海港口的業務競爭力。後者如加強福州港建設以大型乾散貨運輸中轉為特色、多功能的港口群子系統，加強廈門港以國際集裝箱運輸為特色、多功能的港口群子系統。兩者互為補充，且各有側重。

（2）推進漳州港、泉州港、莆田港和寧德港臨港工業向專業化方向發展，並與兩大主樞紐港形成垂直的功能分工。漳州港、泉州港、莆田港和寧德港等臨港工業港口，一方面要大力發展臨港工業，且臨港工業的選擇要有所區別，突出特色；另一方面這四個港口要與相臨近的廈門灣港和福州港建立垂直的功能分工體系，加強之間的協同發展，促進福建港口群、廈門港口群與福州港口群子系統的形成。例如泉州港區目前已形成了以福建煉油廠為基礎的臨海工業區雛形，今後的發展方向一是以石油及其製品等大型液體散貨中轉運輸為主的工業港；二是以內貿集裝箱和雜貨運輸為主的主體港。漳州港區今後應以地方重點物資運輸為主要服務對象，結合臨海工業開發，成為沿海加工基地，發展方向一是本地區臨海項目配套的工業港，二是以煤炭、糧食、非金屬礦石等運輸為主的港口。為了保證湄洲灣沿岸以石化和電力為主的工業基地發展，莆田港發展方嚮應該是海峽西岸經濟區以天然氣、煤炭礦石中轉運輸為主的工業港，成為福建地區液態運輸的主體港。隨著湄洲灣臨海工業經濟圈的構建，莆田港可與湄洲灣南岸的泉港港區透過港口的資源協同整合形成綜合性工業港。

寧德港（包括三都澳、沙埕、三沙、賽江港區）的發展速度趨緩，低於全省的平均發展水平，是到目前為止全省唯一尚未開通集裝箱業務的港口。其發展方向是以三都澳港區為主，壯大地方臨港工業，且規模和功能與福州港口群子系統建設相匹配的主體港，同時可藉助港口優越資源的優勢成為國家戰略儲備資源進口基地港口，充分發揮後發優勢，促進寧德港的快速發展。

總之，應繼續集中力量推進福建港口群「兩集兩散」建設，依照經濟腹地原則合理規劃和發展福建各個港口，明確各個港口的主要功能區分和定位，形成功能上多層次互補、地域上多層次聯合的福建港口群。

2.推動福建港口群與大陸其他省份港口群之間的協同發展

福建港口群與大陸地區的其他三大港口群相比，較為落後。但如果能加強與其他省份港口群之間的聯繫，協同發展，找到自身發展的相對優勢，找到特色發展的渠道，則可以拓展發展的空間，實現跨越式的發展。

從總體上來看，長三角地區港口群分屬上海、浙江和江蘇三個不同的行政區域，經濟腹地的深度和廣度，一度造成了長三角地區港口群貨物吞吐能力的不足，形成了長三角地區新一輪建港熱潮。這一輪建港熱潮範圍廣，幾乎所有的大中型港口都有宏偉的發展計劃；投資大，港口建設的投資，動輒以億計；目標高，每個港口都提出了相當高的發展目標。實際上，上海港在長江沿線「喂給港」的布局已經大體成型，參股重慶港40%，武漢港55%，與中遠集團共同投資占南京港龍潭集裝箱有限公司45%股份，使其對整個長江流域的箱源都可以實現「有效控制」。再輔以長沙港、蕪湖港、南通港等地區性樞紐節點，上海港的市場觸角已經伸到了廣闊的內陸地區。據統計，上海的外貿集裝箱箱源約95%來自長江流域，內貿集裝箱流量近60%分布在長江流域港口。蘇州港群和寧波港群，也依靠各自省份的經濟腹地向周邊省份進行擴張。特別是寧波港群，向南可以直接輻射到福建、江西等地，對福建港口群帶來了直接的競爭壓力。

目前珠三角地區港口群已經形成以廣州、深圳、珠海、東莞等珠三角港口群為龍頭、粵東粵西沿海港口和佛山、肇慶內河港口協調發展的港口布局。其重點是以深圳和廣州港為主，相應發展汕頭、珠海、中山等港的集裝箱運輸系統；以惠州、深圳、珠海等港的進口原油和成品油氣接卸碼頭為主，相應發展廣州、東莞等港的成品油氣中轉運輸系統；以廣州港為主的煤炭接卸系統。珠三角港口群中的一類口岸，擔當了外貿貨物進出口的主角。二類口岸則憑藉毗鄰港澳的有利條件，充分發揮眾多小船來往其間航程短、時間少、成本低、效率高、機動靈活的優勢，一類、二類口岸既各顯「神通」，又相互支持、互補。雖然兩岸直接通航後香港的自由港地位有所降低，會對珠三角港口群產生一定的不利影響，但藉助珠三角地區深而廣的經濟腹地，仍具有較強的實力。

福建港口群沿海向兩側面臨著長三角和珠三角兩大港口群的競爭壓力，從經濟腹地角度來看，沿長江線以南內陸地區被擠壓，只剩江西省，且由於內陸交通不便利的限制，福建港口群向江西省境內的輻射能力也十分微弱，甚至有被長三角和珠三角地區蠶食的危機。所以，要注意福建省兩翼地區的競爭壓力，在建設好廈門和福州兩大樞紐港的同時，加強對閩中地區湄洲灣港口及其臨港工業的開發，做大臨港工業，加深福建港口群的經濟腹地，並藉助閩東北地區交通基礎設施的完善，沿內陸運輸線產業群的做大，由福建中部向兩側做深做大經濟腹地，向江西省地區拓展。這個過程中一定要做到有序發展，做到總體效果的最優。

珠三角地區港口群藉助的是毗鄰港澳和東南亞的地理優勢以及自身的港口腹

地；長三角地區港口群藉助的是長江流域地區和自身的深厚經濟腹地。福建在做大做強自身經濟腹地的同時，應避免與長三角與珠三角港口群的同質競爭，牢牢把握「三通」後與台灣的合作契機，與台灣港口群展開緊密協同合作，長遠規劃，打造台灣海峽航運中心，在兩岸經貿航運方面，拓展國際物流的配套服務和貨物資源整合服務的商機，從而找到自身未來發展的空間，實現跨越式的發展。除此之外，在具體分析沿海各個港口的主要功能之後，還可以在當地臨港工業發展基礎上，進行市場細分，建設一批專業碼頭，實現福建港口群的長遠發展。

3.推動福建港口群與台灣港口群的協同發展

福建港口群與台灣港口群的協同合作最終是要打通台灣海峽地區與大陸內陸地區的聯結，建設各種運輸方式的集結、接轉的綜合型樞紐，港口作為國際貿易運輸（海、陸、空）運輸鏈中的一環，融合成為綜合樞紐的一個重要組成部分，成為台灣海峽地區以航運為龍頭的區域性、綜合物流中心。

首先，兩地初期可以加強溝通協調，制定有關規章，建立公開、平等、競爭、有序的運輸市場；加強合作與技術互補，建立台灣海峽船舶交流服務系統，同時加強其他一些配套服務系統的建設。兩地可以先在廈門港和福州港先試點建立海峽航運港口體系的海港電子數據交換網路服務系統，利用國際互聯網技術加強兩岸港口貿易企業和航運企業之間的交流與合作及相關訊息資源共享，使台灣海峽地區的港口資源互補、互惠互利、共同發展，提高兩岸港口的合作層級及港口群的工作效率，並在此基礎上合作促進兩岸集裝箱多式聯運港口群的協同發展。

其次，台灣港口在深水化方面存在著問題，比如基隆港雖然其地理位置良好，但由於港域狹小、水深不足等自然條件限制，不能充分發揮其港口優勢，這也為兩地港口群協同合作提供了良機。應對目前國際上船舶大型化的趨勢，閩台兩地港口群的合作，一方面可以藉助福建港口群協同合作的發展，利用廈門港和福建港港口群子系統的整合和發展，提升這兩港的輔助港建設，達到深水化的要求，實現兩岸港口群的功能分工；另一方面，兩地直接合作建設福建湄洲灣，寧德港三都澳等優良深水港區。

再次，福建與台灣的港口群在臨港工業方面也應得到協同整合，在加強兩地港口群網路緊密聯繫的同時，優化兩地臨港工業的產業結構，加強兩地的臨港工業合作，共同拓展台灣海峽地區的經濟腹地，使得福建港口群能真正衝破福建地區的地域瓶頸，實現向大陸內陸地區其他縱深省份的輻射影響。

在客運方面，福建與台灣港口群合作也大有可為。例如，雖然包機直航的進展使得兩岸將來更加便利，但透過航運來往兩地仍然有著價格上的優勢，對於兩岸求學學生和經常往來於大陸東南沿海地區的台灣居民仍具有吸引力。福建省有著多年「小三通」的實際操作經驗，相對其他大陸地區港口群在兩岸人員往來航運操作方面仍有絕對優勢。可以藉助閩台兩地便利的地理優勢，建設好與台灣港口群之間便利的客運航線，打造兩地「一日生活圈」的品牌，這不僅可以促進兩地港口群之間的協同發展，促進福建主要港口客運功能和服務的提升，還可以加強兩地港口航線之間的緊密聯繫。不僅如此，兩地「一日生活圈」可以促使海西地區台商上班族、通勤族的出現，吸引更多台灣本島的台資企業轉移到福建投資，拓展福建港口經濟腹地。

福建旅遊業的發展及其與台灣觀光業的合作所形成的兩岸旅遊圈，也能對福建港口群客運航線的繁榮造成重要的作用，若是在大陸東南沿海地區旅遊的台灣居民能以福建的港口旅遊城市為中轉點，則福建港口旅遊城市的客運潛力就能得到有效發揮。比如廈門、泉州有秀麗的風景和深厚的歷史文化底蘊，莆田、湄洲有媽祖這個兩地共同的信仰品牌，三都澳本身有景區，再加上附近有太姥山、雁蕩山等景點，離武夷山風景區也是一日內的路程，等等。

第五節　本章小結

台灣第二次政黨輪替為兩岸關係增添了積極因素，兩岸經貿關係發展環境發生了可喜變化，兩岸「三通」前景明朗，並出現了前所未有的新突破——2008年11月4日兩會簽署了《海峽兩岸郵政協議》、《海峽兩岸空運協議》、《海峽兩岸食品安全協議》及《海峽兩岸海運協議》，意味著兩岸直接「三通」瓶頸的突破，標誌著海峽兩岸「大三通」時代的到來。「大三通」時代並不意味著兩岸直接「三通」的全面實現，而是為兩岸「三通」帶來了新任務新課題。值此新形勢下，如何利用各方面的積極因素推進兩岸直接「三通」深化發展，應在新觀察的基礎上制定新的戰略。作為與台灣具有「五緣」優勢的福建，如何在發掘「試點直航」、「小三通」平台潛力基礎上，構建新的「先試先行」優勢，在新時期有更大作為，為推進兩岸全面「三通」發揮更大作用，同時提升自身在兩岸經貿合作領域的地位，值得深入研究。因此，本章在對兩岸「三通」發展歷程進行回顧的基礎上，總結推動兩岸「三通」的成效及經驗，分析新形勢下兩岸「三通」的主要影響因素，進而探討新形勢下兩岸「三通」發展走勢及應對策略，最後集中探討兩岸「三通」新局勢下，福建如何充分發揮既有優勢，創造新優勢，實現新作為，繼續為推進兩岸直接「三通」發揮獨特作用。主要觀點如下：

30年來，兩岸「三通」取得了一系列階段性進展。通郵方面：兩岸相繼開辦了電話、電報、數據通信、電子信箱、分組數字交換、綜合業務數字網、異地電話和移動電話漫遊等業務，實現了函件總包交換，以及互辦平常函件和掛號函件業務。但由於未能直航「三通」，兩岸航空函件總包經由香港或澳門郵政轉運，水陸路函件總包經由香港郵政轉運。通商方面：自1978年兩岸開展小額間接貿易始，兩岸貿易交流迅猛發展，至2007年底累計貿易總額已經達到7281億美元，名義年均增長率超過30%；自1981年第一家台資企業登陸福建漳州至2007年底，台商赴大陸投資累計達到648.6億美元。但兩岸貿易長期以來須經由港澳等地三地中轉運輸。通航方面：兩岸空中航運已由2003年以前單純的中轉港澳的間接通航模式，經由春節包機、節日包機到目前的週末包機，取得了較大進展。但是航行兩岸的航班尚需經由香港飛行情報區；兩岸貨運包機有待啟動。兩岸海上通航自1986年開始至今，以兩岸海上方便旗船舶經港澳或韓國、日本石垣島等第三地中轉運送兩岸貨物為主，但通航程序不斷簡化。另外，「試點直航」取得初步成效，沿海局部直航（即「小三通」）也已獲得了可喜發展。但總體而言，兩岸的海上直航迄今仍以間接航運為主，直接通航進展有限。

「3.20」台灣領導人選舉實現了第二次政黨輪替，為兩岸關係增添了積極因素，兩岸經貿關係發展環境發生了巨大變化，為兩岸直接「三通」提供了新的發展契機。事實上，馬英九「5.20」就職以來，不但兩岸週末包機、開放「小三通」、大陸遊客赴台旅遊已經初見成效，並且在「海空直航」談判部分也取得了歷史性的新突破。2008年11月4日下午，海協會會長陳雲林與海基會董事長江丙坤在台北簽署了《海峽兩岸空運協議》、《海峽兩岸海運協議》、《海峽兩岸郵政協議》和《海峽兩岸食品安全協議》四項協議，宣告兩岸同胞盼望已久的兩岸直接通航、通郵即將變成現實，標誌著兩岸「大三通」時代的到來。

然而，將協議文本上的藍圖落實到實踐活動中，把官方協議轉化為業界的合作，即實現兩岸「三通」常態化還需要一個過程。未來一段時期內，推進兩岸直接「三通」的重點：一是落實第二次「江陳會」所簽署的「四項協議」，並進一步協商解決兩岸通航未盡事宜；二是推進兩岸經貿正常化、機制化議題協商，包括陸資入島、兩岸金融合作、兩岸互涉性經貿立法等方面。兩岸「三通」邁出了一大步，但兩岸經貿一體化還需要長期努力。

兩岸「三通」是兩岸經貿合作與發展的客觀要求，然而，受兩岸政治氣候的影響特別是台灣當局限制性兩岸經貿政策的制約，兩岸直接「三通」被添加了政治色彩，無法在市場推動下順利達成。30年來，大陸一貫堅持以促進兩岸經貿交流與合作為主線，堅持平等協商原則，以靈活務實的策略建立多元化交流平台推動兩岸「三通」，使兩岸「三通」不斷取得進展。

兩岸「三通」協商經歷了以兩會作為橋樑和紐帶時期（1990—1999年）、民間機構持續發揮作用時期（1999—2005年）、以政黨交流為平台時期（2005—2007年），目前進入了以兩會為主的多元化時期。福建與台灣地緣關係最為緊密，一度是兩岸「三通」政策「先行」的地區；具有「試點直航」和「小三通」運作的經驗；在直航「三通」的開放藍圖中福建的海、空港居於重要位置，基於地利之便，未來應在兩岸「三通」協商新格局中繼續發揮重要作用，如建立兩岸事務談判基地；加強閩台民間協商合作機制建設；加強兩岸基層政黨交流，繼續發揮「國共平台」在「三通」協商中的獨特作用；推進閩台對口城市交流合作，等等。

福建作為兩岸「三通」的先行者及「前沿」，在兩岸「三通」新局勢下應該扮演新角色，發揮新作用，具體而言可以在以下幾方面有所作為：

1.推進「試點直航」口岸向直航口岸轉型，發揮示範作用

（1）全面開通兩岸海上直航航線。在兩會協議生效的第一時間（12月13日），將現有經日本、香港中轉的彎靠集裝箱班輪航線直接開通進入台灣本島；將現在福建沿海經日本、香港中轉的不定期散雜貨航線直接開通進入台灣本島；將現在福州、廈門與高雄港的集裝箱試點直航航線裝載兩岸貿易貨物，直接通關入島。

（2）借重既有的港際及業界聯繫。廈門、福州兩港應積極與高雄港就相關事宜進行溝通協商，拓展合作範圍，與相關航商、物流業者及其他外圍服務機構建立新的緊密合作關係，以招徠「兩岸貨源」。

（3）總結經驗，示範推廣。組織專家、相關業者、管理部門對「試點直航」及「小三通」的「福建模式」進行檢討，總結經驗，補充完善，使之能夠很好地指導即將到來的直航（12月中旬左右）運作，並更好地為其他兄弟港口發揮示範作用。

（4）積極與台灣當局有關部門磋商開放中國大陸船公司赴台灣設立分支機構。在當前中國大陸船公司赴台設立分支機構並未開放的情況下，中國大陸船公司運載試點直航貨物至台灣相應港口後，只能求助於當地代理公司，這期間一旦發生風險或稍有疏漏，則中國大陸船公司便有可能因無法及時處理而蒙受額外的損失。因此，與台灣有關部門協商開放中國大陸船公司赴台設立分支機構顯得十分必要。

（5）加快港口和保稅港區建設。為迎接試點直航開放及兩岸海運直航，在硬體基礎設施方面，要對廈門港和福州港進行擴容擴建工程。特別是重點推進廈門港和福州港江陰港區為主的兩個集裝箱運輸中心的建設。到2012年力爭形成廈門、福州和泉州3個億噸大港。此外應進一步完善港口通關、檢驗檢疫環境及服務水平，簡化程序，縮短時間；增加港口配套措施，如餐飲服務、超市商場、公用電話的設計等；以期提高服務意識，在軟體設施方面進行大幅調整和改善。

福建保稅港區的建立對於拓展海西效應，推進兩岸試點直航範圍的擴大及海運直航的早日實現，擴大兩岸經貿合作與交流將產生直接影響。

2.繼續發掘「小三通」的潛力與作用

（1）把握先機，推進「小三通」運作模式優化，鑄造「小三通」航線核心競爭力，全面提升「小三通」功能。「小三通」的功能提升，除政策支撐外，尚需航線軟硬體設施的改善。硬體方面：包括港口、碼頭、公路等設施建設；軟體包括通關入境、檢疫檢驗等管理方面。在兩岸相關地區各自努力提升「小三通」配套服務的同時，需要兩岸雙方通力合作，共同推進「小三通」運作模式的優化，以全面提升「小三通」核心競爭力，使其有能力應對「大三通」的可能衝擊。

（2）推進「小三通」沿線旅遊開發合作，打造「小三通」特色旅遊線。「小三通」沿線特色旅遊產品的開發能夠繁榮「小三通」航線，為「小三通」注入持久活力。因此，要做大「小三通」，兩岸旅遊界的合作聯盟具有重要意義。目前，大陸遊客赴台旅遊業已啟動，兩岸有關行政部門相繼宣布允許開放大陸遊客經由金門、馬祖「小三通」渠道中轉台灣本島；使「小三通」有機會成為兩岸雙向旅遊的便捷通道。「小三通」沿線旅遊資源豐富，兩岸聯手打造特色旅遊產品，對於抵減「大三通」對其人員分流的負面影響具有重要意義。市場商機存在，急需的是行動起來，磋商合作。

（3）推進閩台全方位經濟合作，拓展兩岸物流市場需求。依據地緣經濟原理，閩台經濟合作具有先天優勢，其深化發展能夠有效擴充「小三通」的物流市場，是「小三通」賴以持久繁榮的物質基礎。推進閩台全方位經濟合作，包括港口、產業、交通物流等諸方面。閩台經貿合作的深化必然導致閩台之間經貿交流規模的擴張，包括人流、物流方面。

（4）推進海西物流體系建設，推進區域經濟合作，有效擴展「小三通」物流腹地。「小三通」的優勢在於方便快捷，包括自身的運作及其與之對接的交通網路的集疏運的高效率。海西北有長三角經濟區，南有珠三角經濟區，西有大京九經濟腹地，打通海西與上述經濟區之間的交通通道，將有效拓展「小三通」的物流腹地，有效增加「小三通」的流通量。因此，在推動海西內部區域經濟整合的同時，還要著力推進海西與周邊區域的合作，在市場經濟規律導引下，輔以政府的行政推動，建立以企業跨區域合作為主體，以產業合作為脈絡的區域經濟合作，是有效活躍海西物流、擴展「小三通」物流腹地的重要途徑。

（5）推進海西對台經濟合作模式創新，爭取新政策空間支持。「大三通」意味著「小三通」既有政策空間的消失。因此，使「小三通」繼續受惠於政策傾斜，也是保證「小三通」繁榮發展的有效途徑。目前福建正在研議爭取大陸中央政府的政策支持，批准建設「對台合作先行區」，規劃在廈金合作方面有所作為。

3.建立與台灣新對口港的航運通道

（1）發揮福建優勢，在鞏固既有航線基礎上，積極建立新航道，打造以廈門港、福州港為樞紐港的大陸東南沿海對台港口群。

（2）吸引中西部貨源，打造兩岸貨運黃金通道。

（3）加強閩台港口合作，共建航運中轉港。

（4）建立閩台郵政航線。

（5）建立閩台旅遊專線。

4.整合福建港口群以及與鄰近港口的協同功能

直航「三通」對於福建而言，是機遇更是挑戰。福建港口面臨大陸沿海其他港口群的競爭壓力，同時也面臨閩台經貿交流的新形勢新要求。這些都迫使福建港口在儘可能短的時間內迅速提高自身的競爭力，除了加強各個港口的軟硬體設施建設之外，促進福建各個港口之間的協同發展顯得尤為重要。協同發展可以在提升個體港口實力的同時發揮福建港口群的整體競爭力。

（1）促進福建內部港口間協同發展。以訊息化標準平台為基礎，解決福建港口管理各自為政的狀態，從各港口經濟腹地和功能布局的角度對各個港口的主要功能和次要功能，以及各港口之間的協同功能作出具體規劃，實現福建港口群整體功能的提升。推進漳州港、泉州港、莆田港和寧德港臨港工業向專業化方向發展，並與兩大主樞紐港形成垂直的功能分工。

（2）推動福建港口群與大陸其他省份港口群之間的協同發展。福建港口群與長三角、珠三角等鄰近地區港口群相比，較為落後。但如果能加強與這些港口群之間的聯繫，協同發展，找到自身發展的相對優勢，找到相對發展的渠道，則可以找到發展的空間，實現跨越式的發展。

（3）推動福建港口群與台灣港口群的協同發展。福建港口群與台灣港口群的協同合作最終是要打通台灣海峽地區與大陸內陸地區的聯結，建設各種運輸方式的集結、接轉的綜合型樞紐，港口作為國際貿易運輸（海、陸、空）運輸鏈中的一環，融合成為綜合樞紐的一個重要組成部分，成為台灣海峽地區以航運為龍頭的區域性、綜合物流中心。

第三章　拓展閩台農業全面合作新作為研究

趙玉榕[17]

兩岸農業交流與合作，不論是在深度上還是廣度上都已取得很大的發展，農業合作帶給雙方的經濟實效令人鼓舞。福建長期以來一直是兩岸農業交流與合作的重鎮，在對台農業科技交流、農業經貿合作以及兩岸農業學術交流和人員互訪等方面，取得了顯著成效，其規模、層次、水平都處於中國領先地位。福建省委、省政府認真貫徹黨大陸中央的方針政策，積極推進建設對外開放、協調發展、全面繁榮的海峽西岸的發展戰略，提出依託閩台「五緣」獨特優勢，積極拓展「六求」作為，「努力把海峽西岸經濟區建設成為科學發展的先行區、兩岸人民交流合作的先行區」的新思路，也對閩台農業交流合作提出了更新、更高的要求。隨著台灣「大選」的結束，兩岸關係進入一個新的發展時期，在兩岸的共同努力下，兩岸關係取得了許多突破性的進展，為兩岸關係的和平發展局面奠定了重要的基礎，但「台獨」勢力仍然是一支不可忽視的政治力量；因此，馬英九的決策必然會受到「台獨」勢力的牽制，兩岸經貿關係正常化不可能一步到位。在這樣的形勢下，我們對台工作的重心應該更有針對性，包括對對台農業政策的效果進行梳理，發現不足，進一步探討拓展合作交流的領域，以及更加務實和有效的合作途徑，透過經濟和社會的進一步融合，來做台灣人民的工作。

第一節　閩台農業交流合作發展的歷程與現狀總結

一、閩台農業合作的發展歷程

閩台兩地習俗相近、語言相通、血緣相親，且地理位置、自然條件、作物品種、耕作制度基本相同。早在明清時代，福建人三次大規模移民到台灣，把福建比較進步的水利、糧食、茶葉、蔗糖等農業生產技術引入台灣，推動了台灣早期農業的開發與發展。1940年代後期，福建先後從台灣引進香蕉、菠蘿、杧果、柚子等農作物品種；同期，福建省立農學院有300多名教師、畢業生和農業科技人員赴台參加農業建設，後來成為台灣農業界的中堅力量，為溝通閩台農業交流渠道發揮了重要作用。閩台之間現代農業合作開始於1970年代末、80年代初，隨著兩岸關係的緩和及大陸改革開放的不斷深化，閩台農業交流合作得到了迅速的恢復和發展。閩台農業合作的發展大致經歷了四個發展階段。

第一是起步階段（1979—1987年）。這一階段兩岸經貿關係處在恢復過程，台灣方面的政策管制嚴格，閩台之間的農業交流主要以親情鄉情為紐帶，透過探親訪友、旅遊觀光、參觀訪問、增進瞭解為主要渠道；貿易方面基本上以農產品民間小額貿易為主；在投資方面或以迂迴的方式進行「投石問路」，或以「五帶」（帶良種、帶工藝、帶技術、帶資金、帶市場）進行一些試探性的投資，1981年第一家註冊的台資農業企業在漳州落戶。這一時期台商投資以種植業為主，規模較小，多集中在沿海地區，表現出隱蔽、零星、分散等特徵，投資的數量和規模都有限，但為閩台農業交流打下了良好的基礎。

第二是發展階段（1987—1996年）。1987年台灣開放民眾赴大陸探親，為兩岸交往提供了機遇，台灣當局認識到兩岸農業交流對台灣農業發展的重要性，對台商投資大陸農業及農產品加工業的限制有所放寬，1994年，大陸方面頒布《中華人民共和國台灣同胞投資保護法》，在這樣的背景條件下，閩台農業交流逐步由暗轉明，形成了由民間到半官方的較穩定的交流合作關係，較大規模地引進台灣良種和吸引台資創辦農產品加工業，出現了台胞在福建投資農業成片開發的好勢頭，科學技術交流也日益頻繁。

第三是全面發展階段（1997—2004年）。1997年起，福州市和漳州市獲準建立「海峽兩岸農業合作試驗區」，並且創辦了福清、漳浦和漳平台灣農民創業園，透過提供土地、租稅、融資等優惠政策，吸引和鼓勵台商投資農業，以此為契機，閩台農業合作以引進資金、品種、技術為重點，逐步形成了多領域、高層次、雙向交流的良好格局，呈現出穩步發展的態勢。

第四是緊密合作階段（2005年至今）。2005年以來台灣國民黨、親民黨和新黨領導人先後來訪，兩岸關係出現良性互動新格局，大陸中央頒布了一系列有利於台灣農產品在大陸銷售以及台商投資大陸農業的政策措施，福建省委、省政府認真貫徹大陸中央工作的方針政策，提出依託閩台「五緣」獨特優勢，積極拓展「六求」作為和「努力把海峽西岸經濟區建設成為科學發展的先行區、兩岸人民交流合作的先行區」的新思路，閩台農業合作出現持續升溫、縱深發展的態勢。2005年7月大陸中央批准海峽兩岸農業合作實驗區擴大到福建全省，漳浦和漳平永福兩個台灣農民創業園升格為國家級，福建先後成立了霞浦台灣水產品集散中心、廈門台灣水果銷售集散中心、廈門閩台中心漁港、兩岸水產品加工集散基地、兩岸（三明）林業合作實驗區、泉州南安閩台農產品市場等，形成了一批台資農業相對集中區和投資貿易平台，進一步突出了福建對台農業合作的區位優勢，為兩地農業合作向更高層次、更大規模方向發展帶來了新的機遇和動力，展示了更為廣闊的前景。

總之，經過近30年的發展，閩台農業合作呈現出鮮明的特色：合作領域不斷拓寬，合作層次由低到高；合作範圍從沿海向內陸山區推進，區域特色更加明顯；台資農業企業在農業產業化中進程扮演著日趨重要的角色；農業科技實現雙向交流。此外，台灣農業產銷班在福建的試點初見成效；兩地合作發展旅遊觀光農業等階段性特徵日益顯著；《福建省促進閩台農業合作條例》正在制定之中，充分說明閩台農業合作進入了新的快速發展時期。

二、閩台農業合作的成效分析

伴隨著兩岸關係緩和，台灣的大陸經貿政策逐步放寬，福建抓住大陸中央賦予的「同等優先，適當放寬」的政策，憑藉著特殊的地理區位、自然生態和人文環境，大力發展閩台農業交流與合作，尤其是確定了「以實驗區為中心，沿海為主線，山海協作互補，全方位推進」的對台農業合作策略後，閩台農業合作進入快速發展時期。目前福建已成為中國對台農業合作平台最大、項目最多、投資最密集的省份，在海峽兩岸農業合作格局中占據重要的地位，與福建海峽西岸經濟區建設構成一個有機的整體。閩台農業合作作為海峽西岸經濟區建設的重要組成部分，是海峽西岸現代農業發展，農民增收和農村繁榮的主要推動力量，對福建外向型農業發展、農業技術進步、農業產業布局的調整、產業化經營格局等現代農業的發展產生重要的促進作用，對福建省經濟建設產生全方位、多層面的積極影響，同時也為兩岸農業交流造成了重要的示範和推動作用。

1.推動福建農業現代化建設

福建對台農業合作30年來始終保持良好的發展態勢，促進了外向型農業發展、農業品種的更新換代和農業技術的進步，推動了當地傳統農業向高技術含量、高商品率、高出口率、高效益的現代化和多功能外向型農業生產經營體系發展，較快地轉變了一些地區農村經濟落後的狀況，加快了現代農業建設步伐。

（1）外向型農業發展效應。發展外向型農業是提高農業產業化水平，增強農業競爭力，實現農業現代化的內在要求。近年福建外向型農業有了長足的發展，其中台商投資的效應顯著。台資在福建建立了一批食用菌、蔬菜、水果、茶葉、水產品企業和生產基地，不僅提升了農產品品質，帶動農產品加工業向精深方向發展，台資農業企業還利用他們穩定的海外市場和完善的國際營銷網路，幫助福建省農產品走向國際市場，促進了福建外向型農業發展。全省形成了六大出口創匯農產品系列：一是以鰻魚為主的養殖業和遠洋捕撈的出口系列；二是以蘆筍和豆類為主的蔬菜出口加工系列；三是以蘑菇、香菇為主的食用菌出口系列；四是以柑橘為主的水果及其加工品出口系列；五是茶葉出口創匯系列；六是以筍和松香為主的竹林及林產化工產品創匯系列。福建省農產品出口持續較快增長，2007年農產品出口27.49億美元，增長14%，居中國第五位，出口超千萬美元的品種達到30個，其中食用菌罐頭、柑橘屬水果、香菇出口金額居中國第一位，茶葉和大蔥等居中國第二位。

（2）技術進步效應。閩台農業科技交流包括相互引進農業良種、開展技術合作以及農業科技人才交流，是閩台農業合作的重要組成部分。優良品種引進加速了農業品種的更新換代。目前，福建引進的農業優良品種中，有60%以上是從台灣引進的，有150多個品種實現了大規模推廣，其中1/3的推廣面積超過600公頃，其中「台中 II 號」豌豆、菠菜、包心芥菜、蓮霧、蘆筍、毛豆、荷蘭豆、長茄、高雄白菜、羅非魚、鮑魚等150多個品種已經大面積示範推廣。

引進台灣先進農業技術，使福建省農業技術水平快速提高，有效地保證農業產業化的順利進行。從台灣引進的先進農業實用涵蓋了種植業、水產養殖、畜禽飼養、農產品加工、農業機械、農田水利、土壤改良等各個方面，其中台灣落葉果樹品種（蜜雪梨、水晶梨、甜柿）和茶葉加工技術；蘆柑和香蕉種植綜合技術；果蔬產期調節技術；吳郭魚、銀鱸、美國紅魚、點帶石斑魚、鮑魚工廠化養殖技術；蝴蝶蘭栽培技術、植物組培脫毒技術、無土栽培和設施栽培技術；農產品加工的流態單體速凍技術等，對優化福建農業產業結構，促進外向型農業的發展都產生了明顯的推動作用。

農業學術交流有效促進了農業合作向縱深發展。90年代以來，閩台雙方的農業行政人員、技術人員、專家以及企業家進行頻繁的互訪和交流，涉及的領域和探討的內容日益廣泛和深入，包括農作物改良、昆蟲學、亞熱帶水果產銷、氣象、水土保持、市場營銷、農民組織等，在農作物品種方面已經實現了雙向交流。

（3）產業結構優化效應。台商投資帶來的資本、技術、管理方式等要素投入，加快了福建傳統農業的改造步伐，提高了傳統農產品的科技含量和國際競爭力，為福建農業從勞動密集型農業向現代的勞動密集兼科技密集型農業轉化帶來了實質性的促進作用。透過引進台灣的優良品種以及具有國際先進水平的農產品加工業，福建高優農業迅速發展，高附加價值和高技術含量的農產品及其加工品在農業產值結構中的比例增大，農業生產結構逐漸趨於優化，農林牧漁總產值各業比由1990年的52.09：9.48：22.86：15.56調整為2007年的40.50：7.13：20.11：28.03，種植業產值比下降，林牧漁業產值比明顯提升，農業內部產業結構逐步趨向合理，呈現出自然資源和社會經濟資源配置趨於合理，農林牧漁業全面、協調發展的良好態勢。

（4）就業效應。大陸豐富、廉價的勞動力資源是吸引台商投資大陸的主要原因之一，而投資福建農業的台資企業主要以勞力密集型為主，吸納了當地大量的勞動力，而且帶動了很多農民從事台資企業原料基地的生產，既緩解了福建農業勞動力過剩的壓力，同時增加了農民的務工收入。據不完全統計，全省台資水產企業直接吸納大陸員工近7萬名，培養出一批懂技術、會管理的人才；漳州市約有1／3以上的農村勞動力，圍繞漳台農業合作從事農業生產、加工和經營活動，僅蔬菜速凍企業就解決了3萬餘人的就業問題，還不包括隨著「訂單農業」面積的擴大，在農業內部轉移的勞動力。2007年漳州市農民人均純收入5696元，比增12.3%。

2.促進產業布局調整，優勢產業集群效應初步顯現

閩台農業合作的蓬勃發展，既為台商來閩再創業提供了新天地，拓展了台灣農業的發展空間，也加快了福建農業產業布局調整的速度。台灣的優良品種、資金以及先進農業技術與福建傳統農業資源、產品品種和基礎優勢相結合，造就了蔬菜、水果、花卉、食用菌、茶葉、水產品等一大批具有較強競爭力的區域性特色優勢產業，並且逐漸形成專業化、規模化、區域化生產格局，其中畜禽、水產品、茶葉等9個重點特色農產品實現產值已占全省農業產值的84%。隨著各有關生產要素向主導產業優勢區域集聚，優勢農業產業集群效應初步顯現，基本形成了沿海以蔬果、水產、花卉、食用菌為主，內陸以茶果、藥材、畜牧、食用菌、木竹製品為主的優勢特色產業和基地，而且布局更加合理，規模不斷擴大。例如龍海市的農產品加工產業群、漳州市的花卉產業區、漳平市永福鎮的茶葉生產專業區、東山灣和寧德的漁業合作密集區、三明市的現代林業合作實驗區、廈門市和南安市的台灣農產品集散地、仙遊的甜柿種植基地等，這些主導產業朝著「五化」即區域化布局、標準化生產、規模化種植、產業化經營、品牌化的方向發展，成為當地農村經濟的重要支柱。

3.促進產業化經營格局形成和利益聯結機制的完善

農業產業化是中國農村經濟發展的一個重大課題。福建是較早出現農業產業化經營的省份之一，已湧現了一些農工貿、產加銷一體化的產業經營，其中不少是以台資企業為「龍頭」形成的農民發展專業化生產的產業鏈。此種「企業＋基地＋農戶」的產業化經營模式，是閩台農業合作模式中最主要、產生效益最明顯的模式；其以經濟實力比較雄厚、輻射面廣、帶動力強的台資農產品加工企業為龍頭，透過合約訂單收購農產品、僱用當地農民工、租用農民承包地或入股等和約形式和利益連接機制，上聯市場，下聯農戶，把生產、加工、銷售結為一體，農業產業化龍頭企業與農戶之間結成較為緊密的利益共同體，以多種利益聯結方式帶動基地和農戶發展，改變了農戶游離在農業產業化組織之外，處於分散經營、自找市場的狀態。透過逐步建立和完善產銷對接利益機制和產品收購合約和契約關係，增強了農民的市場主體意識、市場參與能力和市場競爭力，帶動了更多的農戶進入產業化經營領域，既為農戶增收提供了保障，更對農業產業化的發展造成了積極的推動作用。如：漳州市加入台資「龍頭」體系的農戶達30多萬戶，種養基地50多萬畝，提供出口貨源20多億元，台資企業對促進福建農業產業化發展作用可見一斑。

4.構築了對台工作的重要平台

台灣人口有80%祖籍在福建，閩台之間有著深厚的同胞情意。閩台農業之間逐漸形成規模的產業合作和人員往來，不僅使福建與台灣的經濟和社會逐漸融合，而且形成了你中有我，我中有你的緊密聯繫紐帶，拉近了兩岸人民的情感距離，縮小了兩岸的經濟和社會發展落差，使雙方在情感、心靈上逐漸趨向默契和交融，增加台灣同胞對大陸的向心力、認同感。從此意義上看，閩台農業合作是兩岸經濟互補互利的格局中的重要一環，是黨大陸中央提出的「建立互信、擱置爭議、求同存異、共創雙贏」方針的重要前沿平台。

三、閩台農業交流合作面臨的現實挑戰

1.福建經濟競爭力水平的制約

目前福建經濟綜合競爭力在沿海7個省市中位居第六，與相鄰的珠三角、長三角相比具有比較明顯的劣勢。影響經濟發展的主要約束表現在：山地多、交通落後；城市化水平低，缺少在中國有影響力的大城市；經濟腹地狹小，難以形成以特大城市和大城市為龍頭，透過城市圈的密集度，形成若干產業群集中、就業量大、要素集聚能力強、人口分布合理的大城市群；產業多屬橫向產業集群，外向型、勞動密集型為主，技術含量低，與集群內的其他企業聯繫較少；分工和專業化不明顯，產業基礎比較薄弱，可持續發展後勁不足。農業是福建經濟的重要組成部分，改革開放以來福建農業發展取得了很大的成就，農產品產量改變了長期短缺的狀況，2007年農林牧漁業總產值1749.81億元，按可比價格計算，比1978年增長4.8倍，年均增長6.2%，糧食產量702.05萬噸，比上年增加0.52萬噸，增長0.1%；肉蛋奶總產量234.68萬噸，比上年增長1.7%；肉類總產量171.38萬噸，比上年增長1.8%；水產品產量609.66萬噸，增長1.3%；150家省級重點龍頭企業銷售收入433.97億元，增長17.1%。但農業發展相對落後的局面尚未根本改變，農業發展的基礎並不堅實，存在農產品加工業發展滯後，農業產業結構升級緩慢，農業資源的利用能力相對薄弱以及農業市場化手段相對落後等問題，進一步的發展還存在客觀的制約因素。

農業資源約束——福建耕地缺乏，質量較差，硬體不足，削弱了對台資的吸引力。近幾年，福建的耕地面積呈減少的趨勢，目前耕地總面積135.40萬公頃，人均0.038公頃，不及中國平均水平的50%，其中一等地只占21.93%，中低產田面積仍有93萬公頃；高產出林地減少，適合養殖的水面也在縮小。隨著城市化、工業化進程加快和山區縣域經濟的發展，農業資源進一步退化，建設用地需求與耕地後備資源不足的矛盾成為比較突出的問題。

農業生產手段落後——按現代農業的標準，福建農業機械裝備水平偏低，目前全省大中型拖拉機6136台，按9個市平均，每個市僅680台；在耕地總面積中，機耕面積僅占21.7%，機電灌溉和噴灌面積的比重更低，分別為4.2%和0.6%；機播面積和機收面積分別占播種面積的0.3%和3.9%，只比1996年提高0.2

個百分點和3.8個百分點，顯示福建農業生產的機械化發展緩慢且程度偏低，農業要實現由傳統農業向現代農業的轉變，還有相當長一段路要走。

農產品加工業發展滯後——1990年代以來，福建省農產品加工業保持比較快的增長速度，但相對於經濟發展的要求以及資源優勢，農產品加工業發展總體看還處於起步階段。2007年福建省規模以上農產品加工業產值3877.55億元，與農林漁牧業總產值的比例不到2.1：1，與發達國家5：1的比例相差甚遠。農產品加工業發展滯後主要表現在：農產品加工企業規模偏小，生產經營成本高，產品質量不穩定，難以形成競爭優勢；加工技術與設備落後，產品以中低檔為主，不能適應快速發展的市場需求；分散生產與集中加工矛盾突出，專用加工的原料基地建設相對滯後，影響產業總體競爭力的提高；標準化程度低，質量安全問題突出。農產品加工業發展滯後，制約了福建農業增效和農業產業化進程。

農業比較效益偏低——勞動生產率反映現代農業的生產能力和水平，高水平的勞動生產率是現代農業的最重要的特徵。從福建目前三次產業之間的勞動生產率比較來看，第二產業和第三產業的勞動生產率分別是農業的10倍和4倍以上，可見農業總體效益仍然偏低。

農業對農民收入增長的貢獻能力下降——近30年福建農民的人均純收入持續增長，但在農民的純收入中，工資性收入所占的比重逐年增加，2007年農民人均純收入5467元，其中人均工資性收入占38.4%，比1990年增加了近18個百分點，家庭經營收入儘管還是福建農民人均純收入的主要來源，但總體有下降的趨勢，2007年占人均純收入的51.5%，比1990年下降了19.4個百分點。說明農業收入對農民收入增長的貢獻能力下降。

農民經濟組織不發達——發展農村專業合作組織、股份合作組織、行業協會是建設海峽西岸經濟區的主要任務之一。目前福建擁有各類農民專業合作組織1700多個，農產品行業協會1010個，運行態勢良好，且收到了比較明顯的經濟效益。但綜合考察，福建農民經濟合作組織不論在合作領域、合作數量、發展機制、制度建設上都遠不能滿足農村經濟發展的需要，專業合作社、專業協會、農民運銷聯合體等新興的農民生產組織和為農民服務的組織，還沒有成為具有實力的市場主體，在應對農產品市場競爭，保護農民的自身利益方面發揮的效力也還有限。

福建總體經濟競爭力和農業經濟發展水平相對落後，在一定程度上反映了福建吸引台資的環境條件欠缺以及閩台產業對接能力的不足。

2.區域之間吸引台資競爭加劇

隨著大陸改革開放的深入發展，大陸中央原先賦予福建的「特殊政策、靈活措施」逐漸淡化，政策優勢不再明顯，同時，隨著兩岸農業合作交流不斷深入，出於對經濟腹地大小、市場輻射能力、產業結構的配套等因素的考慮，台商逐漸將投資的重心由福建沿海轉向資源豐富、市場潛力大、經濟腹地廣闊、產業配套能力強的華北地區、西南地區、北方大城市郊區。台商在大陸農業投資逐步形成全方位開放格局，兩岸農業合作實驗區和台灣農民創業園遍及福建、海南、廣東、浙江、江西、上海、山東、天津、湖北、四川、黑龍江等省市。台灣近年培育的良種中，90%已被引入海南，種植面積超過60萬畝，最大的台資農業企業租地已超過萬畝。黑龍江與台灣地理位置相距遙遠，又屬於不同氣候帶，在農產品上存在很大的互補，可向台灣供給的有玉米、馬鈴薯、大豆、黃豆油、豬肉、牛肉等，已將農工貿一體化作為與台灣開展進一步合作的切入點，利用當地2400萬畝未開墾的荒地，建立農副產品加工園區。山東平度有豐富的農產品資源，有極大的開發潛力，台資在用地、稅收方面享有優惠，投資企業可以透過出讓、租賃、承包或大陸方投資者以土地使用權作資入股等方式取得土地使用權，並給投資期長的企業以資金上的扶持，將經營期在10年以上的企業前2年交納的增值稅地方留成部分和第3—5年交納增值稅的地方留成部分的50%用於支持企業發展。成立僅兩年的廣西玉林兩岸農業合作實驗區已引進台灣品種40多個，全部獲得成功，吸引台資達7億美元，逐漸成為台商投資大陸農業領域的新平台。以上省市對台農業合作的成效表明，這幾個農業合作實驗區各具特色，對台合作的發展重點不相同，重疊性不高，其發展的優勢和潛力不可低估，區域之間吸引台資的態勢已經逐漸明朗化，福建的區位優勢正在逐漸淡化，面臨潛在的競爭壓力。

3.兩岸關係中非經濟因素的制約

從兩岸農業自然資源、生產比較優勢及發展階段的互補性和兩岸加入世界貿易組織提升全球競爭力的角度看，兩岸更深層次的合作應該是發揮海峽兩岸各自的優勢，進行產業融合，形成新的產業鏈條上的產品競爭力，在國際市場上競爭，相得益彰。一直以來，出於政治利益的考量，台灣當局對兩岸農業之間的投資、貿易、科技和人員往來都有諸多限制，對台商赴大陸投資農業採取嚴格的分類管理和審查報備制度；對大陸農產品進口採取「正面表列」的管理方式，有近40%（830項）的農產品限制從大陸進口；將兩岸農業技術的合作看做是「零和遊戲」，而不是「雙贏」，兩岸共同參與的農業技術合作幾乎沒有開展，對大陸地區科技人士赴台的時間和人數進行限制。這些人為的限制阻礙了兩岸農業高新技術的充分交流，農產品生產和貿易不能有效地按比較利益原則進行分工，導致兩岸農業無法形成常態化的合作交流機制，阻礙了閩台農業交流與合作的深化發展。自2005年以來，兩岸經貿關係的政治環境有了明顯的改善，和平發展成為兩岸同胞的主流民意，兩岸關係發展面臨難得的歷史機遇，但是「台獨」勢力依舊利用一切可乘之機，採取一切方式進行分裂活動，成為對台海地區和平穩定的最大現實威脅和兩岸關係發展的最大障礙，台灣的大陸經貿政策不可能在短期內發生實質性的改變，這是兩岸農業合作面臨的主要風險之一。

第二節　新形勢下閩台農業全面合作的必要性與可行性

農業是國民經濟的基礎，發展農業和農村經濟是海峽西岸經濟區建設的重要任務之一。閩台農業交流合作是福建省農業經濟發展的重要組成部分，也是一大優勢和特色，在海峽西岸經濟區建設中具有特殊和重要的作用。在新形勢下，進一步深化閩台農業合作，符合海峽西岸經濟區建設的要求，是促進福建新農村建設更快向前推進的重要條件，同時透過兩岸的交流融合，有利於強化台灣民眾對大陸的政治認同，具有重要的經濟意義和政治意義。當前兩岸關係新形勢為實現閩台農業全面合作提供了機遇，福建具有大陸中央政策支持和「五緣」的獨特優勢，有對台農業合作和交流的堅實基礎，拓展閩台農業更全面的交流與合作具有現實的可行性。

一、拓展閩台農業全面合作的必要性

1.是繼續做好台灣人民工作的需要

隨著台灣新領導人當選，兩岸關係將由高危期轉向和平穩定期，進入一個新的階段，給兩岸經貿合作帶來了重要的發展機遇，但由台灣島內政治鬥爭複雜等原因所決定，兩岸關係的發展將是個長期而曲折的過程，不容我們盲目樂觀。根據2008年3月選舉後的台灣「陸委會」的一項民意調查，主張廣義維持現狀的民眾仍占絕大多數（91.1%）。另外，2005年專門針對兩岸農業交流的民意調查顯示，有32.8%的受訪者不贊成兩岸進行農業合作，有24.2%的受訪者認為兩岸農業交流不能夠改善台灣農民生活，認為大陸能給台灣農民帶來實質性幫助的僅22.5%，63.7%的受訪者認為零關稅對台灣農民收入沒幫助，有89.5%的受訪者認為台灣不會將大陸作為水果的主要市場。可見，兩岸經濟、社會文化等各領域交流雖然日趨頻繁，但是仍然存在許多差距和隔閡，未能達到有機的融合，還有一部分台灣民眾對大陸的狀況和政策不理解或者持懷疑的態度，甚至還存在敵意，和平發展還存在隱患，做台灣人民的工作任重道遠。當前我們除了要對相關政策的效果進行梳理，適時推出惠台措施外，還需要進一步拓展合作交流的領域，尋求經濟和社會全面融合的更加務實和有效的途徑，把台灣中南部民眾特別是農村民眾納入大陸的經濟發展和民主政治建設中，增強他們對國家和民族的認同，把做台灣人民，尤其是中南部民眾的工作提到更高的層次。

2.是貫徹黨大陸中央建設和諧社會和社會主義新農村決策的具體體現

閩台農業合作已經有了堅實的基礎，也形成了一定的依存關係，但兩岸合作不僅是搭建農業交流的平台，為做好台灣農民工作奠定堅實的經濟基礎和感情基礎，終極目標是要結合對台農業合作來提升大陸農業現代化水平，推動社會主義新農村建設，解決「三農」問題。社會主義新農村是一個全面、綜合、和諧和科學的範疇，其所具有的基本特徵全面反映了農村經濟發展和社會文明進步的程度，因此，新農村建設不是單純的經濟建設，而且是包括社會、政治、經濟、教育、文化等方方面面的有機統一，是社會綜合發展程度的重要標誌。十六屆六中全會通過的《關於構建社會主義和諧社會若干問題的決議》提出了積極開展農村社區建設的要求和任務：「整合社區資源，逐步建立與社會主義市場經濟體制相適應的農村基層管理體制、運行機制和服務體系，全面提升農村社區功能，努力建設富裕、民主、文明、和諧的新型農村社區」。最近，大陸中央發布《中共大陸中央關於推進農村改革發展若干重大問題的決定》，進一步明確了今後中國農村改革發展的指導思想、目標任務和重大原則，指出推動農村經濟社會又好又快發展，不僅要加快農業發展、改善農民生活、加強農業和農村基礎設施建設，還需要建立新型農業社會化服務體系、創新體制機制，並提出了農村改革發展的時間表，顯示了國家在加強農業基礎、增加農民收入、保障農民權益、促進農村和諧方面的決心。因此，福建社會主義新農村建設除了發展農村長期、穩定的產業支撐外，同時要推進文化和民主政治建設，透過推進改革創新農村基層管理體制和運行機制，使工農矛盾和城鄉矛盾得到疏解，實現農業的現代化，為構建和諧海峽西岸經濟區，為爭取台灣民心奠定牢固的經濟基礎。因此，在新形勢下拓展閩台農業合作是貫徹黨大陸中央建設和諧社會和社會主義新農村決策的具體體現。

3.符合建設兩岸人民交流合作先行區的要求

兩岸人民交流合作先行區建設是對全面推進海峽西岸經濟區建設提出的新的和更高的要求，也是當前和今後一個時期福建對台工作的新方向。兩岸人民交流合作先行區的總體目標是：從中國區域發展布局和和平統一祖國大局出發，在大陸中央對台方針政策的指引下，發揮福建的獨特優勢，全面加快社會經濟發展，推進閩台經濟文化交流，拓展合作領域，把福建建成格局更開放、功能更齊全、作用更突出的和平統一祖國的前沿平台。閩台農業合作是福建對台經貿合作的亮點，也是兩岸人民交流合作先行區的重要組成部分。進一步發揮福建農業的資源和潛力優勢，實施更加開放的政策、措施，繼續扮演好先行的角色，是兩岸人民交流合作先行區建設的要求。

4.有利於提高閩台農業合作交流的層次

長期以來，福建在對台農業科技交流、經貿合作以及學術交流和人員互訪等方面，無論是規模、層次、水平都始終走在中國前列，合作的模式也在不斷地完善和創新之中，為閩台農業往來提供了良好的載體和平台。現行的合作模式可以分為傳統模式和創新模式。傳統模式包括貿易合作、投資合作、人才交流以及農業科技交流，其中以資源要素的流動和整合為主要模式，即台灣的資本、技術、市場、管理、銷售網路等現代農業生產要素與福建的土地、勞動力、生態環境等傳統農業生產要素，在生產、加工、銷售等各個環節的整合。兩岸農業合作實驗區和台灣農民創業園是閩台農業交流和合作的創新模式，是實現閩台農業資源整合與優化配置的主要平台。但現行的兩岸農業合作模式主要以貿易、投資、人才和技術等傳統模式為主，制度和組織層面的合作有待深入。台灣在農村建設方面的理念和策略模式有值得借鑑的經驗，拓展閩台農業合作，在包含農村、農業、農民在內的農村建設這一更大的領域，探索新的合作途徑，透過在農民組織交流和合作建設農村社區等方面先行先試，以點帶面，探索建立相關的體制模式和運行機制，有助於提高兩岸農業合作交流的層次，保證福建對台農業合作繼續走在中國前列，建立一種覆蓋農村全體群眾的新的管理和服務體系，推動福建傳統農村向現代農村新社區轉變。

二、新形勢下拓展閩台農業全面合作的基礎條件與可行性分析

1.福建具有發展兩岸農業交流合作先行的有利條件

改革開放以來，福建的經濟社會發生了翻天覆地的變化。近幾年來，隨著海峽西岸經濟區發展戰略的實施，全省人民進一步確立了共同努力的奮鬥目標，激發了創新、創造和創業的熱情，形成了凝聚人心、推動發展的顯著效應，經濟政治、文化、社會建設和黨的建設取得可喜的成效，閩台經濟文化交流不斷取得突

破。福建具有獨特的「五緣」優勢、突出的生態優勢和資源稟賦、優越的港口資源、堅實的經濟基礎，有能力也有條件在推進兩岸人民交流合作方面走在中國前列。福建在對台農業合作方面已經有成功的先行舉措。在合作平台方面，率先成立海峽兩岸農業合作試驗區、台灣農民創業園以及兩岸林業合作實驗區；在建立台灣農產品批發市場體系方面，2005年首次組織台灣水果零關稅進入大陸展銷、率先建成台灣水果銷售集散中心、兩岸水產品集散中心、海峽兩岸（福建東山）水產品加工集散基地、泉州閩台農產品市場、福建海峽農產品批發市場，已形成一個涵蓋福建對台主要口岸的海峽兩岸（福建）農產品批發交易市場體系；率先恢復對台漁工合作業務，率先實施台灣居民在大陸申辦個體工商戶；在落實對台灣農民的優惠政策措施方面，福建率先進口台灣水果，率先擴大台灣農產品準入及零關稅的實施，率先啟動對台灣農產品緊急採購，中國第一部兩岸農業合作條例《福建省促進閩台農業合作條例》（草案）已進入論證階段。這些先行的舉措和實踐，不僅有力地促進了兩地農業交流的進一步升級，在實踐的過程中積累了豐富的經驗，為在新形勢下拓展閩台農業合作打下了良好的基礎條件，同時也說明閩台農業合作有先行的基礎、先行的優勢和先行的成效，完全有條件拓展閩台農業的更全面合作，進行兩岸農業或農村建設合作模式的創新嘗試。

2.閩台農業交流合作已有的堅實基礎為閩台農業更全面合作提供必要的條件

植根於雙方相似的農業地理與自然條件的相似性，發展資源、發展水平與結構的互補性，閩台農業合作得以迅速地發展，成為福建農村經濟最具特色的一環，也是兩岸農業合作最重要的組成部分。在福建投資的台資農業項目約占中國台資農業項目的1／4，全省累計批辦農業台資項目2048項，合約利用台資25.8億美元，實際到資14.8億美元，累計引進台灣優良品種2500多個，其中有150多個得到規模化推廣，引進台灣農產品生產、加工設備5000多套，先進種養技術800多項；合作領域從產業拓展到科教、農業經營管理、水土保持和漁工勞務合作；合作區域也從沿海向內陸山區延伸；建成了一批台灣農民創業園區和台灣農產品集散中心。2005年以來，在大陸對台灣頒布一系列惠及台灣農民和促進兩岸農業交流合作的政策措施的帶動下，福建對台農業合作交流成效更為顯著，截至2008年2月底，已有38戶台灣農民以個體工商戶身分來到福建，投資從事農業生產，總投資額約2850萬元人民幣，戶均投資89萬元人民幣。福建省在兩岸農產品貿易中的集散地和中轉地作用日益凸顯，2007年閩台農產品貿易額達6164.4萬美元，增長32.3%，其中自台灣進口2288.3萬美元，增長26.16%，對台出口3876.1萬美元，增長36.28%，是大陸對台農產品貿易最大出口和第二大進口省份。自2005年5月首批台灣水果登陸，到2007年4月，福建累計進口台灣水果2007.8噸、價值245.2萬美元，2008年上半年僅廈門關區就進口11種零關稅台灣水果，計556.7噸，價值75.3萬美元，進口量增幅高達1.6倍，遠高於同期中國3.3%的增幅，所占比重由去年同期的19.7%迅速上升至50.1%，超過深圳關區成為中國最大的台灣零關稅水果進口集散地。

閩台農業合作已經形成了寬領域、高層次的良好格局，無論引資數、大項目數、集散中心建設、農業園區建設都走在中國前列。海峽兩岸（福建）農業合作試驗區設立，以及台灣農民創業園升格為國家級，為進一步擴大兩岸農業合作提供了更為廣闊的平台，使閩台農業合作進入了新的階段。

3.大陸中央賦予的特殊政策是實現閩台兩地農業交流合作緊密互動的重要支撐

十屆中國人大四次會議正式把「支持海峽西岸和其他台商投資相對集中地區的經濟發展」寫入國家「十一五」規劃，對福建經濟發展提供了有利的政策空間和政策支撐。近年來大陸中央連續、集中頒布了推動兩岸農業經貿合作發展利好政策措施：擴大台灣農產品進口，對其中15種水果和11種台灣產主要蔬菜給予零關稅準入；對台灣籍漁船打撈的部分遠洋、近海水產品和在台灣養殖的部分水產品，實行零關稅；全面恢復對台漁工勞務合作；在部分對台小額貿易點施行更開放管理措施，如取消船舶噸位和交易金額限制等和做好相應檢驗檢疫工作；促進海峽兩岸農業合作試驗區和台灣農民創業園建設，增設廣東佛山、湛江，廣西桂林，上海郊區，江蘇崑山等4個海峽兩岸農業合作試驗區，福建省漳浦縣、山東省棲霞市兩個農民創業園；實施對台玉米出口，幫助穩定了島內養殖業飼料價格；保護台灣農產品知識產權，維護台灣農民正當權益等。這些靈活、務實的措施受到台灣島內農業組織和農民同胞的認可和歡迎，也是福建繼續深化兩岸經貿交流與合作的推動力。

福建具有的「五緣」優勢，為閩台農業產業的合作與發展提供了先天的條件，並且得到大陸中央的肯定，贏得了大陸中央賦予的特殊的政策支持。2005年福建兩岸合作實驗區擴大到全省，隨後，漳浦縣台灣農民創業園、廈門市台灣水果銷售集散中心、霞浦縣台灣水產品集散中心、海峽兩岸（福建東山）水產品加工集散基地、漳平永福台灣農民創業園等相繼建立。大陸中央對海峽西岸現代農業的支持力度明顯加大，農業部與福建省政府共同簽訂了《關於共同推進海峽西岸現代農業建設的若干意見》，從海峽兩岸（福建）農業合作試驗區建設、農業優勢產業和特色產品發展、外向型農業、現代農業發展的政策和機制保障等方面進一步加大了對福建的支持力度；在農業項目資金配套、購買農業機械補貼政策等方面給予政策傾斜；農業部閩台農作物種質資源利用重點開放實驗室在福州揭牌，為海峽西岸農作物遺傳育種研究提供良好的科學研究平台。大陸中央賦予福建的特殊政策，是實現閩台兩地更緊密、更直接、更深入、更全面良性互動的重要支撐。

4.兩岸關係新形勢為深化閩台農業合作交流提供了現實的發展機遇

2008年以來，隨著大環境的變化，兩岸關係進入一個相對平穩的新時期，在兩岸關係和平發展的主題之下，曾經制約兩岸人民交流合作的政治障礙正在一一破除，有利於兩岸關係良性互動的因素在增長，重新執政後的國民黨，採取積極開放的大陸經貿政策，對兩岸關係的「設限」實施逐步「解禁」，兩岸週末包機啟動、「小三通」進一步擴大、開放大陸居民赴台旅遊、開放在台人民幣兌換業務、開放大陸5家媒體在台駐點、台商在大陸投資上限放寬至60%、提出兩岸直航時間表、兩會協商重啟，等等。年底以前還有多項政策有可能大幅度鬆綁，包括開放陸資赴台投資生產事業；開放台灣的投信、銀行、證券、期貨業到大陸投資；放寬台灣縣、市長赴大陸參加縣、市政務交流的限制等。在農業合作和交流方面，台灣「農委會」對兩岸農業交流的政策導向也發生了較明顯的轉變，對農產品銷往大陸由消極轉為積極，決定將提供1600萬元新台幣，對台南縣等八個縣的農產品銷售到大陸進行補助，並首次將向大陸營銷台灣水果列入「農委會」2009年度計劃；台灣精緻農業的對大陸交流也在醞釀之中。兩岸兩會負責人近日完成歷史上首次在台北的會談，並簽署了《海峽兩岸空運協議》、《海峽兩岸海運協議》、《海峽兩岸郵政協議》和《海峽兩岸食品安全協議》四項協議，兩岸同胞翹首以盼近30年的「三通」夢想成為現實，使兩岸關係發展邁出歷史性一步。根據台灣「陸委會」的一項民意調查顯示，超過七成民眾支持兩岸制度化的協商機制，並對兩岸協商簽署的四項協議感到滿意，超過六成民眾認為這些具體成果對台灣經濟發展有好的影響，對於兩岸包機建立「截彎取直」的新航路、海運直航及兩岸「郵務合作」的滿意度更超過八成。未來隨著兩岸總體關係的不斷改善，全面開放交流成為難以逆轉的發展趨勢，兩岸經貿關係將更加緊密，並趨於制度化，兩岸經濟交流、民間往來將會有更為寬鬆的環境，兩岸經濟、社會、文化和人民生活等全面的交流合作將從兩岸人民的期待有望成為現實的可能，兩岸「三通」的實現降低了兩岸交往的成本，促進了物流、人流的通暢，福建的地緣優勢仍然具有一定的生命力，兩岸關係的新形勢為福建省帶來了大有可為的歷史性機遇。

5.加強兩岸農業合作是台灣農業發展的內在需求

經過幾十年的發展，台灣農業基本實現了現代化，農業集約化水平、外向度較高，但受自然資源和氣候條件的限制，農業生態脆弱，家庭農場式的小規模經營導致生產成本持續走高，規模不經濟，農產品在價格上無法與發達國家和發展中國家競爭，產品出口競爭優勢減弱，農業發展空間受到限制。最近6年（2002—2007年）農產品貿易逆差從39億美元增加到70億美元，2008年上半年44.8億美元，比上年同期增加10億美元（29.1%），近五年（2003—2007年），農業生產年增加率基本為負增長，分別為-0.06%、-4.09%、-8.07%、6.09%和-2.91%，不僅大大低於同期整體經濟增長率，在國民經濟三大產業中也是唯一負增長的產業。2007年農業在GDP中的比重為1.45%，農產品出口在總出口中的比重為1.46%，耕地面積82.6萬公頃，農業就業人口54.3萬，均為歷史最低點。在總體經濟發展中，農業發展明顯滯後。為了適應新的經貿形勢，台灣加速推動農業的轉型，強調「三農」一體，發展「三生農業」，發揮農業的生產、生態、生活的多元功能，以「永續經營」作為目標發展，調整農業生產結構，把重點放在發展優勢產業上，縮減島內已經喪失競爭優勢的土地密集和勞動密集型產品的生產。從台灣農業經濟發展趨勢看，開拓島外市場，靠資本和技術的外移來繼續保持在生產成本上的競爭優勢，依舊是未來解決農業發展困境的必然選擇。閩台兩地農業資源條件相似，資源要素互補性強，已經形成了地域經濟的分工與合作，福建仍會是台灣農業轉移產業、分散市場風險和實現農業產業升級的首選地。

第三節　新形勢下閩台農業全面合作模式創新探討

兩岸之間未來的走向是社會的全面融合，以福建為主的海峽西岸經濟區未來也將向兩岸社會融合試驗區發展，以求在經濟、政治、文化、教育、生活和社會管理制度上進一步融合。基於大陸三農建設以及進一步深化閩台農業合作，做台灣人民工作的需要，福建有必要，也有條件在包含農村、農業、農民在內的農村建設這一更大的領域，進行兩岸合作模式的創新嘗試，在此基礎上，我們提出建立福建兩岸農村建設合作示範區的設想。

一、兩岸農村建設合作示範區的基本內涵

兩岸農村建設合作示範區是兩岸社會融合試驗區的重要組成部分，是一個經濟和社會的融合體，兩岸農村建設合作示範區建設的基本思路是：在兩岸的農民組織交流合作、兩岸農業經營管理模式以及鄉村治理等方面先行先試，為實現雙方經濟和社會的進一步融合奠定基礎。在示範區內選擇產業對接、組織合作模式創新、農村社區建設合作等新途徑，透過施行更加開放的政策和措施，促進兩岸農業、農村和農民更緊密地結合，將兩岸農村建設合作示範區建設成融合兩岸農業、農村和農民的連接點和大陸農村建設的新的經濟增長點，並對深化兩岸農業

合作發揮積極的效應。

二、兩岸農村建設合作示範區的總體構想

1.延伸閩台農業產業鏈，在兩岸「大農業」產業對接上先行示範

在經濟全球化和區域經濟一體化的大趨勢下，農業呈現出區域化、國際化、集團化趨勢，不僅表現為農產品的進出口，而且表現為生產要素的流動。閩台之間的經濟聯繫和要素流動日益密切，但由於有效的合作機制尚在完善之中，難以全面發揮區域合作的競爭優勢。進一步建立閩台農業產業互補和分工體系，深化雙方的合作，在更大範圍內進行閩台農業產業鏈的整合，將有助於將更多的資源納入合作區域，加快生產要素在更大範圍內的流動，拓寬合作領域，推動合作向縱深方向發展，對兩岸農業合作和經貿發展都有現實的意義。

（1）從大農業的角度延伸閩台農業合作產業鏈。農業產業鏈是指與農業初級產品生產關聯密切的產業群所形成的網路結構。這些產業群依其關聯順序依次為：為農業生產準備的科學研究，農資等前期產業部門，農作物種植、畜禽養殖等中間產業部門和以農產品為原料的加工、儲存、運輸、銷售等後期產業部門，通稱為農業產前、產中及產後部門。中國的傳統體制把農業產前的物質生產資料的投入和產後的生產加工界定給工業部門，把農產品經營流通界定給商業部門，使得農業再生產各環節的內在聯繫被阻斷。雖然改革開放以來，農業進入產前、產後環節的狀況有所改善，但迄今為止，農民充分參與的一體化經營的農業產業鏈仍然薄弱，尤其是農用生產資料與農民的需求脫節的問題仍然突出。

閩台農業合作走過了「狹義的大田農業」和「廣義農業」階段，在「狹義的大田農業」合作階段，以動植物優良品種的引進為主，在「廣義農業」階段，合作內容擴展到以台灣的資金、技術與福建的勞動力、土地資源的整合，以及以農產品加工業為龍頭帶動農林漁牧全面發展，閩台農業間產業鏈構建已經初見成效，即產中和產後的合作發展已經有了一定的基礎。目前閩台農業合作絕大多數

集中於農產品加工業和種養業的基本環節，在機械、肥料、種子、飼料、農藥、農膜、電力及其他物資等產前產業的合作方面幾乎還是空白。《海峽兩岸（福建）農業合作試驗區發展規劃》指出，今後一段時間，閩台農業合作的總體目標是：在台灣農業資金、良種、技術及管理經驗尤其是台灣「五新」（新品種、新技術、新農藥、新化肥、新機具）的引進、創新和推廣方面取得明顯成效，使雙方的交流與合作向更高層次、更大規模發展。兩岸農村建設合作示範區應該在閩台農業產業對接方面尋求突破點，先行示範，將閩台農業合作的領域拓寬到包括農業產前、產中與產後三大部門的「大農業」，著重發展農業產前領域的合作，以引進農產品加工先進技術和設備為重點，合作生產和開發高質量的農業機械、化肥、有機肥、生物肥、高效安全的農藥、薄膜產品、飼料添加劑及飼料蛋白等，透過延伸閩台農業合作的產業鏈來推進閩台農業資源要素的進一步整合。

（2）加強對台合作，發展新型農用工業。以肥料、農藥等為代表的農用工業為中國數量型農業的發展起了重要作用。在現代農業發展時期，耕地越來越少、人口越來越多，實現農產品質量與數量的同步提升顯得尤為重要。隨著生物技術的廣泛應用，良種潛力的不斷發揮，對肥料、農藥、地膜等農用工業產品的技術要求也越來越高。農產品實現標準化，減少對生態、環境的汙染，提高耕作效率，實現農業整體水平的提升，均有賴於農用新型工業的創新與發展作為支撐。

新型農用工業是增強農業物質裝備的重要依託，它是一個涵蓋新型肥料、低毒農藥、先進機械、植保藥械、加工設備等眾多內容的系統工程，是在化肥、農藥、農機、農膜為代表的農用工業基礎上發展起來的，適應現代農業優質高產、環保低耗、安全高效需要的高科技集成技術產業，包括新型肥料、新型低毒高效農藥、新型多功能農機、農產品加工機械、可降解農膜及生物制種等。2007年頒布的「中共大陸中央國務院關於積極發展現代農業紮實推進社會主義新農村建設的若干意見」第二部分第5條明確指出，「發展現代農業是社會主義新農村建設的首要任務，要用現代物質條件裝備農業，提高農業水利化、機械化和訊息化水平」，「發展新型農用工業」，優化肥料結構，加快發展適合不同土壤、不同作物特點的專用肥、緩釋肥；加大對新農藥研製的支持力度，推進農藥產品更新換代；加快農機行業技術創新和結構調整，重點發展大中型拖拉機、多功能通用型高效聯合收割機及各種專用農機產品。可見，發展新型農用工業已成為中國現代農業發展中的一項重要任務。

台灣具有較為發達的農用工業，但由於市場容量小，易飽和，本地需求不足，使以中小型企業為主的農用工業難以支撐產業規模。面對國際化的市場競爭，台灣農用工業的繼續發展有賴於尋找低生產成本的合作對象。福建的氣候與地理條件與台灣相似，有豐富的物質資源和勞動力，不僅可為台灣農用工業提供廣闊的市場，同時也具有與台灣農用工業開展合作的有利條件。因此，兩岸（福建）農村建設合作示範區應該作為一個新的平台，在農用工業領域的交流合作方面進行拓展。

例如，在農業機械引進和合作生產方面探索與台灣對接的途徑。福建的農業機械化總體水平還處於初級階段，耕、種、收三項綜合水平在中國處於落後位置。2005年中國耕作機械化水平平均為50.15%，福建省為36.98%；耕種機械化水平中國平均30.26%，福建省為0.09%；中國收穫機械化水平平均為22.63%，福建省為6.52%；耕、種、收機械化中國平均水平為35.93%，福建省僅為16.77%。福建的農機產品生產以中低檔產品為主，技術水平含量低，企業設備陳舊，製造技術落後，無法滿足農業生產的需要，與建設社會主義新農村的要求還有較大差距。農業機械化程度的高低取決於是否具備合適的耕地條件、一定的資金投入和較為完善的社會化服務推廣體系，但是否具有能夠生產出品種多、質量高、適應性強的先進的農業裝備製造業更是關鍵的因素。中國是農業機械生產大國，農機工業體系也已基本形成，但迫切需要的農機產品有效供給不足的問題卻日益突出。農機的品種、質量、性能和作業項目與農業結構調整需要不相適應，低端產品生產能力過剩和中高端產品生產能力不足的結構性矛盾凸顯，農機工業面臨改變傳統的靠擴大規模和速度求發展的模式，由靠資源和勞動投入轉為主要靠科技投入，加速利用現代製造技術，改造傳統製造技術，來實現經濟增長方式的變革。

台灣自1980年代起就基本實現了農業機械化，目前農業機械化的重點已從稻穀生產過程中的耕、種、收、烘乾、加工環節轉向雜糧、園藝作物及特用作物，由農產品生產機械化轉向農產品增值處理加工及廢棄物處理、改善環境的機械化，目前稻作栽培、糧作物整地、播種、防治及收穫和蔬菜播種育苗機械化程度分別達98%、95%和85%。台灣農業耕作面積小，農機市場基本飽和，台灣農機產業的繼續發展有賴於尋找低生產成本的合作對象。

當前國家加大對農業的扶持力度，新農村建設也為農業機械化發展提出了更高的要求，海峽西岸經濟區建設和閩台農業合作的深入為閩台開展農業機械方面的合作提供了機遇，給雙方帶來了更多的合作發展空間。福建可藉助兩岸農村建設合作示範區這一平台，與台灣農機界開展廣泛的交流和合作，組織不同層次和類型的考察團赴台灣，學習借鑑台灣發展農機化的經驗；農機科學研究機構和生產企業加強與台灣農機科學研究機構和生產企業多方位的接觸，引進台灣先進的農機具進行試驗和示範，吸引台灣農機生產廠家來福建投資辦廠。透過閩台之間的合作，使台灣農業機械技術、經營管理經驗和外向型的市場開拓經驗與福建豐富的資源、較為完善的基礎設施和較為穩定的宏觀經濟環境相結合，帶動福建農機製造業向優質、高性能方向發展，加快發展農業機械化，為推進社會主義新農村建設，全面建設小康社會的宏偉目標作出應有的貢獻。

2.借鑑台灣「富麗農村」建設的策略模式，進行兩岸農村發展理念的交流

台灣「富麗農村」建設開始於1990年代，其核心是把現代農業建設從農業延伸到農業、農民、農村「三位一體」，將農村文化和農民生活納入建設規劃，協調農村建設與自然生態環境的關係，營造井然有序的鄉村生態景觀、優雅的人文環境和舒適的生活環境，最終達到增加農民所得，提高農民的生活質量的目的。主要內容是結合農村景觀生態、產業布局、社區文化和環境建設，進行農宅整建改建、社區環境綠化、道路拓寬、設置公共設施，建設商業文化中心及公共休閒設施等農村社區更新和新市鎮建設。台灣在建設「富麗農村」的過程中，採取縝密規劃、政策引導和資金扶持的策略：以經濟發展的階段性水平為基礎，制定農村綱要規劃和農村細部建設計劃，根據各區域的住宅分布、人口密度、交通及通信網路設施、水資源、環境景觀等特點，因地制宜，對社區整體布局、農宅

新建或修繕、農戶環境衛生、社區公共設施、生態保護、園林綠化、垃圾及汙水處理等進行規劃和建設，配合宏觀的有針對性的政策引導，提供較為充足的資金支持，並具有一套行之有效的管理模式。經過十餘年的發展，農民的生產條件和居家環境明顯改善，生活品質也有明顯提高，呈現出產業、休閒、生態和人文兼備，「健康、有活力的鄉村新風貌」。

「富麗農村」建設是社會經濟發展到一定階段的客觀產物，體現了農業發展理念的階段性特徵，是對農村建設理念的深化，是農業發展空間的延伸，是當前緩解三農問題、平衡城鄉發展的一條新的途徑。當前，城鄉一體化、農村城市化、農業現代化和農民市民化是中國城鄉協同發展的總體目標，由中國經濟區域的多樣性所決定，單一的以提高生產力為目標的農村發展模式不足以滿足各區域發展的需要，需要從「富麗農村」概念入手來豐富新農村建設的內涵。台灣「富麗農村」建設的做法和經驗與中國農村建設發展的需要是相吻合的，值得我們借鑑。借鑑台灣「富麗農村」建設的理念、運作方法和管理措施，可透過民間或其他途徑，與台灣農村建設較為成功的典型鄉鎮定期聯繫與交流，學習其發展思路和模式，在試點鄉村進行實踐；聘請台灣專家、學者、鄉村基層工作人員為鄉、鎮、街道領導幹部授課，傳授農村建設理念和管理方式，聘請台灣專家參加新農村建設專家諮詢，為試點村做長期、具體的技術指導。

3.在兩岸農村組織經營管理模式合作上先行探索

以農業合作經濟組織為載體，有針對性地借鑑台灣農村組織行之有效的發展機制、經營模式和管理經驗，開展與台灣中南部農會、農協、產銷班等農村經濟組織全方位的交流與合作，在兩岸農村建設合作示範區進行探索。重點是結合貫徹《農民專業合作社法》，扶持一批農民合作經濟組織開展試點，探索有效的組織運作機制，總結推廣好的做法和經驗，力爭有新的突破。

（1）借鑑台灣經驗發展農民經濟合作組織。農民專業合作經濟組織是農民自願參加的，以農戶經營為基礎，以某一產業或產品為紐帶，以增加成員收入為目的，實行資金、技術、生產、購銷、加工等互助合作經濟組織，是實施農業產業化經營的一支新生的組織資源。發達的農民合作組織是農業現代化的特徵之一，是一種人力資源和人力資本的整合與優化配置，有利於提高農業經濟效益。最近頒布的《農民專業合作社法》明確了農民專業合作社的市場主體地位，體現了國家高度重視發揮農民專業組織在促進農民增收、發展農業生產和農村經濟中的作用。福建農民合作組織發展還處於起步階段，目前參加專業組織的農戶僅占總農戶數的8.6%，存在內部管理不規範，市場組織化程度較低、資金短缺以及合作緊密程度不足等一些比較共性的問題，致使其無法充分發揮引導農民生產、保護農民權益等應有的作用。台灣發達的農民合作組織是實現農業現代化過程中的重要環節，台灣的產銷班、農會和農業合作社等農民合作組織，在引導農民生產、降低農民在市場競爭中的風險、促進規模經濟發展、提高農產品營銷效率、保護小農利益、增加農民收入等方面發揮了重大的作用。台灣發展農民專業組織的成功經驗使我們看到了大陸在農民專業合作組織建立中存在的差距，同時對大陸農業也有很大的借鑑意義。兩岸農村建設合作示範區要在兩岸農業的組織合作方面有所突破，選擇基礎較好、群眾積極性高的地方的農民合作經濟組織，依託台農、台商和台胞協會的作用，發展類似台灣產銷班功能的農民合作經濟組織，借鑑台灣的經驗開展試點。首先，將農民專業合作組織定位為經濟、教育和社會組織，而不是政治組織；其次，從實際出發循序漸進，尊重農民的意願和選擇，有助於增強組織的活力和發展後勁；再次，以服務農民為宗旨，不以贏利為目的，成員在買賣和盈餘的處理上有自主權和分配權，合作組織與主管部門、社會團體以及其他企業享有平等的市場主體待遇；最後，管理部門在發展農民專業合作組織過程中給予稅收、財政、金融等經濟方面的支持和其他政策的扶持。

（2）以農業合作經濟組織為載體，進行兩岸農民組織之間的交流與合作。兩岸農民行業協會的跨地區合作，是兩岸農民在農業生產和經營中整合資源，獲得規模效應的有效途徑。其不僅能夠借鑑台灣發展農民合作經濟組織的經驗，同時能夠透過組建閩台農民經濟合作組織，更直接地讓兩岸農民充分享受到農民合作組織給兩岸農業發展、農民富裕和農村繁榮帶來的促進作用。兩岸農村建設合作示範區既然是兩岸農業合作的先行區域，有必要進行兩岸農業合作模式的創新嘗試，尋求提升閩台農業合作層次的突破口，透過兩岸的農業組織合作方面「先行先試」，為深化兩岸的農業交流與合作，為中國的新農村建設造成積極的示範和推動作用，並且穩固福建在中國對台農業交流中的地位。

其一，開展兩岸農民合作組織和學界之間的互訪，進行理念和實務的溝通與交流。每年定期或不定期地進行農民合作組織代表之間的訪問、考察和培訓，進行溝通並接受指導；開展學術研究，探討福建農民合作經濟組織的發展問題，探索台灣農民合作組織的管理方式、運作模式以及發展趨勢等；邀請台灣專家農民來進行指導、創建農民合作經濟組織；選派或組織村鎮幹部、種植大戶或經營能手赴台學習台灣的相關制度與經驗；透過台灣的農民合作經濟組織在福建設立辦事處，台商或台農參與本省的各類合作經濟組織等方式進行兩岸間多種渠道和不同方式的溝通。

其二，開展兩岸農民合作組織之間的交流與合作。台灣農民合作經濟組織擁有農會健全的功能作為支撐，這一點是大陸農民合作經濟組織所缺乏的，面對這樣的現實，可在兩岸從事同類或不同類產品生產的農業行業協會或經濟組織之間展開多種形式的交流與合作，例如生產技術合作形式，可包括引進台灣新品種、邀請台灣專家開展農業指導講座，對農民進行新技能、新技術、新方法和新理念方面的培訓；組成跨區域的聯合社的形式，帶動專業化生產，降低生產成本和運銷成本，創立品牌，依靠台灣農民合作組織的渠道，共同開拓國際市場；由台灣水果、蔬菜等產銷班到福建設立分社的形式，組建類似聯合社的供應鏈聯盟，聯合從事農產品運銷事業，等等。

根據經濟發展水平的差異性，當地農民合作組織發育的程度以及農民參與意願的高低，建立不同方式的對接試驗點，進行閩台農業合作組織交流與合作的嘗試，而後總結經驗，進行推廣。當然，兩岸農民合作組織的交流與合作如同大陸農民合作組織的建立發展一樣，不僅取決於自身內部制度的安排，同時也取決於外部制度環境的影響，因此此項交流效果如何，還有賴於農產品市場體系的不斷完善和政策的支撐。

4.在基層民主建設和鄉村治理方面求閩台農業更全面合作

農村基層民主，是中國社會主義民主法制建設和政治體制改革的一項重要內容，也是當今中國提高農村治理水平的一種有效方式，其本質是以市場經濟為基礎，以整合新時期農村利益結構和權威結構為目標，按民主理念設計的具有現代意義的鄉村民主制度，其核心在於能有效地保證人民群眾直接參加國家和社會事務的管理。擴大基層民主，是完善發展中國特色社會主義民主政治的必然趨勢和重要基礎，加強農村民主法治建設，完善鄉村治理機制創造良好的微觀環境是當前新農村建設的重要保障。目前中國的鄉村治理體制具有鄉鎮政府機構臃腫，功能低下；基層民主不規範，農民的基本民主權利得不到保障；鄉村治理採用「壓力型」體制，村級自治組織受鄉鎮政府控制和干預等弊端。現行的鄉村治理體制落伍，已難以適應經濟社會發展的要求。借鑑台灣鄉村治理方面的理念和策略模式，進行福建鄉村治理體制變革的嘗試，有助於融合兩岸的優越要素，縮小雙方的體制差距，吸納台灣同胞參與到大陸民主政治建設中，使他們與大陸同胞一道行使人民當家做主的權利，一道推進民主法治的健全和完善，讓台灣同胞尤其是中南部民眾瞭解大陸，真切體會到大陸政治文明的優越，真正享有國家主人翁地位的尊嚴和榮耀，從而逐漸構建其對祖國的政治認同。

5.進行兩岸農村建設合作示範區的試點

兩岸農村建設合作示範區建設應進行分步實施、重點推進的部署，在區內選擇更具先行條件的地區作為核心區，率先試行某些更開放的政策與措施，在建立農村組織試點以及鄉村治理方面進行嘗試，取得突破後，再逐步向更大範圍延伸和拓展。讓台灣人參與農村經濟、社會事務管理，促進兩岸民心進一步融合。

（1）建立農村組織試點。台灣的農會等農村組織在農業生產、農民生存環境改善和農村社會發展等方面扮演了極為重要的角色。台灣農會組織的經驗對大陸新農村建設具有實際性的借鑑意義，目前在大陸由於具有政治敏感性的原因，短期內尚不可能恢復農會組織的情況下，可在小範圍進行農村鄉鎮管理體制改革的試點，選擇較具條件的鄉村建立具有經濟、社會和文化功能，以農民為主體，體現農民意志的農會組織，聘請台灣農會的理事、監事、總幹事等指導或參與農會的組建和運作。

（2）借鑑台灣模式進行鄉村治理的試點。以推進農村的民主化進程，完善村民自治機制為目的，在試點村嘗試構建以農民為主體，讓農民得實惠的鄉村治理機制，明確政府、政黨和社會的分工，讓農民群眾對村務大事和村務管理真正享有知情權、參與權、管理權、監督權；遵循以農民為主，政府的支持為輔的原則；淡化「官辦」的色彩；以經濟職能為主，政治職能為輔；按現代化企業管理方式進行運作。邀請台灣農村社會基層領導人前來進行鄉村治理方法的指導，有條件時，甚至可聘請台灣對農村鄉鎮的管理有豐富經驗的區長、鄉長、里長或村長到當地鄉鎮兼職或介入農村管理層，成為領導成員之一，直接參與農村社會事務的管理，一方面增加台灣基層人物與當地農民接觸的機會，增進其對大陸農村經濟社會以及基層民主政治建設進程的瞭解，另一方面爭取台灣農村社會基層更多中華民族的認同感。

三、建立兩岸農村建設合作示範區的對策和建議

建立兩岸農村建設合作示範區的終極目標不僅是搭建兩岸農業合作交流的平台，把兩岸農業合作與大陸發展現代農業、解決三農問題相結合，提升大陸農業現代化水平，推動社會主義新農村建設，更在於透過在農村建設這一大範圍內與台灣的民眾實現融合，為做好台灣民眾的工作奠定堅實的經濟基礎和感情基礎。因此，兩岸農村建設合作示範區應該發揮有針對性地做台灣中南部民眾工作的作用，同時需要賦予相應的政策以及與涉台法律及法規相配套的實施細則予以規範，營造良好的政治和政策環境。

1.對閩台農業合作進行客觀評估，發現存在的問題

落實已有的大陸中央和省市頒布的有關實驗區、農民創業園建設的優惠政策，制定相應的、可操作性的政策和措施；對實驗區、農民創業園進行全面、客觀、科學的評估，對存在的問題進行分析和總結，以便於在制定實驗區的發展規劃時參考。

2.建立政府宏觀調控機制及協調機制

兩岸農村建設合作示範區建設涉及大量的對台方針政策和相關職能部門的具

體操作，需要在福建省委和省政府的指導下，發揮政府宏觀調控和行政部門的職能作用，加強對各部門執行閩台農業合作條例、法規、政策的監管，提升政府指導、協調和服務的職能，建立政府和實際部門的協調機制，協調處理相關的重大事宜。

3.創造良好的法律環境

根據國家有關法律、法規，結合福建實際，加緊《促進閩台農業合作條例》等相關法律條例的制定工作，遵循優勢互補、全面合作、互利共贏、溝通發展的原則，以法律的形式規範台灣台胞在福建從事農業生產經營、涉農產業開發和農業經濟活動的行為。《條例》順應兩岸關係的發展和國家有關兩岸農業交流合作的政策取向，體現福建先行先試的發展戰略思想，堅持公平、共贏的原則，制定具有前瞻性的、有針對性的法律條例，以注重產業集群的培育、促進農產品的物流和交易平台的建設、注重農業科技的創新能力建設、體制創新以及把台灣農民創業園辦成閩台農業合作先行先試點等作為立法重點，在合作的內容及政策、政府服務和社會支持以及法律保障等幾方面制定詳細的法規條文進行規範，創造優良的法制環境，促進閩台農業交流與合作持續、快速發展。

4.賦予實驗區綜合配套改革政策，增強對台灣的吸引力和對接能力

（1）完善投資機制，加大資金扶持力度，給予專項的資金扶持。第一，加大基礎設施建設的扶持力度，如在國家農業開發辦設立海峽兩岸農業合作發展基金，增設開發項目，逐年下達示範區建設任務和配套資金，完善基礎設施建設，由地方政府申報並組織實施，提高示範區承接台灣農業外移的能力。將重點合作項目列入國家計劃、設立實驗區專項扶持資金，用於基礎設施建設、交流、科技培訓等，並且要保證一定的增長幅度。第二，加大對台資企業的扶持力度，解決台資農業企業用電等具體困難。降低台資種植、養殖企業的電費收費標準，將農業生產用電範圍擴大至農作物產品、畜禽產品、園藝產品等的生產全程和不改變農產品原狀的初加工階段。

（2）建立長效的投、融資機制，賦予更加靈活的金融政策。在金融政策方面給予傾斜，建議國家有關金融機構將扶持台資中小企業發展的貸款資金，優先

向在實驗區的台資農業企業傾斜；在融資方面，針對台商擁有使用權的土地性質一般均為集體土地，不能依法抵押的問題，建議相關部門明確集體土地使用權在向銀行進行融資時可供流轉、抵押；允許台資農業種養業的地面物、廠房、設備作為金融機構的抵押物解決融資問題；台企業依法取得山地使用權，在山地上種植的果樹、茶葉、林木等地面物可以申請辦理林權證，並可作為抵押物，向金融機構申請短期流動資金貸款；允許台商成立擔保公司，為台商提供融資擔保服務。

（3）採取更加靈活的土地管理政策。目前對台農業合作實驗區用地來源主要是占用各省、市、自治區自有的用地指標，由於土地資源有限，難免出現土地緊張的情況，建議將涉及台商投資農業項目的用地與工業用地區分開，根據園區規劃功能安排一定比例建設用地，不占地方用地指標；對種養殖和加工一體的企業給予專門的用地指標；對有固化建築物的設施農業基地仍按農業用地管理，對基地附屬管理用房按臨時用地管理。

（4）給建立農民組織以特殊政策。賦予由政府部門引導在試點建立「農會」的特殊政策，政府以引導、宣傳、服務為主，行政干預為輔，並在稅收、資金方面給予扶持；在政策、資金方面加大對農民產銷經濟合作組織的扶持力度；允許台灣農民合作經濟組織在實驗區內設立辦事處以及台資企業和農民設立農民合作經濟組織，並爭取以法律的形式予以規範。

（5）保障台商權益。要杜絕向台資企業或個體工商戶收取除國家規定外的行政事業性費用，以及隨意提高良種進口審批和產品進口檢疫費用；在台商依法取得土地所有權的合約期限內，因國家建設或集體公益事業需要徵收土地時，均應該予以相應的補償；台農資企業申報各級產業化龍頭企業和品牌農業企業，申報無公害農產品、綠色和有機食品，透過認定，可以優先享受各級政府相關扶持政策；針對農業保險風險比較大，商業保險公司不願意開辦農業保險業務的現實，由政府出資，組建以社會效益最大化，不以贏利為目的政策性農業保險，為農民和農業台資企業提供抵禦風險的可靠保證；在自然災害救助等方面給農業台資企業以「國民待遇」，縮小台灣和大陸農民所接受服務的差異，使之與大陸農民一樣能減少受災損失，盡快恢復生產，增強台胞的「向心力」。

第四節　本章小結

一、主要內容

兩岸農業交流與合作，不論是在深度上還是廣度上都已取得很大的發展，農業合作帶給雙方的經濟實效令人鼓舞。福建地區長期以來一直是兩岸農業交流與合作的重鎮，在對台農業科技交流、農業經貿合作，以及兩岸農業學術交流和人員互訪等方面，其規模、層次、水平都居於大陸各省前列。福建省委提出的依託「五緣」，拓展「六求」，以及「努力把海峽西岸經濟區建設成為科學發展的先行區、兩岸人民交流合作的先行區」，為閩台農業合作提出了更新的要求。隨著台灣「大選」的結束，兩岸關係進入一個新的發展時期，在兩岸的共同努力下，兩岸關係取得了許多突破性的進展，為兩岸關係的和平發展局面奠定了重要的基礎，但「台獨」勢力仍然是一支不可忽視的政治力量；因此，馬英九的決策必然會受到「台獨」勢力的牽制，兩岸經貿關係正常化不可能一步到位。在這樣的形勢下，如何拓展閩台農業全面合作的新作為，值得研究。兩岸之間未來的走向是社會的全面融合，以福建為主的海峽西岸經濟區未來也將向兩岸社會融合試驗區發展，以求在經濟、政治、文化、教育、生活和社會管理制度上進一步融合。因此，閩台農業合作有待於在包含農村、農業、農民在內的農村建設這一更大的領域，進行兩岸合作模式的創新嘗試，在兩岸的農民組織交流合作、兩岸農業經營管理模式以及鄉村治理等方面先行先試，實現雙方經濟和社會的進一步融合。本章研究首先對閩台農業交流合作發展的歷程與現狀進行總結，分析閩台農業交流合作面臨的現實挑戰和新形勢下拓展閩台農業全面合作的必要性和可行性，提出新形勢下閩台農業全面合作的模式——兩岸農村建設合作示範區的設想，並提出相應的對策建議。

二、主要觀點

（一）基於大陸「三農」建設與兩岸關係發展新形勢以及進一步深化閩台農業合作的需要，福建有必要，也有條件拓展閩台農業更全面、更深入地交流和合作

農業是國民經濟的基礎，發展農業和農村經濟是建設海峽西岸經濟區的重要組成部分。而作為福建農業一大優勢和特色的閩台農業交流合作，將在海峽西岸經濟區建設中發揮特殊而重要的作用。在新形勢下，拓展閩台農業合作不僅符合海峽西岸經濟區建設的要求，有利於提高閩台農業合作的層次，促進福建新農村建設更快向前推進，而且透過兩岸的交流融合，有利於強化台灣民眾對大陸的政治認同，具有重要的經濟意義和政治意義。當前兩岸關係新形勢為實現閩台農業全面合作提供了機遇，福建具有大陸中央政策支持和「五緣」的獨特優勢，有對台農業合作和交流的堅實基礎，台灣農業發展的內在需求，拓展閩台農業更全面的交流與合作具有現實的可行性。

（二）在包含農村、農業、農民在內的農村建設這一更大的領域，進行兩岸合作模式的創新嘗試——建立福建兩岸農村建設合作示範區的構想

兩岸之間未來的走向是社會的全面融合，以福建為主的海峽西岸經濟區未來也將向兩岸社會融合試驗區發展，以求在經濟、政治、文化、教育、生活和社會管理制度上進一步融合。基於大陸三農建設以及進一步深化閩台農業合作，做台灣人民工作的需要，福建有必要，也有條件在包含農村、農業、農民在內的農村建設這一更大的領域，進行兩岸合作模式的創新嘗試。在此基礎上，我們提出建立福建兩岸農村建設合作示範區的設想。

1.兩岸農村建設合作示範區的基本內涵

兩岸農村建設合作示範區是兩岸社會融合試驗區的重要組成部分，是一個經濟和社會的融合體。兩岸農村建設合作示範區建設的基本思路是：在兩岸的農民組織交流合作、兩岸農業經營管理模式以及鄉村治理等方面先行先試，在示範區

內選擇產業對接、組織合作模式創新、農村社區建設合作等新途徑；透過施行更加開放的政策和措施，促進兩岸農業、農村和農民更緊密地結合，將兩岸農村建設合作示範區建設成融合兩岸農業、農村和農民的連接點和大陸農村建設的新的經濟增長點，為實現雙方經濟和社會的進一步融合奠定基礎，並對深化兩岸農業合作發揮積極的效應。

2.兩岸農村建設合作示範區的總體構想

（1）延伸閩台農業產業鏈，在兩岸「大農業」產業對接上先行示範。在經濟全球化和區域經濟一體化的大趨勢下，農業呈現出區域化、國際化、集團化趨勢，不僅表現為農產品的進出口，而且表現為生產要素的流動。閩台之間的經濟聯繫和要素流動日益密切，但由於有效的合作機制尚在完善之中，難以全面發揮區域合作的競爭優勢。進一步建立閩台農業產業互補和分工體系，深化雙方的合作，在更大範圍內進行閩台農業產業鏈的整合，將有助於將更多的資源納入合作區域，加快生產要素在更大範圍內的流動，拓寬合作領域，推動合作向縱深方向發展，對兩岸農業合作和經貿發展都有現實的意義。

閩台農業合作走過了「狹義的大田農業」和「廣義農業」階段，在「狹義的大田農業」合作階段，以動植物優良品種的引進為主，在「廣義農業」階段，合作內容擴展到以台灣的資金、技術與福建的勞動力、土地資源的整合，以及以農產品加工業為龍頭帶動農林漁牧業全面發展，閩台農業間產業鏈構建已經初見成效，即產中和產後的合作發展已經有了一定的基礎。目前閩台農業合作絕大多數集中於農產品加工業和種養業的基本環節，在機械、肥料、種子、飼料、農藥、農膜、電力及其他物資等產前產業的合作方面幾乎還是空白。兩岸農村建設合作示範區應該在閩台農業產業對接方面尋求突破點，先行示範，從大農業的角度延伸閩台農業合作產業鏈。兩岸農村建設合作示範區應該將閩台農業合作的領域拓寬到包括農業產前、產中與產後三大部門的「大農業」，著重發展農業產前領域的合作，重點發展新型農用工業，以引進農產品加工先進技術和設備為重點，合作生產和開發高質量的農業機械、化肥、有機肥、生物肥、高效安全的農藥、薄膜產品、飼料添加劑及飼料蛋白等，透過延伸閩台農業合作的產業鏈來推進閩台農業資源要素的進一步整合。

（2）借鑑台灣「富麗農村」建設的策略模式，進行兩岸農村發展理念的交流。「富麗農村」建設是社會經濟發展到一定階段的客觀產物，體現了農業發展理念的階段性特徵，是對農村建設理念的深化，是農業發展空間的延伸，是當前緩解三農問題、平衡城鄉發展的一條新的途徑。當前中國發展的總體規劃提出了城鄉一體化、農村城市化、農業現代化和農民市民化的目標，中國經濟區域的多樣性決定了單一的以提高生產力為目標的農村發展模式不足以滿足各區域發展的需要，需要從「富麗農村」概念入手，豐富新農村建設的內涵。台灣「富麗農村」建設的做法和經驗與中國農村建設發展的需要是相吻合的，值得我們借鑑。借鑑台灣「富麗農村」建設的理念，運作方法和管理措施，可透過民間或其他途徑，與台灣農村建設較為成功的典型鄉鎮定期聯繫與交流，學習其發展思路和模式，在試點鄉村進行實踐；聘請台灣專家、學者、鄉村基層工作人員為鄉、鎮、街道領導幹部授課，傳授農村建設理念和管理方式，聘請台灣專家參加新農村建設專家諮詢，為試點村做長期、具體的技術指導。

（3）探索兩岸農村組織經營管理合作模式。以農業合作經濟組織為載體，有針對性地借鑑台灣農村組織行之有效的發展機制、經營模式和管理經驗，開展與台灣中南部農會、農協、產銷班等農村經濟組織全方位的交流與合作，在兩岸農村建設合作示範區進行探索。重點是結合貫徹《農民專業合作社法》，扶持一批農民合作經濟組織開展試點，探索有效的組織運作機制，總結推廣好的做法和經驗，力爭有新的突破。借鑑台灣經驗發展農民經濟合作組織。以農業合作經濟組織為載體，進行兩岸農民組織之間的交流與合作。開展兩岸農民合作組織和學界之間的互訪，進行理念和實務的溝通與交流。開展兩岸農民合作組織之間的交流與合作。在基層民主建設和鄉村治理方面力求閩台農業更全面合作。

（4）進行兩岸農村建設合作示範區的試點。兩岸農村建設合作示範區建設應進行分步實施、重點推進的部署，在區內選擇更具先行條件的地區，作為兩岸農村建設合作示範區的核心區，率先試行某些更開放的政策與措施，在建立農村組織試點以及鄉村治理方面進行嘗試，取得突破後，再逐步向更大範圍延伸和拓展。讓台灣人參與農村經濟、社會事務管理，促進兩岸民心進一步融合。

（三）兩岸農村建設合作示範區應該發揮有針對性地做台灣中南部民眾工作的作用，同時需要賦予相應的政策以及與涉台法律及法規相配套的實施細則予以規範，營造良好的政治和政策環境

建立兩岸農村建設合作示範區的終極目標不僅是搭建兩岸農業合作交流的平台，把兩岸農業合作與大陸發展現代農業、解決三農問題相結合，提升大陸農業現代化水平，推動社會主義新農村建設，更在於透過在農村建設這一大範圍內與台灣的民眾實現融合，為做好台灣民眾的工作奠定堅實的經濟基礎和感情基礎。因此，兩岸農村建設合作示範區應該發揮有針對性地做台灣中南部民眾工作的作用，同時需要賦予實驗區綜合配套改革政策，增強對台灣的吸引力和對接能力，制定涉台法律及與法規相配套的實施細則予以規範，營造良好的政治和政策環境，把做台灣人民工作落到實處。

三、結論

在當前的新形勢下，我們對台工作的重心應該更有針對性，包括對對台農業政策的效果進行梳理，發現不足，進一步探討拓展合作交流的領域，以及更加務實和有效的合作途徑，拓展兩岸農業全面合作。

基於三農建設以及進一步深化閩台農業合作，做台灣人民工作的需要，福建有必要，也有條件在包含農村、農業、農民在內的農村建設這一更大的領域，進行兩岸農業合作模式的創新嘗試。透過設立兩岸農村建設合作示範區，在示範區內選擇產業對接、組織合作模式創新、農村社區建設合作等新途徑，透過施行更加開放的綜合配套改革政策，尤其在資金扶持、融資、土地管理、建立農民組織等方面給予相應的特殊政策，制定涉台法律及法規相配套的實施細則，營造良好的政治和政策環境，促進兩岸農業、農村和農民更緊密地結合，將兩岸農村建設合作示範區建設成融合兩岸農業、農村和農民的連接點和大陸農村建設的新的經

濟增長點；並對深化兩岸農業合作發揮積極的效應，為福建為主的海峽西岸經濟區未來向兩岸社會融合試驗區發展奠定基礎。

第四章　拓展閩台旅遊雙向對接新作為研究

張敦財[18]

由於馬英九的上台，國民黨重新執政，兩岸關係出現了積極因素。隨著兩岸「週末包機」的實施，大陸居民赴台灣旅遊的啟動，台灣全面開放「小三通」，「江陳會」在台北的召開，兩岸「三通」將逐漸走向正常化。在「三通」新形勢下，為兩岸帶來了前所未有的有利機遇，同樣的，為福建的經濟發展，為「海西」的建設和福建實現「十一五旅遊專項規劃」帶來了難得的商機。在重大的歷史發展階段，福建作為中國對台的前沿陣地，作為中國對台工作的先試先行區，理應積極應對，也應是進一步將「五緣、六求」落實到實處的大好時機，使福建在新形勢下，經濟更上一層或有跨越式發展。旅遊是福建經濟中的重要組成部分，理應有新作為、新對策、新突破。

第一節　新形勢下兩岸旅遊發展趨勢

一是大陸居民赴台旅遊的人數將超過台灣居民赴大陸的人數。馬英九為台灣注入「活水」計劃之一，就是開放大陸居民赴台旅遊，初期規劃每天3000人，1年100萬人次，中長期為每天1萬人，每年300萬人次。在兩會協商後，已達成協議，於7月18日正式實施。

目前台灣赴大陸的台胞每年約450萬人次。之所以説會超過：第一，大陸13億人口只要4的想赴台灣旅遊的就達520萬人。何況大陸經濟一直保持穩健發展，有錢人逐年增多。台灣長榮集團總裁張榮發就説，現在大陸有1億有錢人。

換句話說，在1億有錢人中，只要20個去1個就達到500萬了，何況有錢人不僅自己去，還會帶動家人或好友，就不止1億，而是2億、3億了。第二，「三通」後節省了旅遊的費用，即大量減少中轉的時間和所白花的費用，相反就增加了在台觀光的時間和內容，或者縮短旅遊的日期，大陸居民赴台遊的意願就增高，赴台灣看寶島的熱潮應是只增不減。第三，台民間的壓力促使台擴大人數的限制。馬英九規劃中長期為每年300萬人次，可能會隨著大陸居民赴台遊給台灣帶去龐大的經濟效益，提供了眾多的就業機會，活絡了與旅遊相關的行業，繁榮了台灣經濟，台當局應會順應民間需求，視情擴大赴台遊的人數。

二是「三通」直航將循序漸進地走向全面「三通」。全面「三通」不僅指定點空中、海上直航，而是全方位開放，即按市場經濟規律需要任意增減航點、港口。

「三通」直航經兩會協商後，空中直航，台開放8個航點，大陸開放5個航點，兩會二次會談後，大陸的航點擴大到21個，還是沒有全面開放。但許多現在沒有列入的航點，都要求馬英九也能盡快開放，馬也承諾在先開放的基礎上，再考慮逐步放開。先試點再展開是符合經濟發展邏輯的。因此，兩岸空中直航的全面實施是樂觀的。

海上直航的全面「三通」。雖然馬英九的政見中並未有具體體現海上直航的通盤考慮，但在上台後兩個月，馬當局擬開放台北、高雄、台中、花蓮、安平、布袋和麥寮等7港口。不難發現，海上全面直航也是其需要做的。（1）其經濟內需的要求。馬上任後，三大經濟優先目標是穩定物價、擴大內需、吸引外資，以及其「愛台十二項建設」，大部分建設是需要大陸的物資，如全島便捷交通網、高雄自由貿易及生態港、台中亞太海空運籌中心、桃園國際航空城、都市及工業區更新、農業再生等都離不開大陸的物資，而大陸的大宗建設所需的物資最便捷、省錢的就是經海上的貨輪運輸。（2）台灣南部農業縣的需求。馬英九曾說，我不會「賣台」，但會幫台農民賣水果到大陸市場。這不僅是馬英九要提升台農民的生活水平需要，也是其連任的政治需要。2008年11月4日，兩會在台北簽署了「海運直航協議」，雙方開放了較多的口岸。

三是金馬航線仍是台灣遊客首選的通道。廈金航線開通近8年，已贏得了聯結大陸及台灣的黃金通道的美譽。兩岸直接「三通」後，由於台灣當局在開放兩岸直航的同時，也全面開放「小三通」，在台居民不受任何限制，都可經金門再到大陸，這就更加凸顯廈金航線的重要作用。（1）台灣居民增加了十幾倍。原可經金門再到廈門僅限在大陸的台商、台幹、台生、家屬、大陸配偶以及台灣榮民，總數不到200萬。現擴大到全島，即台灣2300萬的居民都可以。給予台灣居民更多的選擇。（2）一條經濟實惠的通道。雖開放直接「三通」後，大陸有21個航點，福建就有廈門、福州2個點，由於從經濟利益考慮，是條非常好的通道。台灣居民從台灣機場直飛廈門往返機票費用要比台灣到金門再到廈門的費用多很多。（3）貨物中轉後，對於在閩台商及福建輻射的周邊省份城市的台商是他們首選的港口。

四是宗教、民俗之旅更趨活絡，規模將越來越大。宗教、民俗本就是閩台旅遊的一個亮點，也是福建與大陸其他省份旅遊區別的最大特色。如莆田湄洲媽祖在台信眾600多萬人，廈門青礁慈濟宮在台信眾300多萬人，廈門灌口風山和同安馬巷池王宮在台信眾1000多萬人。佛教徒在台也有1000多萬人。「三通」後，更趨活絡的原因：（1）品牌效應。這些福建傳統的旅遊品牌透過20多年的兩岸民間組織的交流交往，在台民眾中已有較深較廣的認知。（2）信徒的需求。由於交通更加便捷，渠道更多，手續不斷簡化，經費更節省，在台的宗教、民間信仰的信徒赴閩朝拜的意願大增，組織者（機構）將追隨信徒的意願而積極奔走搭橋，促使更多團組赴閩。（3）其他民俗活動的需求，福建除在台較有影響的幾大活動外，其他民俗活動在這幾年有一定的基礎，將在較大規模的宗教、民間信仰交流活動的帶動下，出現新一增長勢頭。

五是休閒旅、探險旅、自助旅等將成為台年輕人的焦點。目前，台灣的節假日為什麼交通大堵塞，其中重要原因之一，就是居民利用假期外出放鬆自我，或邀爬山，或到東部觀日出、看東海岸風景，或到農場體驗先輩的辛苦勞作，或到某新景點一睹為快等。「三通」後，（1）由於交通便捷使出遊的時間有一定的保障、台灣居民有更多的選擇，閩台一水之隔成為他們的另一出遊目標。（2）時間縮短，經費節省。原要繞道香港或澳門等地，僅在途中來回要兩天，現僅需要1個多小時。原經費要14000元新台幣，現僅需7000元—8000元新台幣。（3）好奇心。年輕人的特點就是好奇。大陸及福建的風光畢竟與台灣不一樣，起碼是沒有去過的就是新景點。（4）自由、無牽掛。年輕人出遊完全不同於舉家出遊，幾個好友商量好馬上就可以打包出發，不像家庭，攜老帶幼，拖家帶口的，非常隨意。到景點想玩什麼就玩什麼，某景點想多玩會就多玩會，真正體驗旅遊的樂趣。

六是大陸其他省份的民眾經福建赴台觀光將增多，福建將成為大陸其他省份居民赴台旅遊的中轉站。隨著大陸居民赴台旅遊的正常化，赴台遊的人數逐漸增加是可以預期的，福建作為緊鄰台灣有其獨特的地理優勢，必將成為大陸居民赴台旅遊的中轉站。原因：（1）大陸將再開放居民可赴金馬遊，在大陸居民赴台遊趨於基本成熟時，開放大陸居民到金馬旅遊是順理成章的事情。一旦放開，由於到金馬遊時間不要太多，因此將吸引大陸居民的興趣，而要到金馬遊必經福建（9月7日，國台辦主任王毅授權宣布，赴台旅遊的13個城市，同時也可赴金門遊）。（2）台當局政策的放開也是可以期待的。現台當局是全面開放「小三通」，是單方面的，即台灣居民都可經金馬赴大陸，還沒有政策允許大陸居民經金馬赴台灣遊，但隨著「大三通」的推動，尤其是金馬當地政府及民眾積極向台灣當局的強烈要求，台當局在即已開放大陸居民赴台遊的政策，再開放經金馬赴台遊是完全可以期待的，因為僅是多條入台渠道問題（9月4日，台「行政院」通過「陸委會」提報的「小三通正常化推動方案」）。而經金馬再赴台是當初開放「小三通」時的最終目的。（3）省錢的經濟通道是成為中轉站的最主要原因。平時是銀白族和非上班族要赴台遊的首選，寒假將加入師生隊伍。

第二節　閩台旅遊發展的現狀與問題

一、閩台旅遊的現狀與做法

1.閩台旅遊的現狀

（1）人員往來情況：台灣自2001年開始開放「小三通」到2008年9月底，經金馬線的台胞已超過3000萬人次。大陸自2004年12月開放福建居民赴金馬遊到2007年底，共有2558團組織，55906人次。2007年9月8日首批赴澎湖的福建居民搭乘「閩珠一號」從馬尾客運碼頭出發，經馬祖後轉機飛澎湖。這標誌福建與澎湖的雙向旅遊正式開通。近幾年人員往來情況見表4-1。

表4-1　近年來閩台人員往來情況

年份	來閩台胞人數	占入境遊客比例	中國赴台人數	年份	來閩台胞人數	占入境遊客比例	中國赴台人數
2002	470368	25. 45	138987	2006	739600	32. 20	207660
2003	354600	23. 68	124616	2007	801600	40. 60	
2004	458072	26. 49	144526	2008. 8	327539	31. 61	
2005	534206	27. 06	159938				

（2）簽訂協議情況：2005年5月，武夷山與阿里山簽訂資源對接合作協議，同年9月大金湖與日月潭也簽署資源對接合作協議。2005年8月，福建與台灣簽署了《閩台旅行商合作意向》，達成四條共識。2005年，福建旅遊業界和台灣六大旅行同業公會協定了《海峽旅遊區域協作備忘錄》。2006年，福建省旅遊協會和台灣省旅行商業同業公會簽訂了《深入化武夷山與阿里山、大金湖與日月潭合作，共推海峽旅遊市場協議》。福建海峽旅遊網站與CTIN台灣旅遊聯盟相互鏈接，互推旅遊產品，互通旅遊資訊。武夷山網與阿里山網、大金湖網與日月潭網分別結成姐妹網站。2008年9月，廈門鼓浪嶼菽莊花園與台灣台北縣林本源園簽訂交流合作協議，並正式締結為「姐妹園」。2008年9月，福建省旅遊局與台灣雄獅旅行社簽訂了《福建旅遊發展戰略協議》。

（3）閩台旅遊活動情況：2005年福建開始舉辦「海峽旅遊博覽會」，至今已舉辦四屆。2007年「博覽會」增加了海峽兩岸交流協會作為承辦單位，金馬澎地區旅遊機構作為協辦單位。2006年，舉辦了中國武夷山旅遊節和第17屆武夷山國際旅遊投資洽談會。2007年，邀請台灣旅遊機構聯合舉辦媽祖文化節等民間信仰文化節。2007年，福建在澎湖舉辦旅遊展，成為大陸省份首次單獨赴台灣舉辦的旅遊展。2008年5月，台灣踩線團赴閩考察，同年6月，福建省旅遊部門赴台考察。

（4）政策情況：台灣方面：2001年開放「小三通」，僅允許金馬居民及在金馬設籍6個月以上的台灣居民可經金馬赴大陸，後在福建積極推動和台灣、金門的民意壓力下，不斷擴大適用人員；直至馬英九上台，於2008年6月17日，台「行政院」宣布，全面開放「小三通」，台灣居民不受任何限制都可經金馬航線往返。2001年底，台當局通過了《大陸地區人民來台從事觀光活動許可辦法》，但將大陸居民分為3類。2002年1月，台開放第3類，即旅居港澳及國外4年以上並取得工作證的大陸人士赴台旅遊。2002年5月，台開放第2類，即赴國外旅遊或海外商務考察，但必須團進團出、晚11時以後不得外出及每晚點名等限制。2004年4月，台「陸委會」通過「大陸地區人民來台從事觀光活動許可辦法」修正案，取消第2類、第3類大陸居民赴台旅遊須「團進團出」的規定，放寬大陸居民赴台旅遊不得變更行程的限制等。2007年4月，台「陸委會」表示，4月1日開始實施包括開放大陸遊客經金馬前往澎湖旅遊，以及澎湖居民可經金馬赴大陸等。2008年5月12日，台「立法院」初審通過了《兩岸人民關係條例》修正草案，人民幣可在台風景區或銀行兌換台幣。2008年5月26日，台「陸委會」正式授權台灣海峽交流基金會，就週末包機、貨運包機和大陸居民赴台觀光等3項議題與大陸海峽兩岸關係協會展開協商。2008年6月2日，台「立法院」交通委員會上提出大陸遊客赴台5項配套措施，包括規劃8—10天環島優質示範行程、建立購物保障機制、落實每人每日最低接待費用80美元等。2008年9月4日，「行政院」通過「陸委會」提報的「小三通正常化推動方案」。主要內容有，適度開放大陸人民可以運用「小三通」管道進出台灣；簡化人員入出台行政管理程序；貿易及航運便捷化措施。

大陸方面：2004年12月7日，開放福建居民赴金馬澎地區旅遊。2005年5月3日，國台辦主任陳雲林授權宣布，正式開放大陸居民赴台旅遊。2006年4月16日，國家旅遊局、公安部、國台辦聯合公布《大陸居民赴台灣地區旅遊管理辦法》。2006年8月17日，海峽兩岸旅遊交流協會第一屆理事會會議在青島市召開，表明大陸方面為實現大陸居民赴台旅遊的各項準備工作已全部就緒。2008年7月4日，在兩會協商後，大陸居民赴台旅遊首發團啟動。2008年9月7日，國台辦主任王毅授權宣布5項方便兩岸居民往返的便利措施。2008年11月4日，將赴台旅遊的組團由每組團10人降為5人，在台時間由10日增加到15日。

（5）準備情況：線路部分，台灣推出「北進北出」、「北進南出」、「南進北出」，大多環島一圈的8—10天的旅遊線路。福建推出8條精品線路：藍色濱海歡樂遊、八閩山海精華遊、綠色生態休閒遊、閩台淵源尋根遊、成功古蹟體驗遊、媽祖文化朝聖遊、閩東北親水遊、高爾夫溫泉健康遊。福建還為了迎接從「小三通」來閩旅遊，推出了9條旅遊線路。

交通部分，除兩馬、兩門及泉州與澎湖的海上直航外，2006年春節，廈門機場成為繼北京、上海、廣州之後新增的對台直航的航點，加入春節包機的行列。2008年兩岸實現「週末包機」，廈門航點成為首批大陸對台的航點。此外，廈門機場已與台灣4家航空公司簽訂了合作協議。福建沿海有十幾個台輪停泊點。

2.閩台旅遊的做法

（1）以品牌吸引人潮。福建以迷人的武夷仙境、浪漫的鼓浪琴島、奇特的水上丹霞、神奇的福建土樓、動人的惠女風采、神聖的媽祖朝覲、光輝的古田會址、壯美的濱海火山、古老的曇石山文化、神祕的白水洋奇觀等十大品牌，近幾年來發揮了其獨特的魅力，吸引大量的台灣遊客。從2002年接待來閩台胞47.04萬到2007年達到80.16萬，5年間增加了33.12萬人次，增長了70.41%。這還是在兩岸關係最緊張的5年時間內，且沒有直航和「小三通」受限的情況下，取得了長足的發展。

（2）以節慶引領項目。2005年開始舉辦「海峽旅遊博覽會」，連辦4屆，以及媽祖文化節、關帝文化節、保生慈濟文化節等都帶動了眾多台灣客人。如2005年首屆「海峽旅遊博覽會」，福建著名旅遊品牌大金湖與日月潭簽署了資源對接合作協議，契約22個項目，投資額達85.5億元人民幣。2006年「海博會」在全部320個展位中，台灣旅遊機構就占了60個，同時還邀請台灣七大旅行業公會（協會）194人，金馬地區業者92人參會。2007年簽約了40個項目，總投資額達10.59億美元。2008年9月，共推出旅遊招商項目198個，福建省共簽訂了項目48個，總投資額129億元人民幣，利用外資7.8億美元。

（3）以文化帶動客源。閩台文化交流非常活躍。自2004年在廈門舉辦了「海峽兩岸歌仔戲藝術節」開始，兩岸各種文化活動不斷舉辦。「海峽兩岸南音展演」，「媽祖文化節」，「海上絲綢文化節」，名人文化，閩、客文化活動等，遊客來閩節節攀升。

（4）以信仰拉動信徒。宗教、民間信仰的交流非常頻繁，規模越來越大，參與的信眾越來越多。2003年，在廈門南普陀寺舉行「降伏非典，國泰民安，世界和平祈福大法會」，就吸引了海峽兩岸及港澳佛教界5000多人會聚一堂，共為世界和平祈禱。台灣組團到廈門進行佛教交流每年約800人次。2006年，海峽兩岸佛教文化交流活動在福州舉行，兩岸共有500多名僧人在鼓山湧泉寺舉行了海峽兩岸祈福法會。2007年台灣第一尊肉身菩薩慈航木雕聖像首次回歸泰寧祖庭。湄洲媽祖更是吸引台灣信徒的主要景區。自2004年莆田成立了中華媽祖文化交流協會開始，就不斷有台灣媽祖文化機構加入。每年都接待來自台灣大大小小的團組，最大一次是2006年，台灣島內50多個媽祖宮廟的信眾組成4300多人的團組，經金廈直航湄洲島。到2006年9月為止，台灣來湄洲媽祖朝覲的信眾達148萬人次。此外，廈門青礁「保生慈濟文化節」連辦3屆，每屆都吸引了台灣眾多信徒，首屆國民黨榮譽主席連戰還為文化節題詞。東山關帝文化節年年都舉辦，次次都吸引台灣的道教信眾。2008年6月舉辦的第17屆文化節，台灣「中華道教總會」組織了500多人參訪團參與。

（5）以尋根牽動宗親。在台灣近2300萬人中，有80%的人祖居地在福建。2006年舉行了漳台族譜對接成果展，共記載了各姓氏5萬多由漳州遷往台灣開基祖的資料和兩地民間族譜近700多冊。在福建目前仍然保存著大量的姓氏宗祠、祖廟，僅陳姓在廈門就有同安陳太傅祠、丙州陳祠堂、陳井陳家廟、嘉和陳大宗祠、殿前陳宗祠、縣後陳家廟等，目前回閩尋根謁祖的台胞不絕於途，各地都可看到台灣鄉親在其祖居地所作的貢獻。

以直航捆綁台商。自2001年台開放「小三通」後，在福建堅持不懈的努力下，迫使台灣當局逐步開放人員適用範圍，經金馬來閩的台商及其眷屬等人數逐年飛躍突破，從當年一年不足1萬人次到現在一年突破70萬人次。

二、閩台旅遊存在的問題與原因

（1）不對稱。閩台兩岸人民往來去少來多，2002—2006年來閩的台胞達2556846人次，而大陸赴台僅775721人次，僅占台胞來閩的30.34%，是以整個大陸地區，更不用說福建居民赴台人次了。主要原因是台灣居民憑《台灣地區居民赴大陸通行證》就可到大陸，而大陸居民赴台受台《大陸地區人民來台從事觀光活動許可辦法》所限。其次，是大陸本身對赴台審批較嚴，時間較長，甚至沒有放開大陸居民赴金馬旅遊等政策所造成。

（2）各自為政，合力不夠。即各地各自為政的多，超景區、跨地區的協力不足，就形成了各地從經濟面去提升各地的資源，雖以各地旅遊特點去迎合台灣遊客是無可非議的，但在做好各特色旅遊景點的同時，宣傳週邊的景區較少，甚至不願宣傳，擔心影響本景區的生意。這種沒有全局整盤的旅遊鏈思路，其結果後勁不足，吸引力難發揮，長期效益就不明顯。

（3）機制不全。福建省「十一五旅遊專項規劃」中雖提出了許多提升福建省旅遊業的辦法措施，但對各種措施如何落實沒有具體的機制保障。如十條旅遊線路、幾區幾帶，由誰牽頭打造，如何形成產業鏈，如何做大盤活旅遊資源等。

第三節　新形勢下閩台旅遊雙向對接的機遇與挑戰

一、求旅遊雙向對接的挑戰

1.面臨大陸其他省份的競爭

直接「三通」及放開大陸居民赴台遊後，福建的優勢在某層面受到了衝擊。一是航點增加。正式開通時，就增加了南京。兩會二次會談後，又增加了16個航點，今後隨著遊客的需求會不斷增加大陸的航點，那麼作為福建，其客源受到一定的限制。二是旅遊產品。作為台灣居民首選應該是中華五千年歷史與非常出名的景區，而這正是福建與其他省份比較較為薄弱的。三是未形成有影響的旅遊區。目前，中國旅遊已形成長三角、珠三角和環渤海旅遊區，而福建未形成「海峽旅遊區」。四是「三通」後，促使大陸其他省份吸引台灣遊客的各方面著力點明顯，各省市都會使出渾身解數來吸引台灣遊客。五是大陸居民赴台完全不需要一定要經福建口岸出境了，對大陸遊客赴台先到福建再到台灣的概率大為降低。

2.台遊客有更多的選擇

一是地區選擇。由於可以直飛，省去了途中較多的時間，可以無顧忌地想去自己想去的省市景區，就不一定以福建為首選了。如原由於宗教旅、尋根旅等已經到過福建的遊客，可能轉向福建以外旅遊，如到西安歷史遊、東北北國遊、北京名城遊等。二是入境口岸選擇。台灣已開放8個航點，可入大陸21個口岸，以後兩岸航點不斷增加是必然趨勢。因此，從遊客花合理的錢玩有價值的自然就會從最經濟的口岸去精打細算，福建就不一定是他們最理想的入境口岸。過去先到福建尋根謁祖後，再到其他省份旅遊的現象可能會受到較大的衝擊。三是景點的選擇。直接「三通」後，由於往返兩岸非常方便，到哪裡玩就放在首位了，而景點能更多吸引台灣遊客。福建這方面無疑受到嚴重挑戰。四是人文的選擇。到福建遊玩與在台灣遊玩在人文資源方面差別不大，而其他省份卻別有洞天。

3.兩岸關係不穩定性依然存在

求旅遊雙向對接，必然牽涉到兩岸關係的穩定性保障。兩岸關係穩定了，兩岸旅遊業就興旺，反之，會有一定的影響，起碼熱情會減。但長期保持較好的兩岸關係，從台灣的政局、台灣的政治生態看有一定的困難。如選舉年的時期到來；大陸遊客赴台「跳機」概率高；台遊客到大陸遊玩，交通等問題層出不窮；旅行社之間的惡性競爭；兩岸某方面政治面的思量，而做出某種不利於兩岸關係穩定發展的言行等，都會影響兩岸關係的穩定。因此，兩岸關係不穩定的因素存在。

二、求旅遊雙向對接的機遇

1.客源倍增

台灣方面：一是直航省時省錢，將帶動更多旅遊愛好者加入赴大陸旅遊的行列。二是馬英九上台後，著力拚經濟，台經濟不一定快速發展，但起碼不會比陳水扁執政8年的爛，民眾收入只增不減是可以預期的，只不過是增多增少的問題，提供了經費作更多的旅遊考慮。大陸方面：一是開放赴台遊，不管怎麼説，目前仍有廈門一個航點，赴台遊從福建廈門口岸已比「三通」前有了一定量的保障。二是大陸其他省份的遊客經福建再赴台的機會仍存在，原因仍是省錢經濟實惠，又可多遊玩廈門。這關鍵看福建如何推介。

2.閩台兩地海上直航的優勢凸顯

福建沿海口岸是大陸距台灣最近的。廈門角嶼與金門馬山僅1000多公尺，距台中港僅136海里，馬尾距基隆僅140多海里，平潭距新竹僅60多海里；可以説福建沿海各口岸與台灣相對應的海上距離都不遠，是大陸距台灣最近的省份，為閩台海上直航提供先天優勢。

3.國家旅遊局的重視

2007年12月，國家旅遊局頒布了支持海西旅遊發展的意見。明確指出，國家旅遊局將大力支持海西經濟發展，積極推進構建海峽兩岸旅遊合作體系，打造「海峽旅遊」品牌。國家旅遊局把「海西旅遊區」列為中國「十一五」期間優先規劃和建設的12個重點旅遊區之一；把已辦4屆的「海峽旅遊博覽會」培育成推動海峽兩岸旅遊合作交流的重要平台，適當增加赴台旅遊配額和赴台旅遊組團社的名額。

第四節　新形勢下閩台旅遊雙向對接的對策與措施

以上對閩台旅遊現狀和做法及存在問題進行分析，並提出閩台旅遊面臨的挑戰與機遇，其目的都在為進一步加強閩台旅遊合作。而主動應對「三通」新形勢，求旅遊雙向對接的目的有兩個：一是經濟面，使福建成為中國旅遊強省；二是政治面，培養台灣同胞的感情。而要達到此目的，關鍵在於提出適合閩台旅遊的對策措施與建議。因此，求旅遊雙向對接的對策措施與建議是本調研的重點。由於是雙向對接，就有與台灣方面發生的問題，由於要躋入中國旅遊強省，就有可持續發展的問題。因此，擬從操之在閩，促旅遊雙向對接；閩台合作，搭旅遊雙向對接；持續發展，拓旅遊雙向對接三個層面提出對策措施建議。

一、操之在閩，促旅遊雙向對接的對策措施建議

1.客源市場的鞏固與擴容，保持較好的發展勢頭

旅遊客源的保障和提升是雙向對接的目的。近年來，台胞到福建旅遊目的多以宗教朝聖、探親謁祖、商務旅遊為主。現在不僅這些傳統已有的優勢要加強鞏固，而且要在這些項目上不斷擴容，以及策劃新的客源，增加台胞來閩旅遊的數量，保持來閩台胞有較好的發展勢頭。

措施一：做強盤活已有優勢，促其有更多的客源來閩。一是宗教和民間信仰朝聖的旅遊潛力較大。台灣佛教寺廟、民間信仰的宮廟遍島林立，信徒總量超過台灣總人口數（有不少信徒的信仰是重疊），而這些宗教和民間信仰的信徒到福建旅遊的並不多，以在台影響最大的莆田湄洲媽祖，累計至今來進香也不到200萬人次。佛教界除辦幾次較大規模的祈福法會，每次有4000人次左右，還是兩岸四地的佛教信徒，零散的總量也不大。保生大帝除辦3屆文化節，邀請較多的台灣信眾外，其總量也達不到1萬人次。因此，吸引台宗教和民間信仰的信徒來

閩朝聖的潛力非常大。在「三通」開放後，由於交通的便利及台當局政策較開放，台信眾赴閩朝聖旅遊的積極性會更高。福建旅遊機構要把握機遇，抓住佛教和民間信仰在台有眾多的信徒以及朝拜祖廟的特殊心理因素，擴大信徒量，爭取年年客源有突破。

建議：莆田、廈門和東山旅遊部門及民間團體對以往接待來閩朝聖的團組進行一次較為完整的盤整，根據「三通」新形勢，結合當地旅遊各自特點，想法出招，促使台灣信眾來閩旅遊。

二是尋根謁祖，宗親懇親的客源充足，主動激勵在台鄉親的積極性，來閩認祖尋根。台灣人口中除1.5%為原住民，10%左右為「外省人」，13%左右為客家人，客家人大多是從廈漳泉入台的，75%的閩南人基本上是來自福建。因此，目前台灣居民中有80%以上的祖居地在福建都可以找到。在2300萬的台灣人口中，80%就是1840萬，扣除10歲以下約占10%，75歲以上（出門不便）的老人約5%，合計約15%，也就是說可出門旅遊的有65%，即1495萬。這些都有可能回閩尋根謁祖，都是福建尋求對台旅遊對接的主力軍。

建議：一是發揮各地姓氏宗祠的作用。全省各地的姓氏宗祠主動尋找在台鄉親的所在地，各宗祠只要找到在台鄉親的所在地，聯繫就方便了，一個姓氏宗祠可能就是一個村莊或一個鄉鎮，幾百號人甚至幾千號人。他們不一定馬上來，也不一定都會來，但起碼是客源的儲備區。只要他們認為時機成熟，條件具備，經費解決，肯定都會想回祖居地看看，這畢竟是中國人的傳統。二是各縣市地方志或相關機構組織力量研究此方面問題，將各縣市姓氏宗親梳理一遍，花些精力找出在台相關宗親，必要時政府部門給予一定的經費支助。三是舉辦大型的宗親懇親活動。不僅要組織好，服務好，而且要善於從中挖掘新的客源。

以上兩大項福建對台傳統優勢，只要各級政府、旅遊機構運用得當，組織有方，規劃有序，目標明確，來閩旅遊的台胞客源將是源源不斷。

措施二：利用金馬航線，結合台島內政策，激勵在台有一定時間的遊客來閩。以經濟實惠打動兩岸遊客。從打動台灣民眾角度看，台灣各機場到廈門的空中直接飛行往返費用約8000元新台幣上下，若經金門僅需5500元台幣，可節省

3000元台幣。再若按台灣目前政策規定，65歲以上的人在台灣島內的航線可半價，這樣65歲以上的人員往返費用僅需2900元台幣，可節省5600元台幣。而從時間上僅比直飛多在金門中轉和金門到廈門的乘船時間，由於目前金門與台各機場飛機到金門後，與廈金線的對接已經非常到位，時間非常短，有業者計算，僅多出70分鐘。從以上兩角度計算，就可以得出這樣的結果。用70分鐘的時間可賺3000元台幣或5600元台幣，也就是月薪48萬元或90萬元。這對於大量不趕時間的民眾有非常大的吸引力。從打動大陸遊客角度看，時間僅多70分鐘，可減少旅遊費用700元人民幣，更是大陸遊客所喜歡的選擇。

措施三：結合文教交流，做強做大台客入閩。首先進一步推動台中小學生來閩畢業之旅。台灣中小學校有1196所，每所都有幾個班級。若平均以3個班級計算，就有3588個班。台灣中小學生畢業時，有組織學生作畢業之旅的傳統習慣。近幾年已有一些學校組織學生利用假期赴閩旅遊，孩子的畢業之旅不僅能遊覽大陸風光，還能多接觸人群、社會，多長知識，是家長所喜歡投入的，正在逐年擴大中。中小學寒暑假有3個月，占全年的1／4，有非常優勢的時間保障；且客源每年在變化中，是源源不斷的，是做好雙向對接的重要客源及有時間的保障。福建要力爭台灣每年有1／10的班級，即近400個班，每批有30人，就有12000人次；而暑假有2個月，還可多批往返。

建議：一是全省9個地級市的教育主管部門與台灣相關係統聯繫，兩岸兩校學生開展各種形式的夏令營活動，拉動中小學生的客源。二是建立機制，條件成熟時，不同學校與台學校結成姐妹校，以利長期往來，確保客源永遠不斷。三是福建旅遊部門以特定對象推出特定旅遊線路來吸引台中小學校。

其次文化領域的商務旅遊是福建旅遊的一大特色。由於福建是對台的前沿陣地，與台文化領域的交流已有20多年的歷史，因此來來往往的商務旅遊已司空見慣。「三通」直航後，尤其馬英九上台，其鼓勵台文化深入大陸，廣泛接觸，台文化領域方面將有更多的人士到大陸。福建應把握時機，不僅不能讓此領域弱化，且要拓深渠道，廣納來客。此方面由於包括行業、部門較多，如藝術、學術、體育、衛生、新聞、科技等，人員非常廣泛。因此客源也就非常可觀。

建議：一是籌劃舉辦閩台地方藝術大會演。將原單獨的各種劇種交流串成一整體的藝術活動，形成合力，擴大影響，帶動客源。二是文化各領域加大舉辦交流交往活動，廣迎台灣來客。三是挖掘渠道，對口對接。頒布激勵各領域與台往來的措施，積點成面，積少成多。

措施四：頒布優惠政策，促使台客對閩的嚮往。由於「三通」後，台灣遊客有較多的選擇，目前起碼有21個航點可入境，其周邊的旅遊資源與旅遊品牌在在都在吸引台遊客。福建除已有的幾個旅遊品牌外，沒有更多有特色的旅遊品牌與其他省份競爭。因此，從對台遊客提供必要的優惠政策入手，可能是先行抓住遊客的必要手段。

建議：一是由省旅遊部門公布台65歲以上的老人在閩憑有效身分證明可享受景區門票的免費，並一次在旅遊報價中突出註明。二是對於小學學生的畢業之旅給予景區門票全免和中學生給予半價優惠，實施範圍適用於全省景區。三是發放貴賓卡。給來閩的台胞頒發貴賓卡，凡是經福建口岸入境的台胞，以福建省政府的名義頒發給他們貴賓卡。貴賓卡累積到多少的情況下，可享受何種待遇，列出幾種層次。這樣可激勵台胞從福建口岸進出，體現福建人民政府和居民對台胞的尊重，體現福建希望台胞把福建當做家常回來走走，更體現福建寬容的心，進而廣納台遊客。四是對從海上直航直接進入福建港口的船隻給予免收停泊費等相關費用，如宗教直航的船隻、參加在閩大型展會的船隻。

措施五：爭取大陸其他省份的遊客也可遊金馬澎。此一政策若得到許可，必將刺激一定量的大陸其他省份遊客赴金馬澎。而遊金馬澎必先到福建某地區，就刺激了當地的消費。由於目前大陸居民赴台遊仍受配額所限，且在短期內難做到自由行，因此金馬澎遊是大陸居民的另一選擇。

建議：大陸中央在開放大陸城市可赴台灣旅遊的同時開放可赴金馬澎遊，開放的範圍與開放大陸城市可赴台灣旅遊同時發布。福建應在此方面繼續爭取（此政策9月7日已開放）。

2.旅遊精品的打造與創新，聚焦兩岸遊客眼球

精品旅遊是閩台旅遊雙向對接的關鍵。只有好的旅遊線路，獨特的旅遊景

點，才是吸引遊客的重點。因此，打造和創新旅遊精品是各旅遊部門所需精心策劃，線路的合理銜接、停留時間的適中、價格的合理定位等都是遊客考慮的重點，也是能否吸引遊客的關鍵。

措施一：以時間定線路。根據目前兩岸空中直航天天有班機的現實，結合福建各景區遊覽的具體時間，去推算出幾天的旅遊線路。時間定線路，其好處可適合台灣各階層人士的需要。

建議：由省旅遊局牽頭，結合各地景區遊玩的天數，詳細規劃出不同時間（天數）遊，並在福建海峽旅遊網或福建旅遊之窗網公布，或向台灣旅行同業公會報備，以利台遊客和台旅遊機構選擇，及時組織台遊客。

措施二：目前必須以「廈門、福州進，廈門、福州出」為原則，今後隨條件變化再調整。因為是赴閩遊，暫排除由外省航點出境，而閩台旅遊雙向對接，目前開放的口岸是廈門和福州，武夷山等機場尚未開放。因此，在尚未開放福建其他機場的情況下，一定要把握「廈門、福州進，廈門、福州出」的原則去安排旅遊線路，打造和創新旅遊精品，最大化地吸引台灣遊客來閩。

建議：根據省「十一五旅遊專項規劃」中的一區兩帶、四大集群、四大旅遊中心城市，以及省精心打造的十條旅遊線路，作出詳細規劃和報價，也可脱開規劃中的內容，根據實際天數的要求進行合理的增減，目的只有一個，讓台灣遊客真正覺得合理，讓台灣旅遊機構認可適合台遊客的口岸。

措施三：保單一，建多元。即目前各景區的遊玩單一性，要有所提升，即遊得痛快、住得舒適、吃得高興、玩得心安、行得安全、購得舒心。遊客心態，即花了錢就玩得「物有所值」。因此福建目前的景點大多太單一，除名勝風光，各地不同景色外，集休閒、娛樂、購物於一身的景區尚不多，缺乏吸引「回頭客」的魅力或亮點。或者説，沒有讓遊客記得很牢，一輩子不會忘的旅遊產品。

建議：先在福建幾個主要著名景區，如武夷山、廈門、大金湖和湄洲島等著名景區，在規劃上注入休閒、娛樂等內容的旅遊配套設施建設。如香港的海洋公園，一進入海洋公園，遊客想看景色就看景色，想玩各種遊戲就玩各種遊戲，想坐下休息同時觀看表演就坐下休息，想體驗某種娛樂活動就參與某種娛樂活動。

當然，目前福建任何一個景區尚未具備像香港海洋公園那樣的條件，但要根據各景區的地理位置的特點去規劃建設一批除純遊玩外的旅遊輔助功能，打造成福建叫得響的旅遊品牌。

措施四：連點成線。目前旅遊給遊客最大的體會，感覺就是都在車上過，如旅遊時常戲稱的「上車睡覺，下車尿尿」。這主要是旅遊景區各區之間行程過久，而到了景區，幾個景點逛逛，照了相就急著上車所造成的感覺。這就要求旅遊行業，將福建目前計劃的旅遊精品線路作進一步的加工和調整，最好能將點與點之間，還有那些景點，雖然不是很出名，但值得一看（一停）的再串起來，以縮短點與點之間行程長的感覺，讓遊客到福建旅遊有「上車正回味，景點又映入」的感受。一路遊覽的時間多於行車時間，讓遊客走任何一條線路都會有不虛此行的感慨就好了。

建議：再挖掘景點，從遊客的不同心理需求出發，如2008年5月台灣踩線團成員考察後，就認為寨下大峽谷、圓博園、日月谷、九龍湖等景點也很不錯，適合不同層次的遊客需求。因此，從遊客心理看（除專項旅遊外），不一定所有景點都是每個人所能接受，但也不一定所有景點都是遊客所不能接受，景點好與不好，取決於遊客個人的感受。所以旅遊機構要將同一線路的主要景點串成線，這樣才能吸引更多的遊客。

3.推介活動的深化與成效，激起遊客旅遊興趣

旅遊產品的推介是保障旅遊雙向對接的必要前提。推介活動的深化與成效是旅遊產業必備功課，只有有效地推介，才能保證一定量的遊客，才能使旅遊產業穩定發展。推介活動主要是要向台灣遊客說明，福建有什麼好玩？與台灣有什麼異同？大陸風景名勝那麼多，為什麼要到福建玩？怎樣才能玩得價有所值？有什麼好買（紀念品、小吃、土特產），可送親朋好友等。

措施一：藉助同行，在島宣傳。一是充分發揮有關兩岸旅遊節的作用，擴大邀請台灣旅遊同業公會參與和協辦，透過專項節日及時推介福建各地的旅遊項目、旅遊線路、旅遊產品，讓台灣同行在台媒介宣傳介紹福建旅遊，如「中國武夷山旅遊節」等。二是利用福建每年舉辦的幾次大型經貿活動，如「9.8」投洽

會、「5.18」海交會、「花博會」等，開辦「旅遊論壇」或增設「旅遊招商項目」。三是主動與台有實力的旅遊同業公會建立常規的聯繫機制，及時將福建旅遊動態、訊息向他們通報，希望他們向台媒介推介，以達藉助台媒體向台民眾介紹。

建議：福建旅遊部門組織「台灣名記（記者）福建遊」活動，讓台主流媒體在遊風景的同時，發揮記者、新聞工作者的職業敏感功能，對福建旅遊資源等作一全面介紹。

措施二：景區聯手，協力宣傳。即打破目前福建各景區各自為政的局面。景區之間沒有跨景區推介的責任與義務，景區不聯手宣傳，無法形成強大的合力，無形中削弱旅遊產業的收入，浪費了旅遊資源。單打獨鬥的結果，好像對自己的景區有一定的成效，實際上從長遠看是不利於整體旅遊業的發展。因為單一景區的旅遊特色可一時滿足遊客，而不能長久回味，只有區區聯手，才能使遊客遊興持久。因此，景區間的聯手，互推對方景點的旅遊特色是保障福建旅遊業的必要舉措。

建議：制定推介跨景區的定期彙報制度。即在規定的時間內，福建各主要景區機構向省旅遊主管部門彙報此一時期內如何推介別的景點，推介了多少組團，怎麼推介等，久而久之，形成習慣，就整體上擴大了宣傳力度。

措施三：大型活動帶動宣傳。即福建每年有幾種大型旅遊節慶活動，如莆田湄洲文化節、廈門保生慈濟文化節、泉州海上絲綢文化節、東山關帝文化節等傳統節慶，在吸引台遊客的同時，不斷推出新的「賣點」或製作宣傳品向來閩的宗教旅、文化旅、民俗旅、尋根旅等參與遊客介紹或派送；以期達到以一帶十的形成效果，造成吸引遊客的目的。

建議：在舉辦的大型旅遊節慶中，隨著常規的傳統宣傳做法上，賦予新的推介內涵，如給予多次參與該活動的嘉賓頒發最受歡迎獎或每次活動中評價出或抽出幾名最具代表的嘉賓，並給予該獎一定含量的優惠措施，激勵來閩旅遊的興趣。

措施四：深入島內，直接宣傳。旅遊雙向對接最直接的手段，莫過於直接進島推介。福建已做了不少工作，如首次在澎湖舉辦旅遊展示推介會、參與海峽兩岸台北旅遊展、組織旅遊業界赴台考察等。入島宣傳的最大成效，一是本身就是宣傳。二是能引起台同行公會的積極參與，帶動相關地區的民眾認知。三是吸引台媒體的關注，或多或少會有一定的報導和曝光率。四是考察所經線路必將受到當地有關部門的重視，引起一定的注目。

建議：一是把握台各縣市的旅遊活動規律，以共同承辦或協辦方式入島，推介福建旅遊。二是9個地級市在有條件情況下，逐個赴台考察，形成密集的福建旅遊團來台考察的印象，不斷衝撞台遊客的神經。

措施五：健全網路，擴大宣傳。民眾透過網路瞭解世界是當今最盛行的渠道，台灣網路非常發達，尤其是年輕人大多充分利用此現代化工具瞭解訊息，是他們溝通外界的主要平台。因此充分利用網路傳達福建旅遊訊息至關重要。目前福建已有福建海峽旅遊網可供選擇。

建議：加強福建海峽旅遊網路的建設，及時更新旅遊訊息，增設新、奇、特景點專欄、最佳旅遊線路，設立網路諮詢服務，目的只有一個，讓台灣民眾在家就可以瞭解福建旅遊的所有資訊。

4.旅遊行業的管理與服務，提升旅遊產業的活力

旅遊行業的管理與服務是閩台旅遊雙向對接的基本條件，是吸引遊客的另一重要「景點」。管理得好，優美舒適的景區讓人心曠神怡；整潔乾淨的環境讓人流連忘返；服務周到使人賓至如歸；幽默風趣的解説讓人笑口常開等，都是保障「回頭客」的必備條件，也是旅遊產業真正活力所在。

措施一：景區的管理有待加強。旅遊的最主要目的就是遊覽景區，景區管理的好壞決定了遊客的直觀評價，也是能否吸引回頭客的主要原因。因此，景區的管理就是雙向對接重中之重的工作。一是景區中的重要景點要有強有力的保護措施，要有持續發展的觀念，不能因為賺錢或為了吸引遊客而對景點保護有所不利，任何不利於景區保護的措施都要在排除之列。二是景區內的遊覽線路合理，儘可能不走回頭路。目前，福建大多景點基本上都可以做到，畢竟是長期接待遊客而形成了最佳線路。但有些景區由於受地理因素的影響，不得不走回頭路，應

該考慮有沒有改造的可能或在走回頭路時，導遊不能一味地要求遊客回去怎麼怎麼走，幾點在什麼地方集中，而是自身要有能集聚遊客心理的其他內容來吸引，不會造成遊客興沖沖遊覽，而累垮垮地往回走，會對景區的興趣減少不少。三是景區環境的美化是體現該景區管理的水平。只注重景點而不注意周邊環境，同樣讓遊客有減分的效果。此外，各種指示牌要有明確的標示，讓遊客一目瞭然，如洗手間、另一景點的標示，標示設計能有創意就更好了。四是附屬設施的到位、人性化，如景區較危險的地方，兩側有保護欄，又如多為老人、行動不便及小孩設置必要的途中方便設施。五是伴手禮、土特產的推銷要熱情而不要煽情，要多重介紹少強行推銷。遊客一到一景點或多或少會有購買當地的土特產慾望。因此，各地景區的伴手禮設計一定要有當地的特色，且要擺在主要位置。目前給人的感覺，福建境內的景區商品千篇一律，讓人感覺不出哪些是當地特產，形成在此景點買不到到別的景區也可以買得到的感覺。因此，各景區對於伴手禮一定要非常突出，要做到如果不買到別的景區就買不到就非常成功了。

建議：一是各景區都有管理制度，也都有監督機構，但從全省角度設立鬆散型的評鑒組織，定出相應的標準，每年定期不定期地進行考核。二是組織專家結合當地景區的同人全盤對福建各景區的景點保護、環境的布局、線路的安排、附屬設施的設立等作一次全面評估，確實改進可改進的部分，使每個景區都能讓遊客不虛此行。

措施二：旅行社素質有待提升。旅行社是面對遊客的第一窗口，能否得到遊客的認可，就看旅行社的素質高低所決定，是求雙向對接的首要門戶。一是要有明確的服務項目，一個旅行團交給你，你能做到什麼，讓遊客享受到什麼，要一目瞭然，即讓人消費得心服口服，也可減少不必要的糾紛；要改變任何項目一定要與旅行團協商，不可隨意更改，更不能隨意減少。二是合理的價格定位。價格是遊客非常關注的焦點，也是吸引遊客的主要標的之一，要以合理的價格爭取遊客，而不是以「短斤少兩」的方式欺騙遊客。去掉一些模糊用詞，如相當於三星級賓館、三星級賓館四星級服務等，又如各景區門票多少，實際報給對方多少要清楚向旅遊團說明，還如幾菜幾湯，也要相應地明確，合理的價格定位確記不能因同行競爭而有違規亂殺價，避免不必要的無序競爭。三是安全的旅途措施。安全是旅遊前提的前提，是首位的。因此，旅行社在接待旅行團時，一定要詳加説明。目前此點較為缺乏或基本沒有。由於福建境內的旅遊多以汽車作為主要交通工具。因此，各旅行社要在服務項目中，註明什麼牌汽車、汽車有幾成新、內部設施如何，甚至開車師傅的駕齡等，所住賓館周邊的治安情況，沿途的路況等詳加説明，是吸引遊客的重要手段。四是特色的旅遊用餐。用餐雖然不是遊客最關心的，這是由於遊客長期養成的心理準備，實際上是很在意的一個大問題。因此，在落實幾菜幾湯的同時，要儘可能體現當地的特色菜餚。此外，用餐環境的衛生是有必要考慮的前提。

建議：一是建立浮動的報價體系，即根據各景區不同的幾日遊，制定相應的報價標準，允許上下浮動的幅度。雖然旅遊是按市場規律運作，在此規律內作必要的措施規定應該是可行的，目的是防止行業內的惡性競爭。二是建立清晰的消費觀念，即旅行社儘可能做到讓遊客明明白白消費，安安心心地遊玩，能否要求所有旅行社在接待旅行團時，必須給每位遊客各一份詳細的服務項目表。

措施三：導遊的服務有待塑造。導遊是遊客遊覽時的第一老師，遊客在遊覽美麗的景色的同時，也希望有一定的知識收穫。導遊也是陪伴遊客全過程的朋友，與遊客互動是導遊必備的功課。一是全陪與地陪的默契。目前旅遊大多由全陪與地陪相結合，即全陪負責全程的行程，地陪以當地景區服務為主，有時會有各負其責的現象。即一到地陪管轄的範圍，全陪就「消音」了，甚至以尊重地陪為由，不怎麼管，實際上兩者能一唱一和就更有趣。當然這一唱一和是指較能默契地給遊客傳達知識增加印象。二是幽默風趣的解説是導遊功力的體現。導遊的培訓與持證上崗就顯得非常重要。三是導遊與遊客互動是旅遊途中非常重要的。這是體現導遊素質高低的方式。兩者互動得好，整個旅程歡歌笑語，減少疲勞，且回味無窮。互動不理想，彼此都很累，只想早休息。因此，導遊如何把握遊客的心理，何時要互動，互動什麼都是藝術。四是放心地旅遊購物。遊覽過程難免會在景區或到專門的商場購物。購物是遊客所喜歡的，但也有所擔心，即被宰。現在大多導遊已不涉及其中了，但導遊能隨時提醒遊客或報出某些土特產的等級及相應的參考價格給遊客參考那就非常到位。然而絕對杜絕與當地結合一起遊説遊客購買。

建議：一是持證上崗是必要的，但實習期一定的時間保證或以實習過多少次為標準才能上崗。因為導遊間的解說千差萬別，有的讓人噴飯；有的讓人感覺虛應故事；有的讓人意猶未盡。二是各景區最好能統一導遊服裝，形成另一條「風景線」。

5.旅遊經濟的創收與政治效益，爭取政經雙贏的局面

有充足客源的保障，旅遊精品的吸引，主動推介宣傳以及良好的管理與服務，福建旅遊的經濟創收就自然體現。由於福建是對台工作的前沿陣地，也是與台灣人民交流先行區，因此在注重旅遊經濟創收的同時，要體現政治的效益，做到旅遊與爭取台灣民心相結合，創收與培養台灣民眾情感相結合，達到政經雙贏的局面。

措施一：從閩台同根細說閩台一家親，融兩岸本是同根生於導遊解說之中。閩台旅遊的特點之一是閩台同根。一是針對尋根謁祖型的旅行團，重點圍繞祖先如何到閩又到台進行詳細解說，以文物、實體勾起台灣遊客對閩、對大陸的真實認知。二是針對懇親團，從姓氏來源、發展細說先民的艱辛創業，發揚中華傳統的美德。三是針對建築相似，從閩、客人的居住建築特點詳解祖先的智慧，是我們共同的財富。

建議：組織專家學者對全省主要景區內與台灣在宗親上密切關聯的景點進行考察，找出在台相對應的地區、姓氏等編排成冊，供各景區使用，著重閩台同根的含量。

措施二：從民俗相近入手，融兩岸文化同源於遊玩中。閩台旅遊另一特色是民俗相近。一是針對閩台兩地民間信仰相似，甚至在台民間信仰其祖居地在閩的特點，在解說中側重渲染，如湄洲媽祖、青礁保生大帝。二是針對閩台兩地民間相同的習俗，如漁民崇拜媽祖、生意人崇拜關帝、保平安求保生大帝等，福建如同台灣一樣，在特定的節日、特定的環境、特定的需求都要祈求膜拜，傳達閩台兩地文化接近的訊息。

建議：對幾個重要的民間信仰景區的導遊培訓或考取導遊證時，將此方面作為一個重點或一個必要組成部分進行考核，以利解說中時時不忘閩台兩地的共同

特點。

措施三：從山海一體的景色相似融兩岸人民情感於風景中。閩台旅遊再一特點是山海一體。台灣有阿里山、日月潭、太魯閣、墾丁公園、高山族風情、熱帶風光等，福建有武夷山、大金湖、圓博園、漂流、惠女風采、閩東山海 鄉民俗以及濱海美麗的景區等。這些與台灣有許多相似的山海景觀，都是聯結台灣民心的題材，是增進相互瞭解的載體。

二、閩台合作，搭旅遊雙向對接的對策措施建議

主動應對「三通」直航，求旅遊雙向對接。首先是福建旅遊本身的資源、優勢、品牌等，來促使台灣遊客來閩旅遊。在此基礎上，就要尋求向外發展，而福建的旅遊特色就是對台。因此，福建旅遊搭起與台灣雙向對接就非常自然了，就要建立雙向對接的各種平台，資源互享、訊息互通、產品互補、線路互通等。搭旅遊雙向對接就成為福建旅遊業發展的重要課題。

1.落實已對接項目，拓展可對接渠道

自「胡連會」後，福建旅遊系統就與台灣旅遊部門簽訂了旅遊資源對接合作協議。「兩山兩水」的對接內容在落實中，某些內容因政策所限有所受阻。隨著「三通」直航後，「兩山兩水」要抓住機遇，落實協議內容，做活協議涵蓋條件。在此基礎上，福建旅遊仍有許多資源、項目、訊息、業務可與台灣旅遊進行對接，切實搭起旅遊雙向對接的平台。

措施一：拓展旅遊資源的對接。一是歷史旅遊資源對接。自開放大陸居民可赴台灣旅遊後，桃園縣馬上啟動「兩蔣」陵寢，不僅吸引了眾多台灣遊客，也是大陸遊客的主要景點之一。大陸自開展「紅色之旅」後，以古田會址為中心的紅色之旅也吸引了不少大陸遊客，而對於國共歷史的一段，對於吸引台灣研究歷史的人員和對國共歷史感興趣的遊客是一個不錯的選擇。因此，將「兩蔣」陵寢與古田會址的紅色之旅作一對接。二是名人效應對接。鄭成功收復台灣後，在台灣

留下許多古蹟，尤其在台南縣市為盛，而鄭成功的祖地在泉州地區，以鄭成功史蹟對接兩岸。三是海岸風景線資源對接。台灣的花東地區沿海風光，近幾年吸引了大量的台灣遊客，也是大陸遊客遊後認為是非常好的旅遊景區，而福建這方面的資源就更加豐富，如福建沿海已開發的渡假村等，以海岸風景線對接。四是特殊的民族風情對接。台灣有高山族風情，如阿美族、卑南族等，他們都有自己特有的民族風情，而福建閩東山海　族以及不是少數民族的惠安女風采。此外，台灣還有許多著名的景區，如台北市陽明山公園；台北縣漁人碼頭、淡水老街；新竹縣的五指山；新竹市的台灣省歷史上第一個進士鄭用錫住宅；南投縣除日月潭外，還有在台出名的「藝術大道」；彰化縣的花潭鄉建立的「台灣民俗村」是吸引遊客最多的遊樂區；台南市的赤嵌樓、安平古堡、億載金城、延平君王祠、孔廟等；屏東縣的墾丁公園；花蓮縣的太魯閣峽谷；台東縣的長濱文化遺址、卑南文化遺址、都蘭巨石文化遺址等台灣古人類遺址，知本森林遊樂區，蘭嶼、綠島熱帶風光等。

建議：根據台灣各縣市的旅遊特色及其所能吸引遊客的原因進行排查，找出與福建較有影響的景區、景點進行合理的論證，條件成熟時，逐個資源對接，量多必然帶來客廣。

措施二：建立節慶活動項目對接。一是大型民俗活動互派團組參與，如莆田湄洲媽祖、台灣雲林北港朝天宮、台南大甲鎮瀾宮，每年都舉辦活動。二是各類型的旅遊活動，如福建舉辦的「海峽旅遊博覽會」，台灣各地自己的旅遊節日，如苗栗每年12月舉辦草莓溫泉節。三是互為邀請雙方的聯誼活動。

措施三：訊息平台對接。訊息的獲取是當今旅遊的重要手段，大多遊客都是從不同訊息渠道而瞭解各地的旅遊訊息，進而決定是否出遊。因此，閩台訊息平台對接非常必要，網路訊息是訊息平台重中之重。福建已與台建立部分的網路訊息平台，這些無疑為旅遊雙向對接開了好頭，也為擴容客源發揮了積極作用。因此，訊息平台對接是至關重要的。一是有條件的縣市旅遊網主動尋求台灣相對應的旅遊網相互鏈接，互推旅遊產品、互通旅遊資訊。二是旅行社之間的訊息對接。福建涉台旅行社要根據各自的業務特點與台一家或多家加強溝通，透過定期不定期地熱線聯絡或其他通信方式，及時將各種旅遊訊息的變化向對方通報。三是互設旅遊專欄或專屏，即福建旅遊協會與台灣多家旅行商業同業公會在各自的場所開設旅遊專欄或旅遊專屏，及時更換或滾動播出對方的旅遊訊息，讓遊客隨時都可以掌握各地的旅遊資訊。

建議：一是福建重要或在台已有較大影響的景區的旅遊機構，不僅建好自己的網路和訊息平台，而且要與台灣方面聯繫，走武夷山與阿里山模式，建起多渠道的網路鏈接。二是籌劃召開閩台旅遊訊息交流會，有計劃、有組織地加強雙向的訊息建立。

2.海上直航，突出線路對接優勢，形成雙向對接的緊密關係

「三通」直航後，海上直航只是時間問題。福建要充分把握其地理優勢，早與台灣聯繫協商，一旦海上直航開始，就馬上啟動，搶占先機。海上直航雖從時間面看不如飛機快，但對非上班族旅遊是一個重要選擇的交通通道。

措施一：港口對接。如基隆港對馬尾港、台中港對廈門港。台灣將開放7個港口，台北港、花蓮港、安平港、布袋港和麥寮港等。這些便利的海上省錢旅遊直航通道將是未來閩台旅遊的一個亮點。

建議：一是福建有條件的港口找準台灣相對應的多個港口作為對接，與相關機構進行可行性探討，摸索一條最便利、省錢、省時的海上直航通道，備有預案。

措施二：大型旅遊團組對接。目前政策情況下，爭取兩地大型團組主要是進香團、懇親團和商貿團經海上直航到對方口岸。因為隨著兩岸關係穩定發展以及馬團隊急於提振經濟的心理，閩台兩地這種活動會趨於頻繁。因此，做好大型旅遊團組對接就顯得有可能。

建議：一是福建幾條精品線路或9個地級市，一年組織一次大型的不同類型團組入台，爭取客源量的突破。二是福建一年有幾次大型商貿活動，鼓勵他們經海上直航入閩。

三、持續發展，拓旅遊雙向對接的對策措施建議

持續發展是在福建透過自身的努力促進了旅遊雙向對接，又在與台灣旅遊合作，搭起了更多的旅遊雙向平台的基礎上，就有了持續發展，力拓閩台旅遊雙向對接的永續發展。持續發展，即俗稱的中長期計劃，目的在於閩台旅遊雙向對接能得到全面昇華，成為閩台兩岸經濟的一個增長極。使福建不僅成為中國旅遊強省，而且一直處於中國旅遊重要位置。

1.旅遊資源的深度開發

福建旅遊資源非常豐富，武夷山是世界文化和自然遺產，福建土樓申遺成功，泰寧大金湖是世界地質公園，全省有4個國家級歷史文化名城，7個中國優秀旅遊城市，13個國家重點風景名勝區，10個國家級自然保護區，19個國家森林公園，8個國家地質公園和2個國家旅遊渡假區。

措施：對於武夷山、福建土樓和泰寧大金湖，重在保護。由於已有豐富的旅遊資源和獨特的風景，是福建接待遊客較多的風景區，長年累月的人來人往，處處留下遊客的足跡，難免會有遊客不經意的損壞，以及日月侵蝕的自然破壞。因此，這3處國家級的風景區要能保持永續發展，重在保護。對於歷史文化名城，重在發掘其深厚的文化底蘊，促其含金量越來越高。如泉州，對於海上絲綢之路的進一步探索。對於中國優秀旅遊城市，重在城市市容的規劃、人民的素質提升、生態的保護、綠色植被的養育，公園的增多與擴建等。對於13個國家重點風景名勝區，重在管理，布局合理，人性化的標誌及設施，門票的合理。對於10個國家級自然保護區，重在自然，為了吸引遊客難免有人工改造，就要求人工痕跡儘可能與自然混為一體。對於19個國家森林公園，重在天然氧吧的功能，做到森林步道多樣化，融生態文化教育於遊玩中。對於2個國家旅遊渡假區，重在功能多樣化，融休閒、娛樂、購物等為一體。

建議：一是旅遊資源區的市民文明素質的教育和提升，使遊客在景區真正體會回家的感覺。二是不管是世界級，還是國家級；不管是歷史名城，還是現代化

旅遊城市；不管是著名風景區，還是保護區；不管是森林公園，還是地質公園，都要明確相應的保護措施，要明確規定從旅遊收入中抽取一定比例的經費用於維護和再開發，要有資源留給下一代，代代相傳的起碼理念。

2.旅遊品牌知名度的提升

目前福建已經設立10大旅遊品牌，有的是名副其實，家喻戶曉；有的是福建及周邊省市所認知的；有的則是福建自身所感受的，還沒有叫響。因此，就有知名度提升問題。

措施：一是風趣的、朗朗上口的一句話提升知名度。如對浪漫的鼓浪琴島，就有「到廈門不到鼓浪嶼就不算到廈門」的說法，又如動人的惠女風采，就有「封建的腦袋，民主的肚皮」非常形象的概括。因此，10大旅遊品牌要創出打得響自己招牌的簡潔一句話，由地遊多次、反覆宣導，使到訪遊客一聽就笑、一聽就記得住。二是以獨有的特質提升知名度，如神奇的福建土樓，全世界只有福建閩西所特有，即使台灣有13%的人口是客家人，他們的祖先到台灣，帶去了所有文化，唯獨沒有將其特有的建築文化在台灣體現。三是以閩台共有的既有相似又有不同的景色提升知名度。如迷人的武夷仙境與傳奇的阿里山風光，奇特的水上丹霞與碧波蕩漾的日月潭，神聖的媽祖朝覲與大甲媽祖的壯觀繞境。

建議：以某種方式廣徵能概括風景區一句話的活動。

3.旅遊產品的多元布局

旅遊要走大眾化市場，要適合不同層次的遊客需求。隨著兩岸直航後，兩岸人員往來增多及範圍的擴大是必然的，而各赴閩的遊客是包括各行各業、各個年齡層次的。因此，旅遊產品的多元就會讓遊客有更多的選擇，以最大化的旅遊資源、旅遊產品吸引遊客，是持續發展的必不可少的條件。

措施：一是武夷山和湄洲兩個國家級旅遊渡假區，要充實休閒、娛樂功能，提高休閒、娛樂、渡假與觀光、朝聖相結合。二是大金湖、白水洋健全水上娛樂項目。三是早日開通福建——香港——台灣環海峽郵輪旅遊線路，使其成為中國繼長三角、珠三角和環渤海旅遊區之後的又一旅遊最佳目的地。四是仙人谷、梅花山等國家級自然保護區，要構建氧吧遊、親情遊、藝術遊等，使旅遊產品多樣化。五是泉州要爭取利用宗教、名人文化、閩台緣博物館、海上絲綢等開發多種旅遊產品，提供更多的服務項目。六是寧德三都澳已被評為「中國農業旅遊示範區」，可開發農家樂系列遊，如體驗遊、「古早味」農田農活遊等。七是全省各旅遊景區根據條件和針對不同層次遊客的台灣市場，如年輕人、老人、家庭等不同需求的群體，開發自助遊、探險遊、獵奇遊等，並包裝不同的旅遊線路。八是鼓勵台商在閩開發旅遊產品。

建議：一是頒布激勵投資旅遊產品的優惠政策。如在保護大自然的前提下，免費提供土地，待有營利才開始按政策徵收原該收的土地費。二是對全省屬於國家級的風景區進行一次較大規模的民調，並結合專家、旅遊部門對景區作一全盤檢討，或調整、或充實、或再開發。三是頒布扶持旅遊優勢項目。

4.閩台旅遊合作機制的建立

旅遊合作機制的建立是持續發展旅遊雙向對接的組織保障，是有序利用、開發旅遊資源的基本條件，是樹立旅遊品牌的重要支撐，是拓展旅遊產品的有效手段，是創政經雙贏的必要措施。

措施：一是建立互動的工作機制。旅遊是動態的，政策是不斷頒布的。因此，為適應閩台緊密旅遊合作關係，對接各種旅遊資源、項目等，必須有健全的互動工作體系。二是建立事務處理機制。旅遊事務涵蓋面非常廣，食、住、行、遊、購、娛等無所不包，即旅途就是家。因此，旅遊過程所產生的事務性事情非常多，建立事務處理機制是保障遊客權益所必須的。三是建立互為服務的機制。由於是閩台旅遊雙向對接，兩地各處的環境、意識等不同，遊客到對方旅遊的全過程拜託對方旅行社，如何以最佳的態度服務遊客是必要的前提。四是建立溝通與聯繫的機制。旅遊訊息千變萬化，客源某些不確定的因素始終存在，都需要及時溝通和聯繫。五是建立研究機制。旅遊是吃老本的行業，保護舊的資源，挖掘新的資源，不斷充實、創新旅遊資源。

建議：一是閩台旅遊部門在對方機構處設立聯絡員制度，視情擴大。二是公布旅遊熱線電話，指定專人負責。三是成立應急事務處理機構。四是組織專家學者不斷研究閩台旅遊雙向對接的新課題、新思路。

第五節　本章小結

本章對「三通」新形勢下兩岸旅遊趨勢做了研判，闡述了閩台旅遊的現狀及問題，分析了求旅遊雙向對接的機遇與挑戰，具體提出了對策措施建議。

在操之在閩方面：提出了客源市場的鞏固與擴容，保持較好的發展勢頭；旅遊精品的打造與創新，聚焦兩岸遊客的眼球；推介活動的深化與成效，激起遊客旅遊的興趣；旅遊行業的管理與服務，提升旅遊產業的活力；旅遊經濟的創收與政治效益，爭取政經雙贏的局面。

在閩台旅遊合作方面：提出了落實已對接的項目，拓展可對接的渠道；突出海上直航線路對接的優勢，形成雙向對接的緊密關係。

在持續發展方面：提出了旅遊資源的深度開發，旅遊品牌知名度的提升，旅遊產品的多元布局，閩台旅遊合作機制的建立。

結論：抓住「三通」機遇，提升福建旅遊體質；注入台灣活水，增強福建旅遊體魄；永久持續發展，躋入中國旅遊強省。

第五章　拓展閩台文化深入交流新作為研究

張羽[19]

海峽兩岸文化整合工程是歷史大棋局中的重要一環，爭議比較小，有大空間可操作。新時期，指日可待的「三通」新形勢為海峽兩岸的和解創造了新的歷史機遇，福建應弘揚閩南文化，深化對台文化交流，積極進行閩台兩地（海峽兩岸）文化整合工程，尋求更多集體記憶的交集，多角度、多渠道營造「兩岸命運共同體」的集體記憶和認知。

第一節　福建對台文化交流的獨特優勢與成績

台灣與祖國的文化親緣關係，首先最直接地體現為台灣與福建的關係。在福建，中原移民南徙入閩，至宋代基本完成；明末清初開始，南徙入閩的中原移民後裔大規模遷入台灣。台灣文化經由中原文化到閩南文化，再形成台灣的在地化發展。因此，閩台被視為一個共同文化區，在對台文化交流工作中，福建具有相當多的優勢，並取得了大量的成績。

一、閩台具有源遠流長的親緣、血緣關係，姓氏文化、祠堂文化影響深遠

閩台具有源遠流長的親緣、血緣關係，姓氏文化、祠堂文化影響深遠，閩台兩地的宗親、族譜文化交流已普遍展開，以尋根謁祖為主要內容的民間聯誼活動日趨活躍，在增強同宗同祖的認同方面取得了顯著成效。

台灣漢籍同胞祖籍大部分是閩南人，多對祖籍地、祖先懷有崇敬、嚮往之情，不論出生於何地，都以祖籍地為籍貫；不論家住哪，都會尊重同族人的郡望和堂號；一些台胞死後的墓碑上也刻上郡望和堂號，靈位也要送到祖籍地祠堂歸宗。祠堂文化和姓氏文化融合中國傳統儒學和宗法觀念，具有把人和地域聯繫在一起的特殊功能，又由宗族形成了獨具閩南特色的鄉村市鎮，對增進台灣民眾的認同感起著非常重要的作用。

福建省於1989年率先成立了「福建省姓氏源流研究會」；1996年在福州舉辦閩台族譜展和姓氏源流研討會；1997年在河南召開「閩台豫姓氏源流研討會」；1998年11月22日，在台灣歷史博物館舉行「追根究底——台閩族譜暨家傳文物特展」；2003年12月，廈門市召開了「海峽兩岸譜牒研討會」，並出版論文集；福建省姓氏源流研究會還出版了第一部姓氏源流類專著——《中華盧氏源流》，主持了連戰祖地族譜的審定和《連橫研究文集》的編審，主編了第一部大型的姓氏族譜類書籍《中華羅氏通譜》等一批有影響的姓氏文化書籍。福建各姓氏積極開展民間對台工作，承辦或即將承辦彭、何、施、蘇、賴、羅、傅等世界性的宗親聯誼大會。福建省江夏黃氏研究會一次就組織300多名台灣企業家到福建尋根謁祖；2007年9月20日，第一次海峽百姓論壇和閩台族譜展在福州舉行，使福建省在姓氏文化研究領域處於中國領先地位。

福建涉台族譜的研究工作也在進行，如2007年11月《故土親人——漳台尋根寶典》首次披露漳州346處涉台文物，400餘張圖片，為台灣同胞尋根謁祖造成按圖索驥的作用。2007年12月，漳州市博物館兩岸族譜對接成果展館正式開館，自源流篇——根在海這邊、對接篇——家住漳台間、交流篇——情深祭祖先等三部分組成，收集展出包括近百冊台灣族譜在內的104個漳州遷台姓氏族譜近700冊，以及兩岸宗祠堂匾、門當、戶對、公婆龕、木主、寫有郡望的燈籠等珍貴文物，還有漳州人遷台移民線路及分布圖、台胞祖祠照片、台胞尋根拜祖等資料。閩南閩西的一些縣都建立族譜館，僅上杭客家族譜館就收藏了1400部12000多冊族譜。

閩台兩岸宗親組織聯繫頻繁，單是泉州地區公開活動的宗親會，就與台灣的上百個宗親會保持著比較密切的聯繫。宗親會成為連接海峽兩岸最積極、最熱絡、最有親情的民間組織。此外，以祠堂管理委員會和老人會的名義存在的宗親組織，更不計其數。福建許多地方做到有「譜」可讀，有「祠」可拜，有「墓」可祭，為台灣同胞尋根提供了便利的條件。

二、以民間信仰作為中介和橋樑的文化交流產生非常積極的作用

幾百年來，閩南先民片帆渡海，篳路藍縷，在台灣開拓出一片新天地，同時也帶去了許多民間信仰。台灣廟宇林立，民間信仰盛行，上至政要富賈，下至平民百姓都對神祀寺廟頂禮膜拜，現各神廟中供奉的神祇有300多種，其中大都是閩南先民開台時帶去的，福建較著名的神祇如莆田的媽祖祖廟、鯉城的天后宮、安溪的清水祖師、德化的法主公、南安的廣澤尊王、惠安的靈安尊王、泉郡蕭太傅等，幾乎被遷台先民分香台灣，有幾百座的分靈分香。最近被列為國家重點對台交流項目且影響台灣的四種較大民間信仰有媽祖、開漳聖王、保生大帝、關帝，這四種神緣的祖廟都在福建。民間信仰已成為台灣民眾和福建祖籍地之間重要的感情紐帶，是做台灣人民工作最行之有效的方法之一。

台灣民眾特別看重從祖籍來的神靈，稱之為「桑梓神」，定期捧神像回祖廟進香謁祖，特別是在海峽兩岸無法正常交往的情況下，更是透過謁祖活動來尋求精神寄託，到福建尋找祖廟分靈和進香的信眾越來越多，形成了「『三通』未通，宗教（民間信仰）先通」的局面。

近年來，隨著兩岸關係的發展，兩岸民間信仰文化交流頻繁，如媽祖信仰是生活在海邊的海峽兩岸民眾所崇敬的最重要的神靈。1994年福建省考古博物館

學會與台南鹿耳門聖廟聯合在台舉辦媽祖文化，吸引百萬台胞前往進香；此後，福建幾乎每年都舉辦「媽祖文化節」，2008年正月初一至十六，湄洲島舉辦「湄洲媽祖聖地新春祈福文化節」，規模盛大，吸引兩岸民眾參與。

「開漳聖王」信仰也影響深遠，從1990年代末，雲霄威惠祖廟、檀林威惠廟、官園威惠廟等每年都平均接待來自台灣的「開漳聖王」廟進香團約兩三千人次，至今已接待台灣信眾數萬人次。其中又以雲霄為最多。還在1997年1月、2001年2月、2004年7月恭請雲霄威惠廟的「開漳聖王」神像前後三次入島巡安，每次都受到台胞極其隆重的迎接和歡送；2006年3月15日，漳州藍田檀林威惠廟的「開漳聖王」神像、官園威惠廟的兩尊魏媽金身同時應高雄道教協會之邀，入島巡安56天，其中一尊魏媽金身還在高雄左營慈安宮定居。

台灣的保生大帝紀念活動規模也越來越大，300多年來，每年農曆三月十五日保生大帝聖誕日，海峽兩岸保生大帝廟隆重慶典，萬民共祭。如今，從3月11—17日，每年都有成千上萬的台灣各地善信到白礁慈濟祖宮謁祖進香。屆時，宮前廣場連演數天大戲，通宵達旦。

台灣關帝信眾也不斷回漳尋根謁祖。1988年8月，台灣高雄文衡殿率先組織謁祖朝聖團抵達東山，晉祭關帝，並將精製的「追源謁祖」匾奉贈東山祖庭。1995年1—7月，東山關帝廟神像還從東山港乘船直航抵台灣出巡200多天，引得台灣數十萬信徒爭相膜拜，轟動全島；隨後的十多年間，台灣300多座關帝廟的15萬多名信徒先後來到東山關帝廟朝聖進香，2005年第十三屆東山關帝文化節就吸引了近千名台灣同胞前來參加。2007年頭兩個多月，已有2200多名台灣信徒前來東山關帝廟尋根。

兩岸佛教、道教同根同源，法乳一脈。2007年，兩岸佛教道教交流繼續保持熱絡勢頭。星雲法師兩次來大陸，舉辦墨寶展和出席佛教教育論壇，中台禪寺與靈隱寺結為同源禪寺。佛教已成為聯繫兩岸同胞，尤其是兩岸佛教信眾的重要感情紐帶。2007年4月，兩岸道教界共同舉辦國際道德經論壇，成為一時盛事。

此外，以宗教信仰為紐帶，還多次舉辦了文化學術交流活動，如「陳元光與漳州開發國際學術討論會」（1990年12月，漳州）、「首屆中國雲霄國際『開漳聖王』文化節」（2007年3月，漳州市雲霄縣）、「紀念保生大帝吳真人誕辰1010週年學術討論會」（1989年4月17—20日，漳州）、「海峽兩岸關帝文化論壇」（2006年6月9日，福建東山）等。

三、閩台兩地「小三通」，直接接觸合作早，經驗積累多，體現了最大的地緣便利

閩台兩地一水相隔，一葦可通，兩地最近處僅10海里，廈門同安距小金門最近處只有1000多米。廈門與高雄之間的航線為165海里，交通十分便利，早在「小三通」以前，兩地就已經直接接觸，開展海上小額貿易。「小三通」後，閩台直接接觸多，工作基礎紮實，積累了十分豐富的經驗，有利於閩台兩地更深入地合作與交流。

福建沿海地區自2001年與台灣管轄的金門、馬祖、澎湖等地直接進行通航以來，經過7年多的發展，取得了一定的成效。其中，廈金直航由於行程短、費用低廉，成為兩岸民眾首選線路。自2001年1月2日開始，該條航線年旅客吞吐量便持續攀升。2008年6月以來，隨著台灣方面進一步放寬「小三通」旅客條件限制，各條航線旅客快速增長，船舶載客率也不斷上升。據廈門邊檢總站東渡站統計，2008年7、8月份，廈金航線出入境旅客數分別達到8.1萬人次和9.6萬人次，連續刷新歷史紀錄。據台灣媒體報導，為推動「小三通」正常化，台當局「陸委會」再次為「小三通」鬆綁，決定將於2008年9月底開放大陸旅客可以經由金馬「小三通」中轉台灣。中台辦主任王毅也在2008年「九八投資洽談會」上宣布大陸居民可透過「小三通」直接進入台灣，9月25日廈門市委書記何立峰首次以大陸地方政府負責人的身分率團訪問台中市，也是首次從廈門五通海空聯運碼頭出發，經金門轉機直飛台中，率先打通了大陸居民經「小三通」直接進入台灣島的通道，具有示範意義。在直接實現「小三通」同時還將藉由開放小額、小量的農漁產品免稅進口、簡化通關程序，引導金馬地區的地下貿易全面合法

化。隨著兩岸交通的日益便利，閩台一日生活圈已漸成形。

四、福建與台灣的文緣關係與人文優勢凸顯

福建與台灣的文緣關係與人文優勢凸顯，兩地語言相通，漢字相同，生活習俗相近，以閩南文化為載體的民間交流方興未艾，促進台灣同胞對大陸的認同感。

從歷史淵源看，台灣民眾多與福建省尤其是閩南有著密切的淵源，對閩南區域文化有特殊的感情。台灣人常用的普通話、閩南話、客家話，都是由大陸移民帶到台灣，並流行於台灣的。漢字是兩岸人民共同使用的文字。閩台兩地歷史人文淵源深厚，在發展閩台兩地的各項交流交往中起著不可替代的作用。在開放建設台灣過程中，湧現了鄭成功、施琅、連橫、林語堂、沈耀初、林成祖、林文察、顏思齊、朱一貴、簡大獅、吳鳳等許多名人，近年來，福建加強對歷史人物史蹟的保護和修繕，這些歷史人物研討會在福建多次舉行，如「開漳聖王陳元光」學術研討會（漳州），「藍理、藍廷珍、藍鼎元」學術研討會（漳州），鄭成功學術研討會（泉州），施琅暨清廷統一台灣紀念活動學術研討會，弘一法師學術研討會等。歷史人物也成為連接兩岸城市的重要紐帶，台南市自2002年舉辦「鄭成功文化節」，2004年起，台南市即誠邀鄭成功出生地、鄭成功成長地等城市派團前往參訪，為增進泉州與台南的交流交往，發展兩市合作關係，泉州市四次組團赴台南參加活動。2008年4月底至5月初，漳州市也派出芗劇團和剪紙藝術家等赴台灣參加「鄭成功文化節」，參加閩南表演藝術交流、文化參訪、民間藝術展示等活動，與台灣藝術表演團體共同探討兩岸民間藝術和文化遺產保護與傳承等問題。

在藝緣方面，閩台是中國戲劇、民間音樂最豐富的地區之一。根據《中國戲曲劇種手冊》記載，福建有22個地方戲曲劇種，居中國的第二位。由福建地方戲劇、民間音樂傳播進入台灣的主要戲劇有車鼓戲、梨園戲、亂彈、四平戲、高

甲戲、木偶戲、布袋戲、歌仔戲等，而且在漫長的歲月中，這些戲劇、音樂在流傳中發生變異，演化成為台灣本地獨特的戲劇、音樂形式，比如著名的歌仔戲。閩台兩地戲曲反覆多次交融，有著極為密切的關係。近年來，海峽兩岸歌仔戲藝術節、海峽兩岸南音展演暨民間藝術節，先後在廈門舉行，閩台的戲團更是互訪頻繁。泉州南音大會唱至2005年，已舉辦八屆「國際泉州南音大會唱」，台灣藝人常年派人來泉州學藝。

閩南語歌謠、歇後語、傳說故事，以及書畫藝術、民間剪紙藝術、木版年畫、民間文藝等，都是閩台共同的地方民間文化寶藏，成為溝通閩台宗親心靈的藝術橋樑。2004年4月，兩岸燈謎藝術節暨漳州高雄燈謎姊妹會10週年慶祝大會在芗城召開，台灣高雄燈謎協會應邀參加了此次藝術節。2006年12月，漳州南靖縣舉辦首屆海峽兩岸茶文化節。台灣茶文化與大陸茶文化可以說是一脈相承。兩岸藉由茶文化交流，增進感情。台灣人和閩南人有很多相似性格，敢於冒險，敢想敢闖，愛拼敢贏，擅長商賈。因此，用閩南人做台灣人的工作具有天然的優勢。

五、閩台兩地在教育、出版、新聞媒體、影視合作等方面形成了一些品牌交流項目

近年來，閩台兩地教育、文化、科技、體育、衛生等各領域交流獲得新的進展。兩岸教育交流方面，福建省也是先行一步，積累了不少經驗，打下了較好的基礎，福建各高校與台灣高校簽署了多項校際交流與合作協議，開展了實質性的交流與合作。兩地高校教師互訪、講學、任教不斷增多，一些台灣知名學者受聘到福建高校任教。兩岸基礎教育、職業教育交流取得新進展。大陸方面推出一系列促進兩岸教育交流的措施後，台生踴躍報考大陸高校，青年學生是兩岸交流中非常活躍的一個群體，海峽兩岸學生冬令營和夏令營邀請了大量的台灣學生來大陸各地參加交流活動，形式多樣，效果喜人。

兩岸文化界組織、實施了一系列有影響的大型文化交流活動，形成了一批對台文化交流品牌項目。閩南文化、客家文化、媽祖文化等特色文化和多項優秀文化項目入島，受到島內民眾歡迎。透過交流合作，進一步密切海峽兩岸文化界的聯繫。

在新聞出版（出版品、報刊、廣電節目、音像製品、電子出版品等）交流方面，海峽兩岸透過舉辦書展、版權貿易、合作出版等多種方式開展合作與交流，在期刊版權、印刷複製業、數字內容產業等領域的合作日益密切。經由交流，台灣在出版方面企劃和行銷能力上的優勢，使得福建吸納了這些經營管理制度後，逐步改進了出版業的經營方式；而大陸廣大的市場，也提供了台灣出版商、書商更多的生意契機。1993年9月，海峽兩岸首次圖書交流盛會——海峽書市，在福州舉行。大陸有近百家大型圖書館，100多家重點出版社參展，台灣、香港許多出版社展出近年出版的各類圖書數萬種。此後幾乎每年都有舉辦，「2008海峽兩岸圖書展」在台中舉行，並設有印象廈門攝影展、廈門文化專區。

經過多年的積累，兩岸交流逐漸形成了一系列精品項目。「兩岸青年論壇」、「海峽青年論壇」等活動成為兩岸青年和大學生交流的盛會。「海峽兩岸科技人力資源論壇」成為兩岸科技界人士交流與溝通的平台，「海峽兩岸各民族中秋大聯歡」等活動成為兩岸少數民族交流與合作的大舞台。

六、閩南文化成為破解「文化台獨」最有效的工具

陳水扁執政時期，鼓吹「去中國化」，強調「本土文化」，企圖將台灣文化從中國文化中割裂出來，在方方面面製造台灣文化自成一體的輿論，例如在語言方面，藉推行「本土化教育」之機，邊緣化「國語」（普通話）的地位，以便逐漸削弱和淡化大陸文化的影響；用「通用拼音」取代「漢語拼音」，以進一步凸顯「文化台獨意識」。很多「台獨」勢力鼓吹的「去中國化」，實際上就是「閩南化」，他們要把歌仔戲變成所謂的「國劇」，而歌仔戲來源於漳州的錦歌。所

以，台灣當局所謂的「去中國化」政策，去不了閩南文化，台灣的文化直接源於閩南文化，而閩南文化又是中華傳統文化的重要組成部分。「三通」順利實現後，福建與台灣的文化交流將更為頻繁，用中國傳統文化尤其是閩南文化來批判「文化台獨」，可以使「文化台獨」不攻自破。因此，在促進祖國和平統一進程中，閩南文化具有不可替代的作用，發展閩南文化是化解「文化台獨」最有力的武器。

近年來，福建充分發揮閩台兩地語言、文化、民俗、宗教同源的優勢，以民間信仰、尋根謁祖、閩南文化、客家文化、鄉情鄉誼及學術、衛生、體育、閩南戲曲、曲藝、雜技、書畫、傳統醫藥文化、歷史文物、影視等積極開展兩岸的交流，已取得初步成效。雙方在各層面之往來日益頻繁，在交往之形式、管道及層次等方面均不斷地擴增與提升。福建各地市結合自己對台獨特優勢，打出「地方牌」，開展了多項對台文化交流項目，充分利用在親緣、血緣和文化淵源上的獨特優勢，圍繞閩南文化對台開展了多方位的文化交流活動，增進了兩岸文化同根同源的認同感，拉近了兩岸人民的感情，對做好台灣人民工作、反制「文化台獨」造成了獨特的積極作用。

第二節　福建對台文化交流存在的困難與問題

如果「三通」實現，福建對台文化交流的任務、職能、領域和對象都將呈現出擴大趨勢，這更增加了福建對台工作的重要性和必要性。表面上看來，目前閩台兩地的文化交流正走向密集化、規模化，但仍面臨許多困難和制約因素。探討20年來兩岸特別是閩台區域文化交流的問題與困難，就是為了鑒往知來。

一、海峽西岸對台功能和作用沒有充分發揮

1.對台工作還沒有形成全黨行為，一些地方黨委、政府和絕大多數民眾只是把對台工作看做是涉台部門的工作，對做好對台工作缺乏積極性和主動性，缺乏地方性的大政策、大措施，福建未能做到自上而下「一盤棋」，未能制定出有利於閩台兩地文化交流密切互動的時間表。

2.文化「軟環境」尚不能與滬、蘇、浙、深（圳）相比；一些對台部門服務意識不強、效率不高，當前兩岸交流的主要障礙在於政治干預、官僚作風與程序煩瑣，以及雙方互信基礎脆弱。

3.福建部分黨政人員對涉及政治、民主等敏感問題避而不談，一定程度上使台灣民眾對大陸的政治制度和一國兩制方針瞭解不多。

4.沒有很好地利用改革開放先行先試的政策優勢，膽量和氣魄不夠大，執政不夠靈活；大陸中央曾賦予了許多特殊政策，例如設立廈門經濟特區、保稅區、台商投資區、兩岸農業合作試驗區等，以支持福建在改革開放發展與對台工作中先行一步。但事實上，福建在大陸改革開放發展進程中，在活用政策方面，遠遠落後於東莞和崑山等地。

二、對台工作領導體制和具體政策不夠健全完善

研究表明，近30年來的兩岸文化交流，是在有限制的兩岸政策環境空間的約束下，呈現出單向、間接、民間的狀態，對台文化交流沒能向縱深發展。目前文化交流不平衡，戲劇方面的多，民間自發性的交流活動和民間信仰的多，主導文化、精品文化方面的交流有待加強。雙向交流的廣度、層次、規模受限，未打造出精品品牌；不僅文化交流本身未能實現其可能的發展規模，而且遠未充分發揮其對兩岸政治經濟關係發展的促進作用。

1.在具體工作中，各部門各自為政，缺乏協作意識、長遠安排，不少部門在開展對台工作中，互動和合作不夠。

2.現有文教交流格局重台北，不重台灣中南部。台灣中南部是大陸對台工作的薄弱環節，也是民進黨選票的主要來源地。台灣中南部民眾普遍受教育程度較低，所接收的大陸資訊，經過了台灣當局、媒體、政客和地下電台的「妖魔化」，因此，大陸所釋放出的善意和誠意，無法真實傳達到台灣中南部，那裡許多民眾有頑固的本土愚忠，多對大陸抱持敵對態度。閩南文化宣傳入島形式受限，我們應廣邀中南部民眾有機會實地瞭解大陸的實際情況，破除長期以來對大陸的各種誤解，增強他們對大陸的親切感和認同感。

3.與老一輩台胞交流多，對新生代交流少。隨著老一輩逐漸淡出政經舞台，台灣新生代對祖籍地的向心力、認同感遠不如上輩，對近代中日、國共之間的特殊歷史背景缺乏正確認識，多年來，國民黨避免談及，任由民進黨扭曲，也成為我們工作的難題。

4.民間交流缺乏規範化、制度化。熱絡的民間交流多是一次性的交流，無法累積理解進而建立穩定的友誼和互信。

三、對台文化交流建設滯後，尚未形成比較優勢

1.台灣的文化發展水平比福建省高出許多，主要表現在文化設施建設、學科細化建制、各種文化展館建設等方面，福建對台文化交流要有新作為，必須打造自身的文化高地。

2.對台文化交流缺乏經費保障。福建當前的文化交流多是「寄生性」交流，缺乏自主性。依附於政治力量的文化交流，使雙方在「統戰陰謀」猜想下互相摸底，缺乏交流誠意；依附於經濟力量的文化交流，則使文化「商品化」、「利益化」。近年來，福建各級政府已高度重視對台文化交流工作，但財政經費仍然有限。

3.民間交往熱絡，但在文化交流對象的選擇方面，重視統派，輕視「本土派」和「獨立派」；多與統派媒體和學者交流，與綠色學者和媒體接觸較少，媒

體和新聞報導呈現一面倒的傾向。

4.福建許多涉台文物古蹟、文化資源尚未得到充分的保護開發和利用。僅以漳州地區為例，「東山陸橋」、「古月港」、「白礁慈濟宮」、「陳元光陵園」、「宮保地」等眾多對台資源，由於重視不夠、投入不夠、力量不足等原因，未能得到有效挖掘開發。

福建的閩南文化資源有待進一步挖掘和整合，目前閩台兩地的交流主要集中在民間曲藝、宗教信仰等方面，做台灣民眾工作的載體比較小，福建有更豐富的文化資源有待整合和挖掘，應進一步拓寬文化載體的領域，突顯特色。

當前，我們看待閩台文化交流，要站得更高一些，不能僅著眼於閩台文化資源如何推動福建的經濟增長，如果著眼點僅限於此，很可能走向一個唯利是圖的誤區，要把文化交流提升到建立閩台「共同家園」這樣一個高度來看待。

第三節　新形勢下拓展閩台文化交流面臨的契機

一、國際政經發展形勢為福建提供了史無前例的發展機會

隨著經濟全球化與區域一體化趨勢的不斷發展，大陸改革開放進程的不斷深化和經濟起飛後的持續快速發展，21世紀的世界經濟重心與國際經濟格局正在發生明顯的變化，許多國家都看好中國大陸的潛在市場。圍繞大陸這一新的經濟增長點的國際產業分工體系的調整與國際經貿活動的開展，既加快了大陸經濟的全球化步伐，也對福建加快對外開放與全球化步伐提出了迫切要求。福建不僅具有對外開放與經濟發展的港口地理條件和經濟區位優勢，而且對台方面具有得天獨厚的「五緣」優勢。2008年9月7日，中共大陸中央台灣工作辦公室、國務院台灣事務辦公室主任王毅在「海峽西岸經濟區論壇」上發表演講，並授權宣布了

大陸方面促進兩岸交往的新舉措——大力促進兩岸人員往來；積極推動兩岸直接、雙向、全面「三通」；推進兩岸產業合作拓展領域、提高層次；推動兩岸金融合作取得實質進展；探索建立兩岸經濟合作機制，構築長期穩定、具有兩岸特色的互利雙贏總體框架。這些都為兩岸文化交流提供了更良好的政經環境。

二、兩岸共創和平、穩步發展的格局正在形成

民進黨八年執政，搞「台獨」，搞族群對立，台灣競爭力一路走低，人民痛苦指數不斷提升。在這個背景下，國民黨以主打「拚經濟」的承諾贏得台灣人民的高度認可，馬、蕭已經洞見大陸對於台灣發展不可替代的作用，因此提出推動兩岸經貿正常化，並以「兩岸聯結」參與區域與全球合作的政策主張。2008年「大選」的結果為改善台灣海峽的緊張局勢提供了極好的契機。大陸方面一直緊緊抓住這一契機。這表明兩岸關係的基本格局和發展趨勢不會改變，台灣同胞求和平、安定與發展的意願日益增強，兩岸交流合作與人員往來擴大的趨勢不會逆轉，和平發展已成為兩岸關係發展的趨勢和主題。

從選後馬英九多次就兩岸政策的表述看，其基本政治主張是堅持「九二共識」和反對「法理台獨」，而這恰恰是兩岸建立和平穩定架構的基礎和前提。21世紀的前20年，是大陸集中精力全面建設小康社會、實現中華民族偉大復興的重要戰略機遇期。這些都為中華民族的復興奠定了堅實的基礎。兩岸民眾也將在中華民族的偉大復興中，享受到身為中國人的利益和尊嚴。

三、中共大陸中央給予福建各種政策傾斜

2004年10月中共大陸中央透過福建省所提之「海峽西岸經濟區」規劃，明確定義海峽西岸建設的概念，並確認福建在區域經濟發展的定位。2006年，胡

錦濤總書記、溫家寶總理等大陸中央領導視察福建，充分肯定福建在對台工作中的獨特優勢和在促進祖國統一大業中不可替代的地位作用，並對海峽西岸經濟區建設寄予厚望。胡總書記明確指示：「黨的十六屆五中全會決定提出，支持海峽西岸和其他台商投資相對集中地區的經濟發展，促進兩岸經濟技術交流合作。這是大陸中央從中國現代化建設的全局和兩岸關係發展的大局出發作出的一項戰略決策。福建與台灣一水相隔，既有悠久的歷史淵源，也有密切的現實聯繫，促進閩台交往具有得天獨厚的優勢。」這充分表明了大陸中央對福建進一步發揮對台優勢和作用的殷切期望。2007年，黨的十七大報告關於「推進『一國兩制』實踐和祖國和平統一大業」部分明確提出「牢牢把握兩岸關係和平發展的主題」，「在一個中國原則的基礎上，協商正式結束兩岸敵對狀態，達成和平協議，構建兩岸關係和平發展框架，開創兩岸關係和平發展新局面。」「將繼續實施和充實惠及廣大台灣同胞的政策措施」，「支持海峽西岸和其他台商投資相對集中地區經濟發展」，「兩岸同胞要加強交往，加強經濟文化交流，繼續拓展領域、提高層次，推動直接『三通』，使彼此感情更融洽、合作更深化」。這些為福建進一步發揮對台優勢與作用提供了機遇，指明了方向。2007年12月22日，中共大陸中央政治局常委、中國政協主席賈慶林在出席「廈門經濟特區建設25週年慶祝大會」上發表重要講話，重申對台工作四個「凡是」——凡是對台灣同胞有利的事，凡是對促進兩岸交流有利的事，凡是對維護台海地區和平有利的事，凡是對祖國和平統一有利的事，我們都要盡最大的努力去做，並且一定努力地做好。這些指導思想，都最大限度地釋放了福建對台交流的空間。

四、馬、蕭「合作思維」下的新政策蘊涵兩岸文化交流的新契機

馬、蕭在兩岸關係上的由「衝突思維」向「合作思維」轉變，將有利於實現「政經分離」、甚至政經良性互動。馬、蕭務實彈性地處理兩岸關係問題，重點

放在經濟上，表示願意為了兩岸雙贏加強兩岸經濟合作關係，體現的就是一種經濟上的合作思維。經濟上的「兩岸聯結」思維，自然也會直接推動文化層面的深入交流，後者將反哺、潤滑政經交流。

為了振興台灣經濟，馬英九上台後在兩岸「三通」尤其是直航、大陸居民赴台觀光旅遊、台商投資大陸的限制等都將採取開放的政策。而兩岸在經濟、文化、教育、社會等方面的加快融合，又將帶動兩岸政治關係的發展。從而為兩岸最終統一奠定更為堅實的經濟基礎和社會基礎。在馬、蕭「大選」前提出的「愛台十二項建設」政見中，對「文化創意休閒」特別重視，其中「智慧台灣」（2250億）、「海岸新生」（200億）、「綠色造林」（300億）等方面，由於過去八年，財政虧空高達4.7兆新台幣，對台灣當局是巨大的經濟挑戰；在這樣的背景下，也為大陸企業帶來了巨大的投資機會，此舉一方面可以緩解台灣的財政壓力，一方面也可以讓大陸企業在參與台灣文化創意休閒產業的過程中，進行文化交流，學習經驗。

如果馬、蕭的政策能夠逐步落到實處，兩岸關係得以理順，促成經濟全面合作，就能實現兩岸和平發展、加速發展，並在合作發展過程中逐步消除障礙、擴大共識。另一方面也為福建進一步發揮對台優勢提供了戰略契機。

第四節　新形勢下拓展閩台文化交流面臨的挑戰

閩台文化交流，歷經20年，經歷了交流嘗試期、制度化時期、共識奠定期、轉變性緊張期，至今日的全面拓展深化時期。如何積極因應「三通」新形勢下拓展閩台文化交流的深度和幅度，是為重要問題。福建在面臨新契機之時，也面臨著大量的挑戰。

一、台灣當局的政策限制對閩台文化交流的影響

文化交流是兩岸意識形態競爭的一部分。2000年5月，陳水扁在其「就職」演說中首次提出「台灣文化」，以「華人文化」取代「中國文化」，並提出要「讓立足台灣的本土文化與華人文化、世界文化自然接軌」，民進黨當局的「去中國化」運動由此開始。在台當局的授意下，一批「台獨御用」學術力量持續開展台灣史、原住民史、「二·二八事件」等問題的歪曲研究，鼓吹所謂「台灣人的意識」已經超脫了「強調血統的中國人論」。2001年3月底，台當局公布了「本土化教育」政策，決定在中小學開設「鄉土語言」課，規定中小學生必須在閩南語、客家話和原住民語中選修一種，以弱化和沖淡國語（普通話）在台灣的地位。當年9月，台當局強令中小學開始推行「鄉土教學」，大量刪減教材中關於中國歷史、地理、人文的內容。2006年起台灣實施新的「台灣高中歷史課程綱要草案」，更是把「台灣史」從「中國史」中分割出來。尤其漸行性的「去中國化」舉措，嚴重挫傷兩岸之間的文化交流。

馬英九擔任台灣領導人後，雖然暫時終結了民進黨推動法理「台獨」之路，但難從根本上撼動台灣的政治生態，陳水扁過去所推行的「去中國化」，在文化等各方面對台灣民眾產生了惡劣的後續影響。馬英九上任後不久，在接受美聯社的訪問時，亦曾表達，兩岸統一在我們這輩子不大可能。福建在密切文化交流過程中，必然要面對兩岸不同的社會經濟發展水平、不同的社會政治制度與社會意識形態，這些都對兩岸整體層面的制度性交流、合作與一體化的步伐形成相當程度的制約，並延宕了兩岸和平統一的終極目標的最終達成。在深化文化交流中，福建要將改革開放、區域（兩岸）合作、祖國統一三個目標任務統一起來，並貫徹到工作實踐中去。

二、如何應對台灣島內日趨穩固的「台灣主體意識」和「本土意識」

與台灣以往重「大選」舉不同，此次「總統」選舉，「台灣主體意識」和

「本土化」不斷炒熱、強化。國民黨為避免被民進黨打成「外來政權」、「中國黨」，在選舉之前，即做了本土化轉型。在黨章中，淡化對統一目標的追求，強化台灣認同，「以台灣為主，對台灣人民有利」。當前，「台灣主體意識」和「本土化」已成為台灣社會難以逆轉的趨勢和潮流，國民黨要贏得民眾支持和實現長期執政，也必然迎合民眾需求，進一步滑向台灣「本土」，此舉在兩岸關係上，導致的直接後果是「和平分立」思想將在島內不斷蔓延，並成為制定兩岸政策共同的民意基礎。這一點對兩岸關係的正常發展，特別是政治分歧的解決將是很大的阻礙。

台灣政壇生態複雜多變，為了選舉政治的需要，台灣政黨沒有永遠的朋友，也沒有永遠的敵人，只有自己的切身利益。當前和平發展已經成為兩岸同胞共同追求的目標。但不能僵化地以「藍、綠」論英雄，藍、綠之間是不斷發生轉化的，現階段不能只與藍營交往，忽略綠營的積極作為，民進黨雖然敗選，但民進黨尚有一定的政治實力，此時正是民進黨重塑形象、重整旗鼓的較佳時機，如果民進黨轉型成功，尤其是放棄「台獨」黨綱及理論，加上未來國民黨執政若出現重大失誤，民進黨有可能東山再起，因此，也要重視民進黨。台灣各政黨都代表著一定的利益群體，只有不計前嫌，敞開胸襟地與一切能夠代表台灣人民利益的政黨交往，努力瞭解台灣民心、體察民情，只要有利於統一，我們都要敢於接觸，必須要面對台灣民眾在國家認同上的問題，剖析不同年齡段、不同族群、不同階層的台灣民眾複雜的政治傾向；「三通」順利達成後，如何在尊重台灣「主體性」的情況下，進一步發揮福建優勢，深入文化交流，為海峽西岸經濟區的發展建設服務，是福建對台統戰工作的重要問題。

三、如何與其他兄弟省份相競爭，最大限度地保證其示範性和試驗性

長期以來，由於海峽兩岸的長期對峙，台灣金馬與大陸福建被視為戰場前

線、防禦重鎮，當地建設仍以軍事為首要考慮，民生經濟從不是主要任務。自大陸改革開放以來，視福建為前線的觀念，體現在中共大陸中央給予福建吸引台資政策上，並不如給廣東在吸引港澳資般的先行政策。近年來，隨著大陸中央對海峽西岸經濟區賦予了大量的政策傾斜，福建對台工作取得了很大的成績。不過，福建在對台前沿陣地實際角色的扮演和功能的發揮方面，還面臨著極大的挑戰。目前在中國範圍內，廣東、上海、江蘇，甚至浙江的台商投資總量都高過福建，福建也不是台商最大的聚集地，如果實行「三通」，一方面其他省市獲得兩岸直接交流的權力與機會，而產生一定程度的「分流」現象與替代效益，從而相對削弱現有「試點直航」與「小三通」在兩岸交流渠道中的地位與作用的重要性。其他省份如頒布較多的惠台政策，將會吸引更多的台商資源，如果福建不在軟硬體建設方面與其他省份形成較大的差距，將更難以吸引台灣各界人士到福建，將極大影響福建做台灣人民工作的施展空間。

四、如何實踐「優幣淘汰劣幣」規律

福建的文化發展水平不如廣東和江浙地區，更難與北京相比，福建如何在兩岸文化交流中特別是「三通」全面實現後，找準自己的位置和方向？新形勢下，要從教育、習俗、信仰、文學、戲曲、建築、民歌、文化產業等角度來思考密切兩岸的文化交流，需要多方面協調、溝通，協力共襄盛舉。在此過程中，難免有求全求大之舉措，有時往往容易造成更多的漏洞和偏差，不能用簡單的量化指標來評分對台工作績效，片面追求對台交流人次的多寡，舉辦涉台活動次數的多少，而忽視交流的質量和效果。除了重視人次以外，更應該重視人數，特別要重視首次來大陸交流的台灣人數。舉辦涉台活動，除了要重視來賓的官階層級之外，更要重視他們在台灣社會中的代表性和在台灣民眾中的影響。

此外，在民間信仰交流過程中，會接觸到非常本土的底層台灣人，也會接觸到台灣農村文化或純台灣社群文化，會發現其底層文化有時黑道白道不分，怪力亂神，暴力傾向等，在文化交流中，福建文化部門如何實踐「優幣淘汰劣幣」，也是挑戰。總之，福建也要努力快速發展，其快速發展將直接影響台灣民眾對中國大陸的認知和感受，消除心理上的隔閡，使他們確信統一後的中國將有更大的發展前景。

五、兩岸互信建立是個漫長的過程

為了實現海峽兩岸的和平統一，爭取台灣民心是亟待開展的重要工作。而民心工作不易做。海峽兩岸雖經多年的交流，仍未能完全化解雙方的敵對意識，國民黨執政後，兩岸經濟關係雖已出現新的發展機遇，但台灣局勢依舊錯綜複雜，民進黨和「台獨」勢力仍在島內有相當的社會基礎和政治影響，部分台灣民眾對發展兩岸關係持保守甚至排斥態度，而且兩岸政治上的結構性矛盾依然存在，加之西方國家「以台制華」的戰略短期內不會改變，會利用各種機會以台灣來牽制中國大陸的崛起。

在具體的操作層面，如何在遵從基本原則的基礎上，最大限度地實現靈活性，是比較難的。如何以科學發展觀為指導，用大智慧、大謀略、大勇氣去描繪兩岸和平統一的時間線路，化解閩台文化交流中出現的各種矛盾，成為問題。

當前兩岸交流呈現良好態勢，正是互信建立的最佳時機。如何以多面向的「兩岸互信創建措施」作為「一個中國」原則之前的預備性磋商議題，尋求種種有效的溝通管道，恢復商談、建立互信、形成機制，皆是福建對台工作中需要認真對待的問題。

第五節　新形勢下拓展閩台文化交流的思路與作為

如何以中國傳統文化尤其是閩南文化切實做好台灣民眾思想工作，如何進行系統性、綜合性和創新性的因應策略研究，是當前對台工作中亟待研究和開展的重要工作。經過大量調研，我們從文化中的認知、信仰、規範、表現四大系統角度，提出深化閩台兩地文化交流的方式、途徑與載體。目標是儘量提供平台使閩台兩地民眾融合起來，難解難分，渾然一體，進而探討在目前「三通」正醞釀新突破的形勢下，福建在「求對台文化交流深入」過程中，工作重點及相應採取的具體舉措，對政府職能部門提出建議，在具體操作層面上，提出「求十全」（在十大方面求全面深入交流）、「務十美」（打造十個閩南文化節日品牌），供有關部門決策參考。

一、新思路：加強領導，福建省各級政府為拓展閩台文化交流工作提出新思路

1.打造「一盤棋」的工作格局，建立各層面溝通互信的對話機制，保證對話的一致性和持續性，對話機制的建立可採取舉辦雙邊高峰會議、高層官員會議等形式，共同協商兩岸未來之發展問題，本著務實的原則就具體的合作計劃展開對話；加強與台灣就特殊利益的特定議題進行專業技術人才的對話。進行各層面對話時應切實做好前期調研工作、做好前置作業。

2.政府從簡化行政審批開始，逐步及時地轉變政府職能，提高效能，打造服務型政府。尤其是要有效縮減政府職能機構審核赴台文教交流的程序，盡力打造優良的對台文化交流軟環境；建議大陸中央對福建地區赴台開展文化交流活動的審批權儘可能下放給福建。

3.以務實、策略性的政策開拓兩地文教交流布局，健全文化管理機制，健全微觀運行機制，以彈性管理代替消極圍堵的文教政策；為深化兩地的文教交流，期待著能建立一套實效、積極、開放、標準明確，並能有效管理的政策機制。

4.全力打造福建省對台工作智囊團。由福建省委負責召集，遴聘文化界及學者專家為成員，就閩南文化建設如何融入政府行政提出建言，以為省政策規劃之

依據，對文教交流的各項目標務實地制定計劃。

5.提高對台文化交流預算，專款專用。建議國家有關部門及省級政府設立對台文化交流基金，對台文化交流專項經費。專款用於大陸赴台和台灣民眾赴福建進行文化交流。評定閩台文化交流重大項目，重點扶植。對閩台文化交流與合作的高層次項目給予專項經費支持，專項資金按照統一規劃、專款專用的原則，實行項目管理。各設區市在年度預算中設立相應的專項資金，用於支持當地文化部門開展文化交流活動。

6.政府推動和扶持各類對台協會建設和發展。以協會為載體，如台屬聯誼會、台商協會、宗親會、同根文化研究會、道教協會等社會團體，積極與台灣民眾交流。

7.進一步加強閩台地方政府的交流，透過協商簽訂地方性、政府間的文化交流框架協定，年度文化交流設定計劃。地方政府可以開展城市之間的推介活動，設立城際「文化周」，打造出知名文化品牌。適時開展與台灣各縣市「在野黨」的交流工作。拓寬文化交流對象，嘗試與台灣中南部地市溝通交流，建立互信。

8.適時舉辦兩岸的「文化精英論壇」，凝聚兩岸共識。由政府搭台，舉辦「文化精英論壇」，邀請兩岸知名學者、文化精英參與其中，透過兩岸媒體的共同關注擴大其社會影響力，使其成為每年度的「文化盛會」，成為閩台交流的「文化名片」。

二、新作為之一：「求十全」

從區位與地域角度，推進閩台實質融合工作，在十大方面尋求福建與台灣全面深入交流和合作，充實內涵，做大平台，打造對台灣文化交流的新格局。

第一全：設置「閩客文化」研究會，深化兩地學術領域的全面交流。

1.每年由福建省委召集，整合政府相關部會，並邀集民間文藝界及觀光界學者專家、外國駐福建代表等，廣納民意，確保閩南文化建設進入政策所有層面，得到落實。

2.進行對台應用研究和學術研究；推動雙邊人力資源之合作，專業人才訓練和交流；擴大雙邊的科技合作範疇，重點在於農業、資訊科技、生物技術、材料科學、交通、能源、環保、天然資源開發等。推進閩台高校之間建立高新技術項目的交流與合作機制，瞄準台灣高校科學研究和學術發展前沿，透過開展校際合作研究、赴台開展項目交流、邀請台灣專家來閩講學和指導研究等方式，推動閩台科技的合作。

3.有系統地與台灣、日本、歐美等地區或國家合作，透過學者互訪、交換學生、召開學術研討會等形式，擴大學術刊物在國際上的影響力，使其進入海外學者的視野，推動「閩客文化」研究。

4.召開年度「海峽兩岸閩南文化論壇」，論壇以弘揚海峽兩岸的閩南文化，加強兩岸閩南文化理論和實踐的交流為主題，對閩南文化的保護，兩岸閩南文化的交流等問題進行討論。每年還應就新形勢、新問題確定議題，討論交流。

5.以共同的學術社群影響輿論，推動兩岸關係的改善。透過學術社群對公共輿論產生影響，更好地構築閩台、兩岸的文化認同。

6.舉辦連接兩岸的歷史文化人物的研討會，增進海峽兩岸文化認同。如「開漳聖王陳元光」學術研討會（漳州）、「藍理、藍廷珍、藍鼎元」學術研討會（漳州）、鄭成功學術研討會（泉州）、施琅暨清廷統一台灣紀念活動學術研討會、弘一法師學術研討會。

7.成立兩岸學術基金會，支持合作性的學術課題，探索海峽兩岸學術交流與合作的新方法、新途徑。每年分批組織教師和研究人員赴台交流、講學和開展合作科學研究，定期邀請台灣高校知名學者前來開展學術交流和研究，合作舉辦學術研討會。

8.隨著兩岸學術交流的深入開展，統一學術詞彙，規範學術用語需要提上日程。

9.擴大邀請台灣各行業人員訪問福建，包括政府部門、企業界、學界、非政府組織、媒體、其他民間團體等代表。擴大研究域面，提倡學風互補，努力獲得多方位的認同空間。閩台兩地首先創設出穩定安全的學術社群，並能夠代表知識界與文化界最敏銳的力量，從而成為影響輿論的主要力量之一。未來兩地學界實事求是地提出各種見解，並透過各種渠道反饋於上層，理智的建言和客觀的分析會對當局影響顯著。其所具有的善意和理解，必然會傳達給社會，從而有助於兩岸關係的改善，提升認知度。

第二全：促進兩地藝術戲曲團體全面交流。

1.邀請台灣歌仔戲、梨園戲、高甲戲、木偶戲等劇團赴福建演出，選派歌仔戲、梨園戲、高甲戲、木偶戲、打城戲和南音等優秀劇團赴台灣演出。

2.邀請台灣出色的演職人員，來福建駐唱。劇團可結合本團的實際，與台灣劇團進行合作，鼓勵兩岸演職人員透過多種方式交流、切磋劇藝。

3.透過媒體對藝術劇團的表演進行報導轉播。與台灣媒體合作，共同打造戲劇戲曲節目，提供戲劇戲曲交流的平台。

4.綜合兩地優秀的師資力量和辦學條件，共同培養閩南戲曲人才，在藝術戲曲學校中設置兩岸合作辦學、培養閩南戲曲人才的「實驗班」。

5.建立多個閩南藝術發展基金會。以政府投入為主，多渠道、多方位、多形式地籌集資金，扶持閩南藝術事業的發展，培養閩南藝術的傳承人。

第三全：促進閩台信仰文化全面交流。

1.台灣民眾信仰的媽祖、保生大帝、關帝、臨水娘娘、開漳聖王等都是從福建分靈到台灣的，所以，尋找福建寺廟在台灣的分靈所在地對促進閩南信仰文化深入交流是必要的。

2.傳統節日前後，採取以民間出面、有關方面指導的形式，組織台灣廟宇組團來福建，舉辦民間信仰祭祀活動等，開展這些活動並使之長期化、規範化，使之成為閩台文化交流的標誌性活動。

3.定期舉辦閩南民間信仰文化節，凸顯庶民文化活力。充分利用兩地歷史文化資源優勢，推動「海峽兩岸開漳聖王文化節」、「東山關帝文化節」、「媽祖文化節」、「保生大帝文化節」、道教等系列節日。

4.成立專門辦事機構，規範管理民間信仰，為兩岸信眾的交流提供便利條件；負責民間信仰文化交流的整體規劃和組織實施，以「緣系民間、和諧兩岸」為主題，開展多種形式的宗教交流活動。

5.成立民間信仰文化研究會，定期舉辦相關研討會，引導信眾加深對信仰文化的認知和理解，厚植福建祖地文化根基，促進兩岸文化交流，強化兩岸共同家園、兩岸血脈相連的命運共同體意識。

6.邀請台灣民眾組團赴福建，如保生大帝進香團、媽祖進香團、關帝廟朝聖團、開漳聖王陳元光信仰等團體，來福建各地參加宗教交流活動。

7.每年福建選送十幾個民俗交流團組到台灣交流。鼓勵有影響的宮廟與台灣的宮廟聯誼結緣，組織一些宮廟到台灣巡遊，融直航和進香為一體，拓寬交流渠道。

8.針對這些民間信仰特點，打造文化品牌，加快發展以閩台民間信仰文化為重點的旅遊業。民間信仰文化與自然景觀相結合的旅遊資源開發交流，制定實施閩台旅遊合作區規劃，使福建省成為兩岸旅遊雙向交流和合作的重要地區和集散中轉基地。

9.民間信仰文化資源的開發和利用，必須要遵循科學發展觀的基本要求。民間信仰已成為台灣民眾和祖籍地之間重要的感情紐帶，在此基礎上逐步形成文化交流的品牌，推動了兩岸民間往來的雙向互動、密切交往。

第四全：深化閩台兩地出版領域的全面交流。

1.福建採取打擊仿冒台灣出版品的措施。採取措施確保知識產權保護法令能有效地長期執行。

2.對台灣知識產權所有者開放大陸市場。繼續以中國書市、海峽兩岸圖書交易會為平台，推動兩岸出版界的交流。可在國家規定的範圍內大量引進台版優秀書籍，也可在新華書店或外文書店開設台版專櫃。

3.閩台兩地還應就大陸書籍入台問題展開對話，與台灣當局溝通互信，對大陸出版物放寬入台限制。

4.閩台出版機構展開合作，以共同開發閩台出版合作項目、推動閩台版權貿易、增進閩台出版界專業交流與研討及多渠道圖書銷售等為重點，推動閩台出版資源進一步整合，形成形式多樣、規模更大、聯繫緊密的深度合作，努力將閩台出版交流與合作推到更高的層次。建議可建立常項交流合作機構，使兩岸出版機構交流和人員往來更為便利。

第五全：兩地互動合作製造一些反映閩南文化的電影、電視、戲劇、音樂與舞蹈等節目，促進兩地影視戲劇舞蹈產業的全面合作。

1.電影、電視、音樂與舞蹈等方面，兩岸在這幾方面具有互補性，如音樂方面，台灣流行歌曲在大陸有非常大的市場需求。可透過開展沙灘音樂會、夏日露天音樂會、個人演唱會等方式，在音樂上展開互動。大陸在國樂方面人才濟濟，受聘赴台授藝者甚多。大陸的演藝人員也可以到台灣交流互訪，拓展自己在台灣的市場。舞蹈方面，台灣的現代舞蹈具有較優之表現，雲門舞集因演出了許多經典作品，享譽世界，被稱為亞洲第一當代舞團。大陸方面對傳統舞蹈之保存及傳承素有佳績，對少數民族舞蹈的維護投注了大量心力。

2.台灣在歌舞劇、話劇演出方面，顯現出現代戲劇編排的優長，雙方話劇業者已由交流進入合作，近年台灣民間劇坊進軍大陸已有數起。兩岸同台演出，相互配角。如青春版《牡丹亭》是兩岸合作文化交流頗具影響力的一次合作。它對兩岸民族認同，恢復傳統文化的信心都造成了積極的作用。除此之外，近年來台灣的國光劇團，排演了由大陸原創繼而由台灣二次創作之後在台灣首映，然後再回流大陸的新劇目，受到了廣大觀眾的喜愛。充分體現了兩岸戲劇交流，共同創作的深刻意義。兩岸童話歌舞劇、兒童劇的交流亦不容忽視，台灣親子童話歌舞劇《波波遊台灣》在泉州的演出，對於兩岸青少年的互動有著積極的意義。

3.合編反映閩南文化的腳本。要深入民間、深入生活，捕捉民風民俗，挖掘出閩南文化最有生命力的原始素材，共同編寫出反應閩南文化的腳本。閩南歷史人物、在台閩南人的生活等都可以納入交流合作的視野。

4.召開相關的學術會議研討。兩岸在文化上的交流同樣需要智力支持。兩岸可以就相關問題進行廣泛深入的探討，對交流合作項目進行評介，並指導其更好地應用於實踐。

第六全：深化閩台兩地新聞資訊領域的全面交流。建立客觀、透明、開放的兩岸輿論媒體溝通合作機制，推動福建媒體與台灣媒體的合作。

1.打造良好的輿論環境，要以客觀、真實、平衡為原則，不要以意識形態來選取報導主題，儘量全面、平衡，使兩岸民眾能夠客觀地瞭解真實情況，形成正確認知，有利於增加兩岸民眾的認同感。新聞來源、新聞報導涵蓋區域、新聞報導方式、新聞報導組成、態度取向、文宣策略運用、新聞訴求等，要多樣化、多面向。

2.開放台灣記者駐點福建，尊重台灣記者的正面負面報導。

3.把入島宣傳做實做好，實現閩南系列大型社會文化活動在島內落地直播；推動與台灣報紙合作，用大版面宣傳閩南地區人文地理。以追求卓越品質的態度，打造品牌欄目的信心，製作宣傳閩南民俗民風、人文地理、兩岸鄉情、台商故事的紀錄片，與台灣媒體合作，實現落地直播。

4.以閩南語電視頻道等平台作為宣傳基地，展示福建與台灣的密切淵源關係，傳承閩南文化，傳遞鄉音鄉情鄉訊，對於做台灣民眾的工作，有著重要的引導作用。如經國家廣電總局批准開辦了大陸首個閩南語頻道——福建泉州電視台閩南語頻道，頻道以「傳承閩南文化，服務兩岸鄉親」為宗旨，覆蓋範圍除泉州及金門外，還輻射廈門、漳州、莆田等地區。頻道的開播，成為閩台兩地文化交流的又一平台和閩南文化生態保護區的重要載體，具有積極的意義。

5.閩台媒體展開合作，共同打造兩岸民眾共享的閱讀平台。如大陸《海峽都市報》與台灣《中國時報》合作，在大陸居民啟動後，首次以兩岸媒體聯動的形式，推出「尋親之旅」。隨著兩岸關係的和解，兩地媒體的合作已翻開新的一頁。

第七全：推動閩台宗親聯誼會全面對接。以血緣宗親為紐帶，激發台灣民眾對祖地的認同和民族的認同，是做台灣民眾工作的最直接和最具力量的重要途徑。台灣各地同鄉會，各姓氏宗親會十分活躍，尤其在台灣南部地區，宗親文化根深蒂固。

1.推動福建與台灣的族譜對接和聯展，族譜整理修訂和族譜對接逐步加強。

2.台灣政界不少人員的祖籍地都是福建，加強對台灣中上層人士（不分藍綠）在閩祖籍地的宗祠祖墓修繕、道路建設和環境整治。

3.複製閩台族譜對接成果展版入台巡迴展出，進一步擴大祖籍地、宗族文獻的宣傳介紹；以福建人過台灣作主題，做畫冊光盤，輸送入台灣島。

4.建全「閩台民間族譜網站」，方便台胞回鄉尋根謁祖。

5.對福建各姓氏的宗親會予以社團登記，支持其展開健康的宗親活動。

6.努力推動福建宗親會等民間團體赴台交流。

7.發揮媒體、民俗研究單位對台灣島內民眾的「血緣聚落」、「冠籍聚落」加以研究。

8.創建「海峽百家姓博覽園」。依託各市台辦，設立台灣民眾尋根謁祖服務專線。

第八全：促成閩台青少年教育工作的全面合作。

1.在福建中小學開設閩南語、閩南文化教學選修課程。深化福建年輕人對閩南文化的認知；推出閩南文化系列通俗讀物。

2.建立「閩台教育融合先行區」，建設兩岸學術會議中心、兩岸教育展覽中心。透過開展兩岸教育博覽會等活動，深入交流兩岸的教育培養模式，教育改革經驗等，互通有無，相互借鑑。

3.建好台灣大學生大陸創業基地、台灣青少年閩南文化旅遊基地、閩台合作辦學基地、台商子女大陸就學基地。繼續開展好海峽兩岸台胞青年夏令營等活動。

4.福建教育系統在尊重各單位的意見基礎上，要統籌安排好各單位與台灣學校的友好學校的開展工作；各學校有意識地與台灣對口學校展開交誼。

5.增加雙邊大學、中小學、其他教育團體間的交流，以擴大閩台教育合作；做好福建比較有影響的幼兒園與台灣幼稚園的聯誼工作；做好福建比較有影響的福建各小學與台灣「國小」的聯誼工作；邀請台灣小（中大）學生組團赴福建參加夏令營、冬令營活動；做好福建比較有影響的福建各中學與台灣「國中」的聯誼工作；做好福建比較有影響的福建各大學與台灣各大學的聯誼工作。

6.擴大福建高校台生的招生比例；在台商密集區，建好台商子弟學校。

7.促進兩岸青年公務員、青年學者的對話與交流。政府積極引導，搭建兩岸青年交流的新平台。

8.台灣在海外推廣中國傳統文化與漢語教育已經積累了近20年的經驗，如何借鑑其在中國傳統文化數位化、創意教學方面的先進經驗，大陸方面應積極推動海峽兩岸關於中國傳統文化的宣傳與推廣方面的合作事宜，提高教學效率，深化教材研究，建立一套客觀的教學及檢測流程，並將成果運用於教學和評量中。大陸建立的孔子學院也可和台灣的對外漢語教學機構積極地展開合作和互動。

第九全：推動閩台基層組織和社團的全面對接，促進閩台城鄉規劃布局全面對接，形成獨特的閩台城鄉文化體。

有計劃有步驟地推動兩岸友好市、友好鄉鎮、友好村、友好港結對聯誼交流；允許兩岸共組社團；閩台共同保護涉台非物質文化遺產。海西區的發展架構主要在於建設福建重要城市為中心的三個城市群，分別以福州為中心的閩江口城市群、以廈門為中心的廈門灣城市群、以泉州為中心的湄洲灣城市群，透過強化與台灣友好市、友好鄉鎮、友好村、友好港形成橫縱交織、大中小城市相互連接，帶動海峽兩岸城鄉文化發展網路。

1.對已有的友好市、友好鄉鎮、友好村、友好港要深化結對聯誼，如繼續加強石獅市蚶江鎮與台灣鹿港，晉江市東石鎮與台灣嘉義縣東石鄉、台南安平港與泉州安平港結對聯誼。聯誼市鎮要努力透過兩地民眾展開互動深化友誼，開展活動要具有大眾性、可操作性。

2.在福建開設閩台生態保護點、台灣村。

3.允許兩岸共組社團，如閩台旅遊同業公會、兩岸媽祖文化研究會、福建醫大兩岸校友會、兩岸歌仔戲研究會、兩岸獅子會聯合會、兩岸扶輪社聯合會、閩台漁業合作委員會、台灣海峽海上搜救聯盟會、兩岸報業聯合會、兩岸婚姻仲裁委員會等。

4.重視海峽兩岸共同的文化遺產保護與傳承，福建省級非物質文化遺產目錄中，涉台文化遺產，包括「閩台玉二媽信仰民俗」、閩台東石燈俗、媽祖回娘家祭祀民俗、兩馬元宵節俗、高山族舞蹈、廈門歌仔説唱等眾多項。

第十全：推動閩台展示窗口單位的全面接觸。規劃為主，全力打造對台展示窗口。配合城市建設，完善福建各地設施，提升交流平台。

1.加強福建對台交流窗口的建設，漳州如歌仔戲藝術中心、漳州燈謎藝術館、東山寡婦村展覽館、白礁慈濟宮、林語堂紀念館、東山關帝廟、威惠廟；泉州如梨園古典劇場、南戲博物館、泉州博物館、泉州海交交通史博物館、中國閩台緣博物館等平台的建設和發展。

2.推動移動博物館赴台展覽宣傳，舉辦涉台文物專題展。

3.爭取閩台緣博物館與台灣的博物館結對，府文廟與台南市孔廟等結對。

三、新作為之二：「務十美」

以文化產業項目為重，培育閩台文化產業共同市場，即要「務十美」，以文化創意產業拉動十大閩南文化節，突出閩南味十足文化品牌特色，行銷地方產業。

從歷史淵源看，台灣中南部民眾多是福建泉州和漳州的移民，與閩南有著密切的淵源，他們對閩南文化有特殊的感情，最容易得到他們的認同。因此，以閩南文化做台灣中南部民眾的工作，效果最好，將有助於加速台灣中南部民眾對大陸的認同感，亦能為兩岸民眾協作提供有益的模式，可以對兩岸文化生態和思想感情獲得真正瞭解，而「瞭解」正是走向和諧相處、共同發展的鑰匙。

1.策劃十大閩南文化節。福建以往已有相類似的文化活動舉行，但基本上沒有做到全省一盤棋，應由各市根據自己資源優勢，統籌安排，在時間表和地域表，與台灣的文化交流打成網路化交織的結構。閩南文化生態保護實驗區核心區和閩南文化遺產的富集區，以閩南文化為價值核心，從民俗宗教、閩南戲曲、民間習俗等方面，策劃十個比較大型的文化節，加大資金投入，配以文化產業項目，將閩南文化軟力量提升會聚，持續推動經營。此舉對福建內部可以激發創意，厚培文化產業；又可深化對台文化交流，學習台灣經驗，以文化促動經貿合作，使閩南文化成為兩岸民眾共同經營和呵護的精神財富。

課題組經過調研，並結合福建各地已經在做的對台交流的文化項目的經驗得失，提升出福建可以持續推動的十大閩南文化節，具體內容如下：

表5-1　閩台十美——十大文化節

	名稱	節日內容
1	海峽兩岸閩南文化週	「閩南戲曲連臺唱」、「閩南語原創歌曲大賽」、「閩南美食」、「以茶會友」、「閩南花卉展」、「閩南民間藝術節」等；規模要大，萬人以上；品種多樣、重點突出、散而不亂。可與「9・8」投洽會、「4・8」台交會規模相比
2	海峽兩岸歷史人物文化節	「鄭成功文化節」（泉州）、「開漳聖王陳元光」文化節（漳州）、「媽祖文化節」、「保生大帝」、「關帝文化節」等
3	海峽兩岸圖書博覽會	海峽兩岸出版品的銷售、展覽等 海峽兩岸出版人研討會 優秀圖書頒獎會、作家讀者見面會 兩岸書博會可設置主賓展台、設置主題書展等
4	海峽兩岸茶文化節	茶道表演、茶王評選、觀眾品茗、茶室設計大賽、茶葉科普宣傳等活動 組織專家學者組成「茶文化講師團」 走進社區——舉辦茶與人體健康講座 走進校園——舉辦茶與文化傳承講座、閩南茶文化學術研討會 組織茶藝隊編排茶歌、茶舞進行表演
5	海峽兩岸紡織服裝文化節	兩岸服飾品牌推廣互介、舉辦多場風格多樣的服裝秀 時尚文化：邀請兩岸時尚界人士舉行立足公益的服裝拍賣會、時尚慈善會 兩岸頂級服裝設計師作品發布會 服裝採購

續表

	名稱	節目內容
6	海峽兩岸海洋文化節	閩台對渡節：海上潑水節、賽龍舟等活動 舉行海洋主題系列學術研討會 海峽兩岸海洋美食節 舉行海洋主題強調大眾參與的文體娛樂活動，如邀請兩岸歌手參加的海灘音樂節等 舉行謝洋休漁儀式 海洋節期間舉辦海峽兩岸沙雕節
7	海峽兩岸教育合作文化週	文化週設置「校長論壇」 兩岸學校就學生培養、校園文化、科技創新等問題展開交流互動 展開海峽兩岸青少年訓練營
8	海峽兩岸花卉博覽會	組織花園參觀 邀請台灣政要、縣（市）長、議長、農會負責人前來參展 水仙花雕刻藝術展；蝴蝶蘭展覽；花卉展銷 共同探討農業合作，休閒農場的建設等問題 舉辦名貴花卉樹木拍賣會，花卉採購訂貨會，組織花車遊行，評選「花仙子」等活動
9	海峽兩岸旅遊節	發展以閩台民間信仰文化爲重點的旅遊業；兩岸合作開發和經營，台灣旅遊界可參與福建民間信仰源地的旅遊開發，投入資金和技術；福建旅遊界也應爭取參與台灣民間信仰文化的開發和再開發發揮文化深層開發的優勢。兩岸旅遊界可合作經營旅遊點、旅遊區和相關的旅行社和飯店
10	海峽兩岸中醫文化週	弘揚海峽兩岸的中醫文化，舉辦兩岸中醫研討交流會，共同探討中醫的判斷標準及方法論的革新；中醫藥貿易 醫藥文化產業集群化 海峽兩岸中醫聯合義診活動

2.積極運作閩台區域創意文化產業整合，打造對台交流精品品牌。研發「促進閩南地方文化產業市場發展計劃」，推動閩南文化與藝術的地方特色產品，以協助拓展台灣乃至國際市場；設立閩南文化產業發展專項資金，採取獎勵、補助、貼息等方式，扶持有發展前景和競爭力的文化產業項目，例如結合閩南戲曲中作為道具的布袋木偶、提線木偶等，作為文化產業加以精心打造，推向市場；茶葉銷售配以宣傳茶道……這些均可作為行銷福建地方產業的有效路徑。支持非公有資本等社會力量興辦文化產業，尤其是諳熟閩南文化的兩岸民間精英，允許他們結合自己所長，促進閩南文化與市場運作的有效結合。

3.提升規模、擴大影響。福建常年都有台胞不斷地往來，平時，往返比較分散，團組人數比較少，影響比較小。今後，應借重十大閩南文化節，提高交流層面，廣泛邀請台灣同胞來福建觀摩、考察，並邀請國台辦、文化部，各省市、國外的學者、專家、領導、嘉賓出席活動，提升閩台交流層次。廣邀兩岸媒體平台，進行宣傳，成功包裝、展示；用現代技術手段，製成音像製品，積極入島進行宣傳。

4.注重聯合台灣文化創意人士。在策劃閩南文化節過程中，要聯合在福建的台灣文化創意人士，他們比較擅長台灣本島強勢流行文化範疇內的製作、管理、運營等，涉及相關文化創意產業鏈中的設計研究、生產製造和傳播銷售等各個環節。我們可以在TV影視製作與娛樂節目製作、音樂製作、卡拉OK廳經營、古玩貿易、數位休閒娛樂產業、藝術品收藏與貿易、婚紗影樓、體育休閒產業、圖書版權貿易、廣告策劃、教育培訓等領域加強與他們的合作與交流。

總之，福建要注重地方組織能力與潛力，從文化與社經因素，有效辨識地區的品質等可吸引新投資與創造新機會重要因素角度，推進閩南各地以自己的特色開發資源，帶動文化創意產業發展，提升競爭力。

四、打造閩台文化網路社區，促進觀光合作與文化交流的聯結走上快車道

傳統社區的概念是指成員固定在血緣與地緣關係，侷限在一定範圍的地理空間，進而產生一種親密關係，現今資訊科技的進步促使傳統社區的概念得以穿透地理疆界及國家界線而在全球網際網路中實現，網際網路成為現代人社會生活的一部分，其所創造的網路黏力也可能比傳統社區所形成的凝聚力更為親密。因此透過網路建構的社群理念，徹底改變過去對時間與空間的看法，也在兩岸社區中有其新的意義，福建要全力打造閩台文化網路社區。

1.以「邁向永續發展與繁榮的閩南文化活力社群」為主題推動網路社區的文化交流，同時強調促進觀光合作與文化交流的聯結。

2.成立閩南文化焦點網路平台，建立創新能量的教育與訓練、研發創新模式，及建立一個合作網路。

3.建立QQ群，以開闊、包容、尊重的精神弭除政治紛爭，公平共享資源，合力推動文化交流。

第六節　本章小結

本章主要研究「大三通」新形勢下，如何做大做實海峽兩岸文化的整合工程。海峽兩岸文化整合工程是歷史大棋局中的重要一環，爭議比較小，有大空間可操作。新時期，指日可待地為海峽兩岸的和解創造了新的歷史機遇，福建應弘揚閩南文化，深化對台文化交流，積極進行閩台兩地（海峽兩岸）文化整合工程，尋求更多集體記憶的交集，多角度、多渠道營造「兩岸命運共同體」的集體記憶和認知。

本研究指出了福建對台所取得的成績，閩台具有源遠流長的親緣、血緣關係，姓氏文化、祠堂文化影響深遠，閩台兩地的宗親、族譜文化交流已普遍展開，以尋根謁祖為主要內容的民間聯誼活動日趨活躍，在增強同宗同祖的認同方面取得了顯著成效；閩台兩地神緣相續，以民間信仰作為中介和橋樑的文化交流，對海峽兩岸民間文化的交流溝通產生非常積極的作用；閩台兩地「小三通」，直接接觸合作早，經驗積累多，體現了最大的地緣便利；福建與台灣的文緣關係與人文優勢凸顯，兩地語言相通，漢字相同，生活習俗相近，以閩南文化為載體的民間交流方興未艾，促進台灣同胞對大陸的認同感；閩台兩地在教育、出版、新聞媒體、影視合作等方面形成了一些品牌交流項目；閩南文化成為破解「文化台獨」最有效的工具。

針對目前存在問題作了分析，海峽西岸對台功能和作用沒有充分發揮；對台工作領導體制和具體政策不夠健全完善，兩岸政策障礙，交流規模受限；對台文化交流建設滯後，尚未形成比較優勢。

著重探討了馬英九就職後，兩岸關係發展的新契機，國際政經發展形勢為福建發展提供了史無前例的發展機會；兩岸共創和平、穩步發展的格局正在形成，為中華民族的偉大復興創造了有利條件；中共大陸中央給予福建各種政策傾斜，四個「凡是」最大限度地釋放了福建對台交流空間；馬、蕭「合作思維」下的新政策蘊涵兩岸文化交流的新契機。

本研究更進一步從福建對台交流的具體情況出發，對深化海峽西岸對台文化交流的機制和途徑的創新進行了一些思考，提出了「求十全」、「務十美」的新舉措，新思路；加強領導，福建省各級政府為拓展閩台文化交流工作提出新思路，打造優良軟環境；新作為之一：「求十全」，從區位與地域角度，推進閩台實質融合工作，在兩地學術領域、藝術戲曲團體、信仰文化、出版領域、兩地影視戲劇舞蹈產業、新聞資訊領域、宗親聯誼會、青少年教育工作、基層組織和社團的全面對接、閩台展示窗口單位十大方面尋求福建與台灣全面深入交流和合作，充實內涵，做大平台，打造對台灣文化交流的新格局。新作為之二：「務十美」，以文化產業項目為重，培育閩台文化產業共同市場，即要「務十美」——海峽兩岸閩南文化周、海峽兩岸歷史人物文化節、海峽兩岸圖書博覽會、海峽兩岸茶文化節、海峽兩岸紡織服裝文化節、海峽兩岸海洋文化節、海峽兩岸教育合作文化周、海峽兩岸花卉博覽會、海峽兩岸旅遊節、海峽兩岸中醫文化周，此前也有相類文化活動的舉辦，但是規模不大，影響較小，今後應致力於以文化創意產業拉動十大閩南文化節，突出閩南味十足文化品牌特色，行銷地方產業。打造閩台文化網路社區，促進觀光合作與文化交流的聯結走上快車道。

「三通」可以說是兩岸關係的重大轉折點，對福建而言，在逐步走向對台全面開放之初，福建省政府就必須有配套的措施和機制。「三通」順利實現後，兩岸在文化交流領域建立互信，較少挑戰敏感的政治神經，繼續積極有效地發展文化交流，從密切文化交流起步，進而使海峽兩岸走上良好的互動、認知、瞭解之途，再進而謀求構築「兩岸治理」新模式、新架構，最終為建構主義的國家思維重塑兩岸在主權、憲法（制度）及文化上的相互認同，或能找到化解兩岸歧見之途徑，進而消弭衝突，促成合作，邁向雙贏。當前，在「三通」醞釀突破之時，福建應著力於以閩南文化為主導力量，推進兩岸（閩台兩地）文化整合工程，率先在閩台地區民眾中，建立起擁有「我群」觀念的整合形態，進而力求逐步建構起被兩岸民眾所認同的「生命共同體」文化工程，以有助於兩岸民眾之間真正地融合。未來兩岸提升文化交流的質量、強化專業對口單位的交流以及決策智囊的對話，皆有助於鞏固互信與良性互動。希望能夠為福建發揮對台工作前沿平台與兩岸全面整合先行試驗區作用，提供某些有價值的參考和啟示。

第六章 拓展交流合作載體平台新作為研究

陳先才[20]

長期以來，福建省由於其獨特的地緣優勢，其在拓展兩岸交流合作方面一直發揮著重要的作用。2008年台灣的兩次重要選舉結果，極大地改變了島內政治格局，國民黨在島內全面執政，台海局勢發生了重大的、積極的變化，兩岸關係出現難得的發展機遇。當前，馬英九當局承認「九二共識」，放棄民進黨執政時期的「法理台獨」分裂線路，這為兩岸關係和平發展奠定了重要的前提和基礎。海協會和海基會先後舉辦了四次會談，簽署了包括兩岸「三通」、大陸遊客赴台等一系列重要協議，這在兩岸關係發展史上寫下了重要的一頁，並對兩岸關係和平發展產生了深遠的影響。當前兩岸關係和平發展的勢頭正在不斷形成。但是我們還要看到，儘管兩岸關係和平發展態勢朝著良性的方向發展，但島內的分離主義意識仍然存在，「台獨」分裂勢力在島內仍然有一定的生存基礎。從海協會副會長張銘清在台南市遭「台獨」分子追打、綠營勢力強烈反對陳雲林赴台，並在陳雲林兩次訪台期間製造各種抗議活動等事件來觀察，島內分裂勢力阻撓兩岸開放政策，破壞兩岸社會融合的企圖非常明顯。因此，因應台海地區的新形勢新情況，海西區應該轉變觀念，增強服務意識，透過發揮閩台之間在經貿往來、文化相同及地緣相近等方面的區位優勢，進一步加強福建及廈門在兩岸交流合作中載體平台建設上的新地位與新功能，為兩岸民眾和兩岸社會的廣泛融合奠定基礎，為現階段我們爭取台灣民心創造條件。特別是福建省一直是台灣同胞的主要祖籍地和台商投資的熱土，每年到福建省來探親、旅遊、投資、貿易的台灣同胞高達上百萬人次。因此，在新形勢下，我們探討研究兩岸交流合作載體平台建設這一課題有著重大的現實意義。

第一節　福建對台交流合作載體平台建設的現狀與特徵

一、福建對台交流合作載體平台建設的現狀

改革開放以來福建省在國台辦及大陸中央其他部委的大力領導和支持下，充分利用「五緣」優勢，積極開展對台工作，加強兩岸在政治、經濟、文化、教育等諸領域的合作與交流，並初步搭建起一系列的載體平台，不斷推動閩台關係和兩岸關係向前發展。

首先，在經貿領域的載體平台建設取得了初步的成效。目前福建在兩岸交流合作方面已基本上建起了數量眾多、功能各異的招商引資平台和項目合作平台。具體而言，這些載體平台可以分為政策型載體平台和展會型載體平台。政策型平台是指透過特定的政策優勢來搭建兩岸交流合作的載體，經濟特區、台商投資區、保稅區等就屬此類。展會型平台是指透過雙方參會參展的模式來直接進行交流和溝通，例如「9.8」投洽會和「5.18」海交會、海峽兩岸旅遊論壇等均屬此類。

長期以來，福建省一直作為對台戰略的重要前沿陣地，在國家政策的支持下，其在兩岸交流合作中逐漸形成了數量眾多的政策型載體平台。早在1979年大陸中央就把福建省列為改革開放的實驗省份，先後批准福建沿海設立了35個台灣漁船停泊點和27個對台貿易點，賦予福建「特殊政策、靈活措施」。這是福建最早發展閩台關係的有效載體平台，為後來兩岸關係的向前發展奠定了重要的基礎。此後，大陸中央又批准廈門作為中國4個經濟特區之一，把福州列入中國14個沿海開放城市；並把福建的福州馬尾，廈門海滄、杏林、集美4個台商投資區批准為國家級「台商投資區」，批准福州、漳州為「海峽西岸農業合作實驗區」。台商投資區和農業合作試驗區都是大陸中央給福建省特批的經濟區，這在中國也是獨一無二的。正是大陸中央政策的支持，使福建形成了包括經濟特區、台商投資區、海峽西岸農業合作試驗區、保稅區、高科技創業園、軟體園、出口

加工區、工業區等規模不同的載體平台，有力地加強了閩台兩地的交往和交流。以廈門為例，目前廈門已形成台商投資區、保税區、高科技創業園、軟體園、留學生創業園、出口加工區和數個工業園區等多層次的對外開放格局，以及火炬（翔安）產業區、同安工業集中區、集美機械工業集中區、軟體園二期等園區等。除此以外，福建還在兩岸海運方面成功搭建起載體平台。例如福建率先開闢了福州、廈門兩港與高雄港口海上集裝箱班輪試點航線，實現了福建沿海與金門馬祖海上直接往來。兩岸客運和貨運試點直航載體平台的成功搭建，更是大大密切了閩台關係，增進了閩台兩岸的同胞感情和相互瞭解。這些都已成為福建省和廈門市吸引台商的重要載體平台。

除了政策型載體平台外，福建改革開放以來在拓展兩岸交流合作方面又逐漸形成了展會型載體平台。隨著兩岸交流融合的力度不斷加強，展會型載體平台在促進兩岸交流合作方面的作用越來越顯著。近年來透過中國國際貿易投資洽談會（簡稱「9.8」投洽會）、海峽兩岸經貿交易會（簡稱「5.18」海交會）、海峽項目成果交易會（簡稱「6.18」）等展會型載體平台的搭建，使福建在兩岸交流合作中取得了豐碩的成果。以「9.8」投洽會為例，每年一度的中國國際投資貿易洽談會始終把「發揮福建對台優勢，推動兩岸經貿交流與合作」作為一大主旨來推動。其中對台特色一直是傳統特色，涉台活動也一直是最大亮點之一。歷屆投洽會都會藉助福建的對台優勢打出「海峽牌」，探討兩岸交流與合作的先行先試。如舉辦兩岸經貿合作與發展論壇，針對台商在大陸的投融資政策等兩岸關注的焦點，展開研討交流；舉辦海峽旅遊博覽會、海峽旅遊論壇，開展兩岸旅遊交流合作、洽談對接；舉辦海峽西岸經濟區論壇，加強區域經濟合作，擴大閩台交流與合作；舉辦海峽兩岸親情聯誼會、台商座談會、閩台經貿合作項目對口洽談會……精彩紛呈的對台經貿交流和懇親活動，牽起兩岸業界的手，拓展了兩岸交流與合作的空間。投洽會的對台特色，也體現在台商是投洽會最多的客商。每屆投洽會都吸引了數千名台商，占與會客商的1/4至1/3，台灣也一直是組團最多的地區。透過投洽會，一大批台資企業在大陸落地開花。2006年投洽會，福建新簽合作台資項目124個，總投資額11.5億美元，利用台商11.14億美元。除此之外，「5.18」海交會也日漸成為福建對台交流的另一重要載體平台。海交會作為福建省舉辦的一年一度大型綜合性對外經貿活動，也是大陸與台灣有關方面聯手舉辦的規模最大的兩岸經貿展會之一，內容涵蓋兩岸合作、區域協作、商品交易、項目招商、經貿研討、文化交流等方面。目前它成為兩岸產業合作的平台。它在擴大台灣農產品零關稅貿易的種類和範圍，促進台灣居民到大陸申辦個體工商戶，促進金融機構與台資企業的對接，促進閩台漁工勞務合作，公布閩台產業對接政策和海峽兩岸農業合作試驗區政策等方面造成了很好的橋樑作用，同時它還在加強福建與金馬澎地區的交往與聯繫，增進兩岸新一代青年學子和企業家的交流與共識，密切兩岸民間往來等方面發揮著重要作用。目前海交會正在成為中國對台經貿政策先行先試的窗口和中國對台經貿交流的重要載體平台。

改革開放以來，正是因為福建在拓展兩岸交流合作的載體平台的建設方面下足了工夫，搭建了數量眾多的政策型載體平台和展會型平台，使得福建在經貿領域與台灣的聯繫不斷增強，也使閩台經濟合作不斷深入，充分發揮出在招商引資和項目合作方面的巨大功能。截至2007年底，福建累計批准台資項目9361項，占大陸台商企業總數的10%，其中廈門約有3000多家台商企業。合約台資188億美元，實際到資126億美元。其中，2007年新批合約台資25.66億美元，同比增長約三成，對台小額貿易進出口達6389.8萬美元，比上年增長五成多。以福建為主體的海峽西岸區已成為開展兩岸文化、教育、科技以及人員交流的前沿平台，成為兩岸產業對接和經貿合作的連接點。

其次，在文化教育領域福建載體平台建設成果豐碩，但仍須加強提高實效。目前福建在文化教育領域基本上搭建起包括論壇、節慶、民俗、宗教、演出、書畫、賽事、交流活動等類型眾多的載體平台，有力地促進了兩岸在文教領域的交流與合作。

由於閩台兩地都屬傳統的閩南文化地區。兩地在風俗習慣、語言、宗教、禮儀、生活習俗等方面都具有很大的相近相似性。加之台灣居民絕大多數的祖籍地都在福建省。因此，兩地在文化教育領域的交流比較頻繁。福建也利用這一天然優勢，積極開展在閩台文化交流領域的載體平台建設，並取得了一定的成效。當然我們也要看到，由於兩岸歷史上長期隔絕，兩岸的文化交流目前在深度和廣度方面比較有限，還有很大一部分台灣民眾，尤其是青少年一代涉及比較少，還有待進一步加強。具體而言，當前福建在兩岸文化教育領域搭建的載體平台主要有以下幾種類型。

閩南文化研究交流載體平台。福建透過半官方和民間的方式，積極夯實閩台文化教育領域的交流基礎和渠道。例如在福建省委、省政府有關部門的支持下，廈門、漳州和泉州三地分別成立了相應的閩南文化研究的民間組織，並出版發行了閩南文化研究通信，或閩台文化交流等刊物。透過這些民間組織作為加強閩台之間進行文化領域交流的有效載體平台。同時，福建各地都以半官方或民間的方式，做出了相應的舉措。加強與台灣宗教界、地方戲曲界、民間文學界以及餐飲界的文化交流，促進了雙方的相互瞭解。

台生在閩求學交流載體平台。近年來，閩台在台生招生及培養方式的合作與交流越來越密切，特別是廈門在這方面做了許多工作。就廈門大學來說，目前在讀的就有200多名台生，這些學生遍及島內各地。此外，還有大量短期的學術交流班。例如廈門大學台灣研究院在這方面的工作非常突出。廈門大學台灣研究院先後和台灣的中國文化大學、中山大學等眾多高校的相關院系已達成互派學生交流的協議，為在讀的研究生提供為期2個月的學習交流活動。透過這種活動的開展有效開拓了學生的視野，增強了兩岸青年學生的合作交流，有利於相互之間增強信任和相互瞭解。今後隨著兩岸交流的進一步密切，一方面，越來越多的台灣學生會選擇來福建高校，甚至大陸其他學校進行學術交流。另一方面，包括福建在內的大陸學生也會越來越多地選擇到台灣各大高校進行學術交流活動。

閩台學術會議交流載體平台。目前福建充分發揮「五緣」優勢，積極搭建學術交流的載體平台，有力地促進了兩岸在閩南文化教育交流方面的合作與交流。例如，近年來福建加強了在以下幾個方面的學術交流平台建設。僅以廈門為例，近年來透過學術交流這一載體，積極開展對台文化交流活動。2005年廈門市姓氏源流研究會及閩南文化學術研究會赴金門交流，並與金門采風文化發展協會達成合作事宜。2006年廈門市中華傳統文化研究會舉辦首屆端午節文化學術研討會，兩岸學者就兩岸端午文化關係與傳統節日民俗的開發性保護進行探討。

2006年5月市閩南文化研究會舉辦首屆閩南文化論壇，兩岸學者共同探討了閩南文化的應用研究以及在兩岸交流中可以發揮的作用及意義。2006年10月首屆海峽兩岸青少年閩台姓氏源流知識競猜活動開幕。本次活動透過發揚中華姓氏研究文化，把兩岸青少年和兩岸人民緊密聯繫起來，增進了雙方的瞭解，促進了相互的交流。2007年海峽兩岸閩南文化論壇舉辦。兩岸學者圍繞閩南文化生態保護的主題，共同研討閩南文化的保護、傳承和現代發展及相關文化生態保護的一系列新的文化主題。2007年9月第二屆海峽兩岸客家高峰論壇開幕，2007年兩岸舉辦了「海峽兩岸學前教育學術論壇」，開通了學前教育研究與互動的航線，對兩岸學前教育事業的發展產生了影響。2008年1月廈門閩南文化研究會閩南音樂藝術交流分會舉辦迎春聯歡會，兩岸藝人暢談閩南音樂的交流和未來發展前景。此外，作為福建許多高校在兩岸學術會議交流方面發揮了重要作用。例如廈門大學作為大陸靠近台灣的唯一一所重點大學，近年來，廈門大學充分利用自己的獨特優勢，在推進閩台，甚至海峽兩岸學術會議交流載體平台建設方面，造成了較好的帶頭作用。目前廈門大學幾乎每年都要舉辦規模較大、層次較高的兩岸學術會議。

閩台技能人才交流載體平台。在兩岸職業教育方面，福建充分發揮海西優勢，構築閩台技能人才合作交流平台。2007年福建各部門建立了閩台人才職業培訓交流工作聯席會議制度，並召開了第一次聯席會議，建立了聯席會議工作制度，形成了各有關部門共同推進閩台職業培訓交流合作的工作機制。在此基礎上，積極構築閩台交流合作的五個平台，開展形式多樣的交流合作。一是組織開展兩岸職業技能競賽系列活動，構築技能競賽平台。從2006年至今，共組織6次兩岸職業技能競賽活動，營造兩岸職業培訓交流的氛圍。二是組織兩岸職業教育學術交流系列活動，構築學術交流平台。2005年以來福建多次以社會團體的名義多次組織兩岸職業教育培訓學術交流論壇，邀請台灣專家學者來閩進行學術交流，密切了兩岸職業培訓交流合作。三是鼓勵台胞來閩參加職業技能鑒定和投資創業，構築證照考試平台。2006年福建開展對台職業技能鑒定，2007年將對台職業技能鑒定職業從6個擴大到26個，2008年擴大到43個，共有30批500多名台胞透過鑒定考試獲得三級以上職業資格證書。四是發揮在閩台資企業作用，構築校企合作平台。與職業院校建立校企合作關係，透過從台灣原企業帶來的技術能手開展技能培訓，引進台灣職業資源，包括教育培訓理念、培訓模式、專業教材、教學方式，大大提升了員工的技能水平。這種以企引教的形式已經成為台灣職業教育資源進入福建的重要形式。五是推動兩岸技能人才交流，構築項目合作平台。舉辦「6.18」閩台技能人才交流成果展示會，2007年有32家台灣培訓和人力資源機構與福建簽訂合作協議。舉辦首屆閩台茶博會，與台灣中國文化大學簽訂協議。2008年「6.18」閩台技能人才職業交流成果會上，有30多位台灣教育界專家參加，共簽合作項目20多個。

閩台旅遊觀光文化載體平台。目前福建在閩台旅遊觀光文化交流合作的載體平台建設方面取得了較大的成績。僅以風景名勝武夷山為例，近年來它在與台旅遊交流方面的活動非常活躍，在載體平台建設上取得了很大的成績。事實上自1980年代開始，台灣同胞就開始回鄉祭祖朝聖，旅遊觀光，人數逐年增加。據不完全統計，1990年代初，武夷山每年接待台灣旅遊者僅八九千人次，到2007年底，已增至6.15萬人次，而2008年上半年這一數字達到3.85萬人次，同比增長18.7%。台灣已成為武夷山主要的域外遊客源市場。旅遊業成為武夷山與台灣合作中發展最快的行業，在促進兩岸交流中發揮了重要作用。正是在這種交流中，武夷山搭建了以下六個載體平台，來推動武夷山與台灣旅遊交流項目的發展。一是觀光渡假型平台。武夷山具有獨特、稀有的自然景觀，是人類與自然環境和諧統一的代表。有著眾多世界級的旅遊品牌，完美的山水風光，完善的綜合服務功能，吸引了台灣眾多遊客前來觀光和渡假。二是文化旅遊型平台。武夷山與台灣文化源遠流長，有朱熹理學文化，有洞頂烏龍一脈相承的茶文化。圍繞「朱熹文化、茶文化、佛教文化」等主題的兩岸交流活動相繼舉行，吸引了眾多的台灣旅客，成為開展對台文化交流的重要載體。三是宗教旅遊型平台。武夷山與台灣神緣相合，許多台灣信眾每年都到武夷山進香朝拜。武夷山天心永樂禪寺、慈恩山莊都是在台灣「中華佛教護僧協會」理事長傳孝法師的多方努力下修建的。四是旅遊交流型平台。武夷山與台灣旅遊界有著密切的雙向聯繫。2005年在首屆海峽旅遊博覽會上，武夷山與台灣旅遊業簽訂了武夷山——阿里山合作備忘錄；2006年武夷山與阿里山首次實現旅遊網站鏈接，並成功將武夷山納入台胞赴閩旅遊的三條優選線路之一。2006年武夷山組團首次赴台北參加海峽兩岸旅遊展，向台灣同胞介紹和宣傳武夷山豐富的旅遊資源和產品。五是學術交流型平台。武夷山與台灣學術交流也吸引了台灣同胞來此參加考察活動，以藝術、生物考察、弘揚中華文化為主題的青少年兒童夏令營、生物科考、書畫展等活動相繼舉辦，在兩岸學術界引起了強烈共鳴。六是懇親尋根型平台。兩岸開放以來，福建吸引了很多台灣同胞回鄉祭祖認親，修祖厝。武夷山作為朱子故里，每年也吸引數千名台胞返鄉尋根。

此外，閩南文化節、媽祖文化旅遊節、海峽兩岸哥仔戲藝術節、客家祭祖等都已成為福建當前加強兩岸文化教育領域合作的重要載體平台，這些平台在推動兩岸交流中的作用日漸提升。

最後，在政治社會領域福建載體平台建設雖有一定的基礎，但尚未成型。福建處於對台交流的前沿陣地，長期以來有效地配合了兩岸重大事務的商談，妥善解決了大量敏感的涉台問題，對促進兩岸交流和兩岸關係穩健發展發揮了積極作用，目前福建作為對台工作與兩岸交流合作試驗區、處理涉台事務前沿基地的作用正在日益凸顯。過去幾十年來，福建特別是廈門與兩岸間的重大事件都有一定的聯繫。無論是發生在1950年代的軍事對抗，60—70年代的軍事對峙，90年代初簽訂的第一個協議《金門協議》；還是2001年1月2日實現的兩岸人員第一次直航，以及台灣當局推出的所謂「小三通」等，都與廈門有著密切的關聯。事實上，長期以來，由於廈門的特殊地緣優勢，海峽兩岸都往往把這一地區作為採取某種動作的試探地、實驗田和先行地。廈門作為大陸開放最早、建設發展較快，很有代表性的繁榮、美麗的城市和經濟特區，是中國開放的一個縮影，對台灣民眾具有較強的吸引力和凝聚力，是他們認識大陸的窗口，也是大陸影響台灣民眾的重要口岸，尤其是對於台灣中南部收入較低的民眾而言，他們祖籍基本上都在閩南地區，長期以來，他們把廈門視為他們前來大陸尋根謁祖、探親訪友、到祖廟進香朝拜以及旅遊觀光最省錢、最便捷、最理想的通道。從這個角度看，廈門本身就是兩岸民眾交流交往的有效載體平台。

由於政治領域交流的敏感性，雖然目前福建的實踐經驗比較豐富，但真正搭建的載體平台並沒有建立起來。今後，隨著兩岸交流的日益密切，兩岸交流中產生的事項日益增多，兩岸民間產生的糾紛將不可避免呈增長之勢，如何有效化解兩岸民眾交往中產生的問題和矛盾，有效地促進兩岸民眾的完全融合，這就需要海峽兩岸共識加以應對。應該說目前福建在這方面具有一定的優勢。中國人大早就以特殊授權立法的形式賦予廈門立法權，當前廈門應該利用這一權力，積極補充、完善現有的涉台法規，構築廈門對台交往中的法治載體平台建設。同時，福建省作為對台工作的前沿陣地，今後向大陸中央爭取賦予在涉台立法上的更大的決策權，授權省人大充分運用地方立法權對閩台交往中出現的許多法律問題，作出明確的規定，如台資銀行的設立，可以採取先行先試的做法，為國家涉台立法提供有益的嘗試。

二、福建對台交流合作載體平台建設的特徵

首先，政府主導。在福建拓展兩岸交流的載體平台建設中，政府的主導作用非常明顯。事實上，長期以來，無論是廈門經濟特區這一載體平台，還是台商投資區這一載體平台，都是在大陸中央的政策支持下得以建立起來，有力地體現了政府主導的特徵。

應該說，在載體平台建設中，內因決定外因，內因起主導作用。在載體平台建設方面，市場應該是內因，政府作用是外因。但由於目前福建在兩岸交流的載體平台建設方面，基本上還屬於成長階段，因此，這就需要充分發揮政府的主導作用來進行推進和培育。如果不能正確認識到載體建設所處的階段性特徵，就不能正確處理好載體平台建設中政府主導作用與市場作用的關係。如果二者關係處理不好，那麼載體平台建設中，政府主導作用就會出現缺失和不到位，甚至最終影響到載體平台建設的效率和作用的發揮。應該看到，目前福建兩岸交流的載體平台建設方面雖然起步較早，但長期以來由於受制於兩岸關係的現狀，特別是兩岸在政治上對立、軍事上對峙的大格局下，儘管福建在拓展兩岸經貿交流方面的

載體平台建設方面取得了一定的成就，但整體來說，這些載體平台仍然功能欠缺，作用沒有充分發揮出來。

當前，在國民黨在島內重新全面執政、兩岸關係和平發展態勢正在不斷形成這一背景下，福建應深刻認識到目前福建在兩岸交流載體平台建設方面的初級階段特徵，目前載體平台建設仍然還處於培育階段。認識到這一特殊國情，福建在載體平台建設的主導作用就應體現在兩個目標的實現上：一是要推動載體平台建設開好頭，起好步，按照規劃循序漸進地完成載體建設的階段性建設任務。二是能夠將載體平台建設由成長階段逐步推進到成熟階段，促成載體平台建設由政府主導向市場主導的轉變。一旦完成這種轉變，載體平台建設就可由現在的重點發揮政府主導作用轉變為今後的重點引導市場發揮其主體作用了。這是政府主導作用發揮的終極目的。同時，載體平台建設中，政府主導作用有以下四個方面的作用：一是幫助載體平台良性運轉，培養和提高其市場運轉的功能。當前，福建要創造條件，積極促使福建在發展兩岸經貿交流方面的載體平台得以充分發揮其功能。例如，努力使台商投資區發揮其吸引台資，在產業升級方面有新的突破。二是提高載體平台的市場化水平，自我發展的能力。三是促進平台社會功能盡快發育健全，培育和提高載體平台的自我管理能力。四是探索創新平台載體建設的方法和途徑，建立健全長效工作機制。

其次，市場取向。我們應該看到，載體平台建設的生命力還在於市場。福建在兩岸交流合作載體平台的建設中，必須始終牢牢把握市場取向的發展方向。當前，隨著兩岸交流的不斷拓展，兩岸經貿聯繫的日益緊密，兩岸人員往來的更加頻繁，福建拓展兩岸交流合作載體平台的建設必須要定位準確，只有充分為海峽西岸經濟區建設服務，只有充分服務好兩岸交流交往，其生存和發展的空間才會更加廣闊。一方面，福建載體平台建設只有引入市場機制，引入競爭機制，才能夠提高管理服務質量，提高營運效率，降低成本，提高競爭力。市場經濟強調競爭，儘管兩岸交流合作載體平台建設具有促進祖國走向統一的政治使命，但只有將載體平台建設植根於市場經濟的脈搏中，才能具有強大的生命活力。眾多事實證明，載體平台建設，僅靠政府大力推動並不一定能起較好的作用，特別是不能維持長期有效的可持續發展態勢。也就是說僅僅依靠政府的投入是不能將載體平台建設納入正軌，政策優惠的背後應該是市場發揮作用。透過市場調節來實現政府的政策誘導作用。事實上中國先行先試的經濟特區之所以取得成功，其根源還在於進行了經濟制度改革，建立了市場調節為主的市場經濟運行機制。提供了與優惠政策相適應的經濟運行環境。另一方面，載體平台建設也要善於用好現有的政府支持力度，以引導其向市場化發展。在市場經濟條件下，政策要藉助於市場來實現。市場是載體平台建設的內在因素，政策支持是外在因素，外因透過內因起作用。

目前，福建載體平台建設發展不是很充分，這就需要藉助於政策這個外力強大自己，發展自己，以產生強大的動力，從而促進載體平台的健康有序發展。當然，光靠政府的支持不可能得到長期發展，不可能持久，因為政府的投入只能是引導和推動。在福建目前拓展兩岸交流合作的眾多載體平台中，「9.8」投洽會無疑就是始終把握住市場取向，不斷發展壯大的案例。投洽會最初也只是以招商引資為主題的僅限於閩南三角地區的外商投資貿易會，規格也就是福建省內區域性口岸洽談會。但由於它在長期的實踐中，緊密把握中國改革開放的發展脈搏，根據中國對外開放大政方針，順應中國內外經濟形勢變化，適時調整辦會主題和內容，從主要吸引外商來華投資，發展到「引進來」與「走出去」相結合，促進雙向投資；從主要為中國內陸各省市提供展示對外開放形象、擴大吸引外資的窗口，發展到為世界各國搭建加強投資合作的平台。在海峽兩岸交流合作方面，投洽會準確把握台灣產業轉移的時機，由最初以吸引台商投資製造業領域，不斷向技術開發、服務行業等領域轉向，從而不斷實現兩岸產業的成功對接。正是投洽會這一兩岸交流合作載體平台在發展中始終把握住市場的價值取向，這為其發展壯大提供了強大的動力。目前洽談會已發展成為中國國家級國際投資促進盛會。11年來，投洽會共簽約13000多個項目，透過投洽會這一載體平台，770多億美元進入中國市場，一大批中國企業走向了世界。

最後，多元模式。風險是現代社會的伴生物，兩岸之間交流合作的載體平台建設也必然會面臨一些風險。要降低載體平台的風險，就需要建立起多重保障體制。而多元模式無疑為降低載體平台建設的風險提供了一個可行的路徑選擇。當前，福建在載體平台建設方面，多元模式的特徵表現比較明顯。一是福建兩岸交流載體平台建設的主體具有多元的特徵。無論是海交會，還是「6.18」等載體平台，其主體多元的特徵非常突出。目前基本上形成了多元參與，多元共建，甚至還出現了兩岸共同組織載體平台建設的發展趨勢。二是福建兩岸交流載體平台之間的相互交流也體現出多元互動的一面。有效地促進了福建兩岸交流載體平台建設的效率。從中國內外載體平台建設的實踐來觀察，在載體平台建設中，政府可以作為載體平台建設的重要角色來承擔組織和引導的作用，除此之外，企業以及包括非政府組織在內的社會組織都可以作為載體平台建設的重要參與角色發揮重要作用。載體平台建設的多元參與、多元共建模式有利於發揮載體平台的主動性、全面性、參與性，也有利於降低載體平台建設的風險，提高防範風險的意識；有利於調動參與主體的積極性、創造性和創新性。

三、福建對台交流合作載體平台建設的作用

首先，載體平台建設為兩岸交流合作搭建了溝通的平台和交流的管道。長期以來，福建透過載體平台的建設，為兩岸交流搭建了溝通的平台和管道。有力地促進了閩台關係和兩岸關係的健康有序發展。透過「9.8」投洽會和「5.18」海交會等展會平台，有力地促進了兩岸業界、民眾交流與溝通，增進了兩岸民眾的感情，為兩岸關係的向前發展奠定了重要的基礎。以「6.18」這一重要載體平台為例，它自創辦以來，在兩岸交流合作中始終發揮著以下三個方面的功能和作用：一是它突出科技創新，加快科技創新成果向現實生產力轉化，成為提高產業素質，轉變經濟發展方式的重要平台；二是它始終突出項目帶動，成為與會企業和科學研究機構形成合力、展示作為的重要平台；三是它始終突出要素聚集，為項目、資本、技術、人才、訊息的對接創造條件，成為兩岸各方交流溝通、合作共贏的重要平台。再拿海交會這一載體平台為例，海交會已有10多年的歷史，這個平台對促進兩岸之間的合作發揮了重要的溝通作用。特別是台灣企業透過海交會這一平台，可以向福建的民眾推介台灣的農產品和旅遊產品。因此，目前海交會不僅是一次大型的兩岸經貿交流盛會，也是文化交流的絕好載體平台。而投

洽會經過10多年的發展，目前已成為大陸中央惠台政策的實驗區和先行區，成為開展兩岸文化、教育、科技以及人員交流的前沿平台，更成為海峽兩岸產業對接和經貿合作的重要連接點。海峽論壇在聯繫台灣社會各階層人士廣泛參與兩岸關係和平發展進程方面發揮了重要作用，隨著兩岸關係不斷向前發展，海峽論壇在兩岸人員交流交往中的作用將更加彰顯和突出。

其次，載體平台建設使福建作為中國對台基地的地位更加鞏固。近年來，福建透過加強對台載體平台建設的力度，使福建省作為大陸對台工作前沿陣地的優勢地位更加突出和重要。特別是中國台商投資區、兩岸農業合作試驗區等載體平台的成功搭建，使福建對台戰略的優勢地位更加突出。以廈門為例，改革開放以來，透過載體平台的不斷建設，廈門已逐漸發展為中國對台工作的重要基地。當然這也是與大陸中央的大力支持密不可分的。正是為了實現「和平統一、一國兩制」的戰略目標，廈門經濟特區應運而生。國務院1985年85號文件《關於廈門經濟特區實施方案的批覆》中明確指出：「廈門特區擴大到全島，逐步實行自由港某些政策，是為了發展中國東南地區的經濟，加強對台工作，實現祖國統一大業作出的重要戰略部署」。而黨的第三代領導集體重要領導人江澤民在視察廈門時也多次強調，「廈門經濟特區是海峽兩岸開展經濟文化交流的一個重要窗口」，「廈門特區要促進兩岸『三通』與和平統一，這是廈門光榮的歷史任務」，「廈門優勢，特色應體現在與台灣的經濟合作和貿易上來，這個作用別的特區不能代替，這個作用隨著歷史前進會越來越顯示出來」。而在2006年初，胡錦濤總書記視察廈門時也表示，「廈門完全有條件在對外開放中取得更大成績、發揮更大作用。」同時要求「推進兩岸經濟技術合作取得新進展，促進兩岸直接通航出現新局面，把寄希望於台灣人民的方針落到實處，推動兩岸弘揚中華文化的優秀傳統」。這些都充分體現了大陸中央對廈門的希望。從另外一個角度，正是多年來福建在兩岸載體平台建設中的積極作為，使福建在中國對台工作中的重要地位不斷得到鞏固和加強。由於廈門與台灣在地理和人文方面的特殊關係，當兩岸進行事務性商談和處理有關涉台事件的時候，廈門更成為最合適的地方。根據大陸中央授權和要求，按照兩岸有關協定，廈門有效地配合了兩岸重大事務性商談，妥善處理了包括有關一個中國原則、突發死亡、尋找失蹤台胞、台輪海上遇險、勞資糾紛、重危病人處置、兩岸遣返交接、涉黑等大量敏感的涉台問題，對緩和兩岸關係、促進兩岸交往穩健發展發揮了積極作用。25年來，大陸中央有關部門多次在廈門與台灣舉行官方或半官方接觸，處理重大涉台事務，其中著名的《金門協議》就是在廈門簽訂的。在兩岸關係進入一個新階段的歷史時期，廈門已成為處理大陸對台事務的重要基地。

再次，載體平台建設有利於推進爭取台灣民心工作的有效開展。福建載體平台建設，有利於推進兩岸民眾的相互瞭解和溝通，有利於推進爭取台灣民心工作的有效開展。台灣同胞八成以上祖籍福建，福建地區可以充分發揮與台灣地緣相近、血緣相親、語言相通、習俗相同的優勢，積極開展爭取台灣民心工作的落實。近年來福建透過載體平台這一模式有利地促進了兩岸的交流和發展。例如，圖書展會載體平台模式，福建透過舉辦海峽兩岸圖書交易會等活動深入島內堅持不懈地推動入島宣傳工作，加強做台灣人民工作的力度。宗教文化載體平台模式，福建以宣傳閩南文化為主軸，透過保生慈濟文化節等宗教民間信仰交流、歌仔戲等地方劇種交流、協助尋根謁祖等載體平台形式，大力拓展廈台民間交流活動。青年交流載體平台模式，福建加強廈台青少年之間的聯絡，開展兩岸大學生「閩南文化研習」夏令營、兩岸青少年夏令營、「海峽月· 中華情」大陸中央電視台中秋雙語晚會、閩南語歌曲創作大賽等多形式的交流活動。農業合作載體平台模式，舉行海峽兩岸農業合作成果展覽暨項目推介會，促進民間交流的進一步發展。福建建立台灣水果銷售集散中心，打開做台灣中南部農民工作的新窗口。政黨交流載體平台模式，福建與中國國民黨執政縣市的黨部開展基層黨際交流。台商投資區載體平台，福建的台商投資區本身就是做台灣人民工作的重要陣地。台商投資區作為台灣企業家及家屬工作和生活最密集的地區，為我們做好台灣人民工作提供了方便，越來越多的台商子女在福建接受基礎教育和高等教育。他們在大陸的成功發展，增強了對祖國的向心力，在政治上普遍傾向於兩岸和平發展。總之，福建透過多方面、多層次的努力，積極推動兩岸、閩台之間深入交流，增強了兩岸民眾，特別是台灣民眾同根同緣的親情感，也增強了兩岸民眾共同弘揚中華民族文化的歷史使命感和榮譽感，增強了台灣民眾對祖國的認同感。有利於推進祖國和平統一事業向前邁進。

最後，有利於推進海峽西岸經濟區的快速發展。改革開放以來，海峽西岸經濟區的建設飛速發展，一個重要根源還在於福建主動搭建了促進兩岸經貿交流與合作的載體平台，使福建成為大陸吸引台商的重要地區之一。以海峽西岸區重要中心城市廈門為例，近年來，廈門經濟特區透過積極搭建兩岸交流合作的載體平台，有利於促進廈門經濟特區的經濟發展，直接促進了海峽西岸經濟區的建設進程。目前台灣各行業一些核心產業和支柱性大企業，都已進入廈門台商投資區，並形成了台灣產業集群，主要有翔鷺為龍頭的石化——化纖——紡織產業鏈，多威、TDK、信華為主的電子元器件產業集群，明達、東龍等為主的建材業，正新為主的橡膠業，還有機械、金屬加工等產業，產值上億元的企業達58家。透過多年努力，廈門海港已是對台航運形式最豐富、航運時間最長的港口，經過多年探索和嘗試，創造性地發展了具有廈門特色的對台航運模式。1997年4月19日，廈門輪船總公司的「盛達輪」集裝箱船，橫渡台灣海峽直駛台灣高雄港，這是兩岸隔絕48年後，海上貨輪直航台灣的破冰之航。「廈門——高雄」航線開通以來，累計集裝箱吞吐量296萬標箱。2002年2月廈門貨物首航金門，實現了大陸對金門50年來第一次貨物直航。2006年又實現了廈門航點春節客運包機和中秋客運包機，成為對台包機直航的四大航空港之一。自2001年實現了與金門直接往來，目前每天有20個班次往來廈金兩地，累計運載旅客166萬人次，估計今年將突破60萬人次，廈金航線已成為兩岸人員往來的最便捷通道和重要窗口。隨著五通海空聯運碼頭的正式啟用，廈門作為台灣同胞進出大陸最重要口岸的作用將進一步凸顯。這不僅對廈門經濟特區，而且對整個海峽西岸經濟區的建設和發展都將造成巨大的推動作用。

第二節 新形勢下福建載體平台建設面臨的機遇與挑戰

一、福建省載體平台建設面臨的歷史機遇

首先，兩岸政治環境有利於福建省載體平台建設。2008年初的兩次台灣選舉表明，台灣的主流民意要求兩岸關係和平、穩定發展，台灣民眾用選票表達了對陳水扁當局「台獨」分裂活動的反感。這充分說明「台獨」分裂活動的高潮已經過去，兩岸關係的高危期已過去。隨著國民黨在島內全面執政，兩岸關係走向緩和的氛圍和趨勢已漸形成。在馬英九執政下，台灣當局揚棄了「法理台獨」的政策路線，兩岸關係相對穩定的局面正在不斷形成。當前，隨著兩岸兩會的成功復談，並就兩岸「週末包機」和大陸旅客赴台旅遊兩項事項達成協議並成功實施，開啟了兩岸關係發展中嶄新的一頁。我們看到，隨著馬英九當局在開放投資上限，陸資赴台許可，以及大幅度對發展兩岸關係進行政策鬆綁等措施的實行，兩岸關係發展的趨勢已進入良性運轉的軌道。在當前兩岸關係和平發展態勢基本形成的整體格局下，福建要時刻把握大陸中央對台的精神，積極在拓展兩岸交流的載體平台方面力求有新作為，新突破。同時要把握目前兩岸關係發展難得的新機遇，主動出擊，積極搭建促進兩岸交流的載體平台建設，努力促進福建對台交流再上一個新台階。一是福建要充分利用和發揮好以前搭建的載體平台，提高這些平台的利用效率，發揮其功能。在這方面，要加強對這些載體平台運行機制的研究，研究提高其功效的途徑和措施。二是積極創造條件，為兩岸關係發展的新局積極搭建一系列新的載體平台。比如，在當前兩岸關係和平發展態勢的局面下，福建可以在充分發揮五緣優勢的基礎上，積極構建兩岸社會融合的載體平台建設。

其次，兩岸的現實需求有利於載體平台建設。對於大陸來說，國民黨全面執政後，馬英九當局表示不支持「法理台獨」，這使兩岸過去十多年來的統「獨」之爭暫時擱置，兩岸關係的高危期已經過去，兩岸關係進入了和平發展的時期。這是大陸所期待的事情。儘管和平發展並不必然導致兩岸和平統一，但至少比民進黨執政時期兩岸關係的緊張狀態要好得多。因此，在當前形勢下，大陸會利用目前兩岸關係新局的難得歷史機遇，大力加強兩岸在政治、經濟、文化等領域的合作和交流，努力促使兩岸相互依賴局面的不斷形成，大力加強做台灣民眾的思想工作，加大爭取台灣民心工作的開展力度。而要達到這些目標，就需要加強兩岸交流合作載體平台的建設力度，透過這些載體平台的搭建來為兩岸交流交往創造條件和奠定基礎。而對於台灣當局來說，積極發展兩岸關係，這是國民黨執政當局要想保持繼續執政的重要任務和工作。從這次台灣「大選」來看，台灣的主流民意就是發展兩岸關係和促進台灣經濟的發展。因此馬英九當局面臨著民意要求改善和推進兩岸關係的強大壓力，目前看來，國民黨和馬英九也在積極落實競選口號，兩岸經貿交流的前景相當樂觀。對於台灣馬英九當局來說，推動兩岸關係發展也是一個必然的選擇。一是有民意要求發展兩岸關係的強大基礎；二是台灣經濟越來越離不開大陸，只有全面「三通」和直航，才是解決台灣發展的根本之道；三是馬英九面臨著連任的壓力。台灣是一個選舉社會，如果在經貿及發展經濟方面沒有建樹，選民的認可度必然降低，這對尋求連任的馬英九而言絕對是一大挑戰，因此，改善兩岸關係，給台灣經濟尋找出一條活路來，這也是馬連任成功的重要任務。因此，當前福建積極發展兩岸關係，為兩岸關係交流與發展搭建更多的載體平台，不只是符合福建的利益需求，也是有利於台灣當局利益的戰略舉措。

最後，兩岸交流發展也需要一些載體平台來加以保證。兩岸關係中的結構性矛盾決定了台灣問題解決的長期性、複雜性、階段性特徵，這也在某種程度上決定了我們的對台戰略目標要分階段、分步驟、循序漸進地落實。由於長期的隔絕，兩岸社會制度的差異，兩岸交流交往過程中就會遇到許多棘手的問題，兩岸要從相對自立的社會到結合成為一個緊密的社會，必然會產生諸多矛盾和衝突。在國民黨重新執政的情況下，如果兩岸交流合作過程中出現了嚴重對立，有可能使我們頓失台灣民心，使兩岸關係再次陷入深淵。因此，我們必須牢牢把握兩岸關係和平發展的主題，以實際行動落實兩岸融合的目標。為了降低兩岸交流交往帶來的政治、經濟、社會風險，及時對兩岸互動政策進行糾錯，使兩岸最終完全統一的進程更加平順，因此搭建兩岸社會融合的載體平台顯得非常務實和重要。例如我們可以先在福建省進行試點，選取特定區域建立「兩岸社會融合綜合試驗區」，邀請台灣方面參與試驗區的建設，有計劃、有目的地就兩岸一體化進程中可能面臨的社會、經濟、教育、文化等非政治性或低政治性議題進行試點，總結經驗教訓，為兩岸全方位融合指明方向。透過這種載體平台的搭建，有力地促進兩岸社會的不斷融合，最終為祖國統一大業作出貢獻。

二、福建省載體平台建設面臨的挑戰

首先，思想認識不到位。長期以來，我們不少幹部群眾對兩岸交流合作載體平台建設的認識還沒有完全到位。在思想深處始終存在著為建平台而建平台的觀念，嚴重漠視載體平台在拓寬兩岸交流合作中的作用發揮。這種重形式而輕實質的做法，常常使得我們對載體平台後期的持續支持度不夠，從而使一些載體平台陷入發展後勁不足的尷尬窘境。對於開展載體平台建設，一些幹部群眾，甚至包括一些領導幹部的思想認識上有一些誤區存在：有的把載體平台建設當做一般事務性工作對待，缺乏高度的政治責任感和歷史使命感；有的不能跳出福建看福建，廈門看廈門，缺乏大局意識和戰略眼光；有的把文化與經濟工作割裂開來，甚至對立起來，認為經貿交流與合作是賺錢的，文化交流與合作是花錢的，組織交流活動的積極性不高；有的則把對台文化交流看做僅僅是對台工作部門的事，與己無關，可做可不做。事實上，經濟落後不可怕，載體平台缺乏也不可怕，可怕的是思想觀念的落後，這是當前福建在載體平台建設工作中亟待解決的首要問題。

由於部分人士對福建新形勢下拓展兩岸交流合作載體平台建設的思想認識不到位，這在實踐中產生了嚴重的消極後果。一方面，使我們在拓展兩岸交流合作載體平台建設中，把重點放在了有利於招商引資和項目合作的載體平台建設工作上。而對於拓展兩岸文化交流合作方面的載體平台建設不予關注和重視。此種狀況如果長期下去，將不利於我們福建省發揮對台工作前沿陣地的優勢。另一方面，正是由於過於偏向經濟類載體平台建設，忽視文化教育類載體平台建設，使我們或多或少在實踐中忽視對閩南文化的保護工作，忽視在兩岸交流合作中加強和做大做強閩南文化這一載體平台的必要性和重要性。閩台兩地同屬閩南文化圈，閩南方言是傳承閩南文化的重要載體。透過閩南方言，才能感受到閩南文化的絢麗多彩。失去這一載體，閩南文化將變成一具空殼。雖然目前閩南話仍在幾千萬人中流傳，但面臨著日益被沖淡的可能趨勢。隨著閩南地區城市化建設的加快，外來人口的增長，日常生活中為便於交流很多人開始使用普通話，閩南話有被沖淡的可能性存在。長期下去這將動搖閩南文化傳播的根基。如果我們不能很好地傳承閩南話，二三十年後我們拿什麼樣的鄉音鄉情與台灣民眾交流溝通，因為只有鄉音在，鄉情才不會斷。同樣，我們對閩南文物古蹟的保護力度仍然不夠。閩台文化相緣，信仰相近，民俗相通。在閩南地區存在很多與台灣有關的閩南文物古蹟，如慈濟宮、三坪祖廟、清水祖師廟、威惠廟、關帝廟、玉尊宮以及數量眾多的宗祠祖暮等。這些文物古蹟不僅是閩南文化傳承發展的見證，也是閩南民俗文化的展演地，更是情牽台灣同胞的根，也是他們心中的家。特別是回到大陸祖籍地進祖廟拜香火等信俗在台灣仍然具有深厚的民眾基礎和傳統積澱，它也是目前兩岸交流交往的重要渠道之一。保護好閩南文化中文物古蹟已成為當務之急。因此，我們相關部門和工作人員，一定從思想上認清形勢，用戰略的思維和發展的眼光看待兩岸交流合作中載體平台的建設工作。在兩岸交流合作中招商引資類的載體平台固然重要，但它不是全部，促進兩岸文化交流和人員往來的載體平台搭建也是一個重要的方面，二者缺一不可，不能偏頗。

其次，現實困境的制約。載體平台的構建需要有一定的物質與技術支撐，否則它將成了無水之魚，無土之木。當前福建在拓展兩岸交流合作載體平台建設中面臨的困境主要表現在以下三個方面。

一是福建的道路交通相對滯後。由於福建以山區居多，道路交通問題一直是制約福建經濟發展的瓶頸所在。目前福建在鐵路、公路等方面的建設水平都遠遠落後於長三角、珠三角等經濟發達地區。福建道路交通落後的局面使福建目前的對外通道仍然偏少，省內公路交通體系尚未完全納入到整個東南沿海經濟區的總體構架中。現有的綜合運輸能力在總體上仍不能滿足經濟社會發展的需要，同樣，福建鐵路也面臨這種情況，目前只有鷹廈、橫南兩條出省鐵路通道，這種與中國鐵路運輸網聯繫通道少、運能弱的狀況，仍在一定程度上制約著福建與周邊省區經濟交流的擴大、經濟腹地的拓展和內外輻射能力的增強，同時也直接影響了廈門和福州等港口中轉功能的更大發揮。福建交通運輸數量仍然偏少，網路布局與結構尚不盡合理。交通設施偏少的狀況特別表現在鐵路和港口深水泊位上。這使福建港口吞吐能力特別是集裝箱等專業化泊位吞吐能力明顯不足，壓船壓港現象仍然存在。此外，福建道路交通建設滯後還表現在道路交通的布局不盡合理。由於歷史原因，新中國成立後福建一直處於海防前線，交通設施主要立足於戰略上的需要，因此，鐵路和公路幹線的建設布局，大多均由內陸向沿海延伸，從西向東，導致至今全省沒有建設成一條沿海南北走向的鐵路，沿海公路也主要只有一條福廈線路，大多數公路遠離海邊。鐵路不成網路，疏港鐵路，公路少，標準低，不能滿足港口吞吐量和運量激增的需要。

二是福建經濟總量整體不足。儘管福建處於長三角和珠三角兩大經濟發達區域之間，但由於長期以來，福建一直是對台戰略的前沿陣地，特殊的地形地理位置決定了福建經濟的相對不發達狀態。以2007年各省GDP來看，地處珠三角的廣東省其GDP超過了3萬億元，位居長三角的江蘇省GDP超過2.5萬億元，浙江省超過1.8萬億元，就連上海這個直轄市其GDP也超過1.2萬億元。反觀福建省GDP總量剛剛突破0.9萬億元，因此，經濟總體實力不足是制約福建在拓展兩岸交流合作載體平台建設的一大障礙。此外，福建經濟發展整體水平不夠高。與經濟發達地區相比較福建的經濟創新能力嚴重不足。

三是福建市場需求有限。由於福建幅員不大，人口有限，經濟發展水平不高，這使得福建的市場需求有限。儘管廈門是經濟特區，改革開放以來，投資環境已大有改善，經濟總體實力增長較大，但與其他沿海城市比較仍有較大差距，經濟腹地狹窄，產業鏈短，配套能力不強，缺乏閩台合作可持續發展的強大動力，還未能適應台商投資導向的新變化，使兩地產業合作的後勁不足。這也是最近幾年台商大量朝長三角和珠三角發展的重要原因所在。

再次，整體功能未發揮。儘管目前福建是中國吸引台資最為密集的地區之一，但由於歷史或現實的原因，福建對台戰略的整體功能並沒有完全發揮出來，這嚴重影響和制約到福建在新形勢下拓展兩岸交流合作載體平台建設的工作開展。改革開放以來，福建長期以來一直作為大陸吸引台資的重要窗口和出口加工業基地。但隨著改革開放的深化，中國呈現全方位的對外開放格局，福建的發展後勁明顯不足，並受到一定影響。一個原因是產業布局缺乏統一規劃，產業關聯度小。以廈門為例，開放之初，招商引資對象較少，為了追求招商引資政績，廈門三大台商投資區都較少考慮各自的發展特色和產業定位，缺少符合本區實際分工明確的產業規劃。結果導致三大台商投資區缺少應有的特色和產業分工、協作關係，產業發展的雷同率與重複交叉現象嚴重。還有台資所占比重不高，對台特色不明顯。各台資投資區在招商引資中對台資的重要性認識不足，普遍存在「只要外資上去了，台資來不來，來多少關係不大」的觀念，忽略了當初國家在廈門設立台商投資區的初衷。台商投資區的相關職能部門在實際操作中也存在過於追求經濟效益的傾向，把更多注意力集中於規模與技術含量較高的歐、美、日、韓大企業，忽視了投資區應有的台資特色。以廈門為例，廈門在承接台灣產業轉移過程中面臨的主要問題是廈門產業鏈短，配套能力不強，產業聚集效應不顯著。雖然目前廈門現在形成了電子、機械、化工三大支柱產業，但是優勢產業的供應商基本都在外地，產業鏈短，沒有形成集群效應。另外一個原因是廈門台資產業鏈尚未發育完全，台商企業集群效應不明顯。目前，廈門雖然形成了以集美、海滄、杏林三大台商投資區為主體的台商投資格局，廈門島內以技術型、服務型產業為主，外島以勞動密集型和資金密集型產業為主，但各區域內部存在著規模優勢不顯著、投資領域寬泛、產業關聯度鬆散問題。此外，還受到廈門區位條件制約，表現為經濟腹地狹窄，建設用地供求矛盾突出，淡水、原材料等資源約束比較明顯，勞動力成本上升，高端人才明顯缺乏。因此，正是由於福建拓展兩岸經貿交流合作中，缺乏一定的遠見和規劃，這在一定程度上影響到福建經濟整體功能的發揮，甚至影響到對台招商和項目合作的持續開展。

最後，優勢漸失的挑戰。隨著兩岸直航的到來，福建作為對台戰略基地的作用正呈下降之勢。這是我們必須清醒地認識到的。因為在兩岸交流合作中，載體平台的作用更多的是表現為比較優勢，而非絕對優勢。雖然目前福建在拓展兩岸交流合作載體平台建設方面取得了先機，並成功搭建了一系列的載體平台，但隨著兩岸開放的向前發展，特別是在兩岸直接「三通」之後，福建的地緣優勢將大大削弱。特別是由於福建面積小、平地少、山地多、市場小。因此，在未來兩岸交流合作中，福建的載體平台無法與其他經濟發達地區相競爭，自然就無法吸引台灣方面的積極性，無法使他們投入到海峽西岸經濟區的建設浪潮中去。因此，我們一定要提高謹慎，努力防止對台優勢的喪失。當然，這種優勢漸失也是相對的，隨著兩岸交流密切和頻繁，兩岸全面直接「三通」後，福建憑藉其在對台戰略中的「五緣」優勢，還是完全有更大的作為。因此，對福建而言，重要的是把握住目前對台工作的優勢，積極採取措施，加快自身發展，為閩台關係向前發展和提升層次奠定基礎，努力搭建更多更好的載體平台，一方面促使閩台經濟形成更為緊密的融合關係，另一方面透過發揮閩南文化的作用和影響，使台灣民眾心繫大陸，增強台灣同胞對大陸的瞭解和認同。

第三節　新形勢下福建拓展對台載體平台的思路與作為

一、新形勢下福建對台載體平台建設的指導思想

兩岸關係的發展直接涉及國家統一的重大問題，因此在推進兩岸關係和平發展的前提下，福建載體平台建設一定要堅持正確的指導思想。當前，這一指導思想就是始終堅持兩岸關係和平發展的大局。胡錦濤總書記在黨的十七大上，提出了兩岸關係和平發展的重要思想。他指出「在一個中國原則的基礎上，協商正式結束兩岸敵對狀態，達成和平協議，構建兩岸關係和平發展框架，開創兩岸關係和平發展新局面」。這充分表明黨對台戰略進入了一個新的歷史時期。

兩岸關係和平發展戰略的提出，是我們黨在新的歷史時期基於兩岸關係的現狀及冷戰後國際形勢發展所做的戰略抉擇。一是兩岸關係和平發展是基於兩岸關係發展的歷史和現狀所做出的重大戰略思考。長期以來儘管兩岸在政治對話上沒有取得突破，但兩岸經貿、人員、文化等方面的交流不斷密切。截至2007年9月底，兩岸累計貿易總額已達到6933億美元，大陸累計批准台商投資項目74327項，台商實際投資450億美元，台灣居民往來大陸累計達4583萬人次，大陸居民赴台累計也超過了156萬人次。兩岸在經貿領域已形成了一定的相互依賴關係。特別是自2005年以來國民黨為代表的台灣一些政治力量紛紛訪問大陸，共商兩岸大事，表明兩岸在政治交流方面開闢了新渠道。隨著兩岸交流的不斷深入與發展，客觀上就需要維持和平發展的兩岸環境，這既是推動兩岸關係改善的重大舉

措，而且更是完全符合兩岸人民現實利益的客觀需求。因此，兩岸民眾渴求交流的需求是和平發展戰略形成的直接動力。二是兩岸關係和平發展也是遏制島內「台獨」分裂活動的重要籌碼。民進黨在島內的八年執政時期，陳水扁當局在「台獨」道路上漸行漸遠，兩岸政治僵局不斷加深。在這種背景下，大陸牢牢把握兩岸和平發展的大局，充分發揮兩岸經貿、文化、人員交流的渠道優勢，加深兩岸人民的瞭解與聯繫。在兩岸交流的大趨勢背景下，兩岸交流合作的強大意願才能對陳水扁當局的「台獨」分裂企圖形成強大的制約能力。當前，隨著國民黨重新執政，島內「法理台獨」的威脅大大降低，但台灣分離主義思潮仍然存在，因此，我們必須時刻把握兩岸關係和平發展的大局，努力遏制和化解「台獨」分裂勢力。三是兩岸和平發展是順應國際潮流的客觀需要。當今世界正處於大變革大調整之中。和平與發展仍然是時代的主題，求和平、謀發展、促合作已經成為不可阻擋的時代潮流。世界多極化趨勢不可逆轉，經濟全球化深入發展，科技革命加速推進，全球和區域合作方興未艾，國與國相依存日趨緊密，國際力量對比朝著有利於維護世界和平方向發展，國際形勢總體保持穩定。因此，和平與發展仍然是當今時代的主題。我們強調把握兩岸關係和平發展的主題，就是要站在國際新視角、時代制高點上，緊緊抓住和平這一當今世界發展潮流，以及追求和平、繁榮、和諧的普世價值，從戰略的高度審視兩岸關係與世界潮流的共生共榮。兩岸和平發展戰略的提出，不僅是順應時代主題的客觀需要，而且更是把握住了兩岸關係中的核心內容與關鍵環節，同時也在台海和平、亞太安全等問題中掌握了道義上的制高點。

兩岸關係和平發展思想是新時期我們黨和政府在對台戰略方面的新思路和新發展，它有著豐富的科學內涵：其一，時代性特徵。冷戰結束後，和平與發展已成為時代的主題。兩岸關係和平發展思想的提出，表明了我們黨緊跟時代潮流，高舉和平大旗，為兩岸關係開創新局面儘量創造最好的環境。兩岸和平發展戰略的提出並非權宜之計，而是與我黨自十六大以來提出的科學發展觀、堅持走和平發展道路、建設和諧世界等重大理論創新成果相結合的、相配套的、一脈相承的最新理論成果。堅持兩岸和平發展思想，就是要求除了在大陸建構和諧社會，在國際社會建構和諧世界之外，還主張在兩岸之間建構起和平發展的和諧兩岸關係。其二，原則性特徵。推動兩岸關係和平發展是有前提和原則的，那就是必須堅持一個中國的基本原則。海峽兩岸同屬一個中國的事實早已成為歷史的定論，這是兩岸關係和平發展的基本前提，是絕對不容置疑的。「和平獨立」只能是「台獨」頑固分子的一廂情願的事情。其三，柔和性特徵。堅持兩岸關係和平發展，就是兩岸之間要建立互信、擱置爭議、求同存異、共創雙贏的局面，就是要大力落實「寄希望於台灣人民的方針」，繼續實施惠台措施，堅持把台灣人民利益作為對台工作的基本出發點和最終落腳點。凡是對台灣同胞有利的事情，凡是對維護台海和平有利的事情，凡是對促進祖國和平統一有利的事情，我們都會盡最大努力做好。其四，繼承性特徵。兩岸關係和平發展思想的提出並非一時心血來潮，而是我們黨長期以來對台政策、戰略的智慧結晶和集體智慧；特別是兩岸關係和平發展思想充分繼承了鄧小平的「和平統一、一國兩制」的基本思想，發展了江澤民關於現階段發展兩岸關係、推進祖國和平統一進程的八項主張的戰略思想，充實了胡錦濤關於堅持新形勢下發展兩岸關係的四點意見的內涵。從某種程度上說，兩岸和平發展戰略更是以胡錦濤為中心的新一屆黨大陸中央五年來對台政策的新思維新舉措的系統、全面、完整的概括、總結和提煉。它必將成為統領我們今後相當一段時期對台工作的指導思想。

當前，隨著國民黨在島內全面執政，兩岸關係進入了一個新的歷史發展時期，兩岸關係和平發展的態勢正在穩步向前發展。目前，兩岸兩會成功復談，兩岸週末包機和大陸居民赴台旅遊已成功實行，這些都對兩岸交流向前發展造成了直接的推動作用。隨著兩岸貨物包機直航、台資赴大陸投資上限取消、陸資赴台成行等措施的不斷到位，兩岸之間在經貿安排、人員往來等領域的融合不斷加深，將成為推進兩岸關係和平發展的最大助推力。因此，在新形勢下，我們要拓展兩岸交流合作載體平台的建設，就必須緊緊把握兩岸關係和平發展這一主題和大局，唯如此，我們才能在載體平台建設上取得新突破。當前，載體平台建設要堅持兩岸關係和平發展思想，就是要始終把做好台灣人民工作視為對台工作的重要內容。透過載體平台的搭建，增加台灣民眾瞭解大陸的渠道，增加兩岸民眾溝通的機會，增強台灣民眾對大陸的認同感和歸屬感。透過追求兩岸共同發展、謀求雙贏的思路，努力消除島內民眾對大陸的隔閡，透過增強兩岸人民的共識，來逐步建構起信任和溝通機制，增加雙方的感情基礎。這是我們爭取國家統一的必由之路。從這個意義上説，兩岸能否和平發展，直接關係到祖國的統一大業。只有這樣，才能從根本上增強對台灣和世界的吸引力，這樣既可以有效遏制美日對台扶持力度，破除「中國威脅論」的欺騙宣傳，還可以爭取到台灣的民心，最終必然有利於國家統一進程向前邁進。

二、新形勢下福建對台載體平台建設的戰略規劃

新形勢下拓展兩岸交流合作載體平台建設必須要有清醒的戰略意識。所謂戰略就是對一個較長發展過程的、具有全局意義的重大問題和領域的籌劃和指導，以達到預期的目標。而不是對眼前的某項具體工作、個別事件的部署處置。戰略強調全局性籌劃，不要求因一時一事的變化而影響全局。因此，戰略一旦制定後，就要有相對穩定性和長期性，同時還要具有前瞻性。這就要求戰略制定者在制定戰略時要有遠見，有長遠眼光，對較長一個時期的戰略環境有一個清醒的認識。在當前歷史時期，面對兩岸關係和平發展態勢不斷形成的局面，福建在拓展兩岸交流合作載體平台建設方面的戰略規劃主要有以下幾個方面：

首先，要制定完善的戰略規劃。新形勢下拓展兩岸交流合作載體平台建設方面，福建一定要進行完善的戰略規劃，不可盲目進行。

一是要解放思想。要大力加強政治思想教育，努力提高思想認識，增強拓展兩岸交流合作的責任感和使命感，要從服務於國家對台戰略新思維的政治高度和戰略高度來認識和看待載體平台建設問題。這就需要福建上下要統一思想，積極引導幹部和群眾學習大陸中央對台工作方面的新精神新指示，引導幹部特別是領導幹部從戰略和全局的高度進一步認清擴大和做好載體平台建設的重要現實意義，使福建廣大幹部群眾完全認識到自己在做好對台交流合作工作、促進祖國和平統一進程中的重要歷史責任。只有這樣才能真正認識到福建在新形勢下拓展兩岸交流合作載體平台建設的重要性和緊迫性。二是夯實基礎。我們必須要清醒地

認識到福建目前在載體平台建設方面面臨的困難和挑戰，要努力改善載體平台建設的軟硬環境，努力提升福建在拓展兩岸交流合作中載體平台建設的水平和能力。例如，針對福建目前道路交通不能滿足經濟發展需求的現狀，福建要從戰略的高度加大加快道路交通基礎設施的建設力度。在努力促使福建交通，水電供應等瓶頸制約得到緩解、投資硬環境得到改善的同時，要把投資軟環境作為吸引台資工作的重中之重來把握，努力營造低成本、高效率、文明法治的投資營商環境。同時，作為長三角和珠三角之間的中間地帶，位於福建省的海峽西岸區的崛起毫無疑問將成為推動長三角和珠三角整合和進一步發展的重要支點。福建目前正加緊實施項目帶動戰略，透過對重點項目的策劃、協調、服務工作，有效增強項目的帶動效應和支撐作用，壯大產業集群，促進省內經濟的健康發展和對外開放，促進生產力的合理布局，增強經濟發展後勁，營造良好的經濟發展環境。努力為台商企業在福建落戶和發展創造最好的環境和條件，為福建載體平台建設創造良好的物質基礎。

其次，要制定詳盡的實施方案。新形勢下拓展兩岸交流合作載體平台建設方面，我們一定要制定詳盡的實施方案，力求創新模式，並注重實效。一是在內容上，針對福建省經濟發展水平和閩台交流具體情況，福建在制定載體平台建設實施方案上，既要把招商引資和項目合作作為搭建載體平台的重要功能來全盤考量，又要兼顧載體平台在加強閩台文化交流、增強兩岸民眾感情、爭取台灣民心等方面功能的充分發揮。二是在形式上，既要持續發揮政策型載體平台在兩岸交流合作中的功能，又要積極增強展會型平台在促進兩岸經貿聯繫和人員往來的功能，同時還要努力構建新的載體平台模式，努力推進福建載體平台建設邁上一個新台階。三是在方法上，我們一定要把傳統手段和現代方法有機結合，努力使福建載體平台建設在方法上不斷創新。我們可以採取把網路載體平台與展會載體平台有效對接的模式來加強載體平台的建設。例如可以就項目的提前對接進行撮合，使雙向互動成為可能，可以在會前先徵集項目，提前利用網上項目平台進行發布，採用網上項目對接與專場洽談會相結合的方式，為資本與項目的對接搭建高效的平台。

最後，要成立專門的機構組織實施。新形勢下拓展兩岸交流合作載體平台建設，就需要有專門的組織機構來負責組織和實施。一是專門的組織機構可以為載體平台建設的前期工作奠定基礎，事實證明這種專門機構由於其職能單一，溝通和組織能力突出，往往能夠開展有效的工作，能較好地完成載體平台建設的前期準備工作。二是專門的組織機構可以為載體平台後續的成功運轉提供組織保證，特別是它能為確保載體平台良性運轉提供持續的人力、物力支持。鑒於在載體平台建設中專門組織機構的重要作用，我們建議這種專門機構應該由政府負責落實，指定重要領導幹部來出面協調工作的開展，最大限度地為載體平台建設創造便利條件。

三、新形勢下福建拓展載體平台建設的實現路徑

路徑選擇是福建拓展兩岸交流合作載體平台建構的重要一環。福建應充分利用自身獨特的對台區位優勢，建立起模式不一、功能多樣的載體平台，努力推進兩岸交流向著縱深方向不斷拓展和延伸。根據目前福建的特殊省情以及兩岸關係發展的現狀，福建在新形勢下拓展兩岸交流合作載體平台建構的模式主要有幾種類型：

1.兩岸經濟貿易領域載體平台建構的模式

福建應充分利用靠近台灣的地緣、人緣、商緣、情緣、血緣、法緣等優勢，積極在經貿領域搭建模式不一、功能多樣的載體平台。

（1）政策型載體平台。福建要繼續完善和充實既有的政策型載體平台，充分發揮它們在拓展兩岸交流合作中的作用重要。目前福建包括經濟特區、台商投資區、兩岸農業合作試驗區等在內的政策型載體平台仍然是福建載體平台的重要主體。福建應該加大力度，充分發揮這些平台在對台交流合作中的重要功能。同時，我們還要與時俱進，積極建構起新的政策型載體平台。當前，福建要努力爭取台商投資區發展成為中國綜合配套改革試驗區。因為目前三個台商投資區越來越不適應台商在廈門投資的新趨勢，呈現出台商投資層次不高，產業前後向聯繫

不密切，產業結構差異不明顯，用地困難，發展後勁不足等諸多問題。要求大陸中央對廈門台商投資區實行優惠政策，以增強台商投資區在海西建設中的體制創新作用，批准台商投資區為中國綜合配套改革試驗區。可以比照國家賦予天津濱海新區的優惠政策，批准台商投資區成為中國綜合配套改革試驗區，在土地政策、財政稅收政策、物流政策等方面嘗試新的突破。鼓勵台商投資區進行金融改革和創新，原則上安排台商投資區先試先行。爭取更多國家開發銀行與國台辦合作推出的台商貸款，推動台商投資區發展。進一步明確台商投資區的產業定位，對比台灣的產業優勢統籌考慮，確定引進台商的重點。充分利用廈門與台灣的獨特人文地理優勢，利用各種平台，全方位加強與台商行業公會接觸，爭取台灣化工、光電、IT等核心產業和支柱行業的整體引進。結合廈門實際，嘗試在新擴區建立與台灣相類似的管理模式，營造更適宜台灣產業生存發展的環境，使台商投資區成為台灣企業的總部、研發中心和生產基地。

（2）樞紐型載體平台。目前福建可以在以下幾個方面搭建起兩岸交流合作的載體平台。一是海峽兩岸金融中心載體平台，充分發揮福建省特別是廈門市在兩岸金融業合作中的窗口。隨著兩岸全面「三通」，金融服務的重要性越發突出。廈門在兩岸金融合作中，以其有利的地理條件和良好的經濟基礎，完全有可能成為區域性金融中心。廈門在歷史上就是商業金融較發達的城市，從現代區域經濟角度來看，廈門也具有承接台灣金融業轉移的條件。它位於上海和香港兩個金融中心的中間位置，在東南沿海地區發展金融服務業具有得天獨厚的區位優勢。同時，廈門現有1300多家生產經營性台資企業，是台商投資的密集地區，兩岸經由廈門口岸出入的人員日益增多，對金融部門提供貨幣兌換等業務的需求也越發突出。這為台商來廈門投資金融業提供了市場。二是海峽兩岸台商營運中心載體平台。在這方面廈門可以憑藉其獨特的對台優勢地位，透過優惠政策吸引部分台商把其營運總部放在廈門，這樣形成群聚效應。積極鼓勵現有在閩台商企業或新來閩投資的台灣業者將其總部、研發基地設於廈門，積極向福州、漳州、泉州等城市發展生產基地，擴大福建利用台資的規模。三是海峽兩岸貨物集散中心載體平台。充分利用福建廈門、福州兩大重要港口的優勢，積極把福建打造成海峽兩岸貨物往來的重要平台。以廈門為例，廈門港口屬於國家一類樞紐港，港區自然岸線64.5公里，有大、中、小泊位81個，能接納世界上最大的集裝箱船。目前廈門作為東南沿海中轉港口的地位已經形成。由於廈門與台灣一水之隔，在兩岸經貿往來方面，廈門所處的地理位置是其他地區無法比擬的。隨著兩岸直航的到來，廈門港口與台灣船運業的對接與合作不可避免，兩岸直航後，廈門港口完全有部分取代香港的地位，成為台灣貨品輸往大陸及歐美各地的轉口貿易中心。四是海峽兩岸農產品銷售集散中心。努力把廈門台灣水果銷售集散中心建設成為大陸最大規模的台灣水果銷售集散中心。積極與大陸主要城市的經銷商加強採購聯繫，為台灣水果進入大陸市場牽線搭橋。

（3）展會型載體平台。福建要繼續辦好既有的「9.8」投洽會和「5.18」海交會等展會載體平台，完善這些展會載體平台的功能。同時，福建還要積極搭建更多的展會型載體平台。鑒於閩台兩地無論是在地形還是氣候方面均非常相似，兩岸的農業合作前景十分廣泛，因此考慮建立海峽兩岸農產品交易博覽會等載體平台。透過這一展會載體平台的推動，積極在福建打造形成海峽兩岸農產品集散平台、海峽兩岸農業科技交流與合作平台、海峽兩岸水產品物流平台等三個平台以及兩岸農業訊息載體平台。以廈門為例，目前閩台農業高新技術園區、第一農場水果及其加工區、第二農場工貿開發區、鳳南農場農工貿開發區、白沙侖農場水果和工業開發區以及大帽山農場果茶、畜禽開發區，同安閩台高優農業示範區和海滄東孚農業綜合開發區等已經形成，這表明目前福建兩岸農業交流合作方面已經搭建起一系列重要的載體平台，這必須有力地推動閩台兩地農業經濟的交流與合作。

（4）基礎建設和公共服務體系型載體平台。新形勢下要拓展兩岸交流，我們還需要兩岸在基礎設施建設以及兩岸公共服務體系等方面加強合作，尋求建立新型載體平台，切實推進兩岸交流合作再上新台階。一是在改善兩岸交通狀況方面，雙方可以在諸如「廈金大橋」、「台海橋隧」等項目上展開有效合作，透過共建標誌性工程的模式來搭建兩岸交流合作的載體平台。二是兩岸可以共同組建民間社會團體、合資組建兩岸海空運輸公司等方式來推進兩岸交流合作的開展。三是兩岸可以就雙方感興趣的領域加強合作，尋求建立有效的載體平台。例如雙方可以就海島利用、海上救助體系建設、海洋資源共同開發、兩岸共同打擊犯罪、兩岸共議行業規範建設等方面加強合作，尋求共識，取得突破。

2.兩岸文化教育領域載體平台建構的模式

由於閩台兩地同屬閩南文化圈，幾百年來，閩南文化一直連著兩岸同胞的心，因此，爭取台灣民心，推進國家統一，一定要在利用好閩南文化資源的工夫上做夠做足。

（1）民俗特色類載體平台。閩南文化是福建在對台交流中的最重要特色之一，因此我們要建立起一批能表現閩南文化特色的載體平台。當前我們要加強對閩南文化研究和建設。建立閩南文化資料庫，辦好閩南文化學術刊物，組織編寫閩南文化叢書和通俗讀物，建立歌仔戲藝術中心，辦好歌仔戲劇團、高甲戲劇團和南樂團等一批閩南戲曲藝術團體。同時要努力保護好現有閩南文化特色設施，建築和文物，有計劃地再建設一批閩南文化特色的街區和建築。制定頒布相關規定，積極推行從幼兒園到小學、中學，開設閩南童謠、閩南方言、戲曲、閩南話歌曲、南音、閩南文學等閩南文化課程，增強廈門青少年一代對閩南文化的瞭解並得以傳承，使廈門逐步成為閩南文化的中心，吸引更多海峽彼岸的專家學者、藝術家文化團體和廣大民眾前來廈門開展閩南文化學術研討、藝術交流和觀光旅遊，進一步增強全體台灣人民的民族文化認同感。

（2）文藝活動類載體平台。積極組辦高層次大規模有影響的閩南文化交流活動。建議由國家有關部門與廈門市政府聯手，在每年4月台交會期間，舉辦一次集歌仔戲、高甲戲、南音、閩南話歌曲、木偶戲、閩南舞蹈、民眾表演、美術、書法、攝影以及閩南文化研討等活動於一身的大型「海峽兩岸閩南文化藝術節」，力爭把它辦成一個在海內外具有重大影響，兩岸同胞共同參與的高規格、高水平的文化活動項目，擴大和提升廈門在兩岸文化交流中的影響力。

（3）學術研討類載體平台。充分利用閩南名人效應拓展兩岸交流，廈門歷史上有出現蘇頌、吳真人、鄭成功、陳元光、林希元、洪朝選、陳化成、陳嘉庚、林爾嘉、辜鴻銘、林語堂等一批在兩岸有較高歷史地位和具有相當影響力的歷史名人。廈門應利用這些兩岸公認的閩南歷史文化名人，組織開展交流活動。邀請兩岸學者定期舉辦名人學術研討會，聯繫台灣學者合作整理編輯名人歷史資料，聯手創作名人文學、影視、藝術作品，推動兩岸同胞共同發揚歷史人物展現的偉大民族精神。

（4）宗教信仰類載體平台。台灣與廈門有著許多相同的民間信仰。媽祖、國姓爺、保生大帝等在閩台兩地有著廣泛的信眾，尤其是台灣民眾，對這些神祇極為崇拜。福建應利用發揮在鄭成功研究、媽祖文化、吳真人道教醫學文化等方面的學術研究優勢和學術人才優勢，尤其要發揮保生大帝祖宮在廈門的優勢，更好地組織研究。要在注意與迷信活動嚴格區分的情況下，允許適當地舉辦一些民間信仰儀式，有計劃、有組織地引導海峽兩岸的信眾共同參與，藉助民間信仰文化交流的載體平台，增進兩岸同胞的情誼，增進廣大台灣民眾對大陸的認同感和歸屬感。

（5）宗親聯誼類載體平台。由於台灣同胞七成以上祖籍閩南，他們有著強烈的故土尋根意願和宗親意識，每年均有大量台灣同胞回到閩南地區尋根謁祖或續修族譜。因此，我們可以透過一些社會機構來組織兩岸宗親聯誼會開展認宗謁祖等活動的開展。例如可以建立起海峽兩岸宗親聯誼會這類載體平台，組織開展兩岸族譜的研究、展覽和收藏活動，建立閩台族譜展示館或專門陳列館，保護一批涉台祖屋祖墳祖廟等，以此來加強兩岸同胞的血緣意識和對大陸的認同感歸屬感。

（6）旅遊文化類載體平台。福建要積極組織開展閩南文化之旅，挖掘閩南地區的人文景觀和資源，吸引台胞到閩南來旅遊、觀光。開闢一些有特色的閩南文化旅遊文化線路，如閩南文化歷史遊、閩南文化宮廟遊、閩南藝術民俗觀賞遊、閩南人物瞻仰遊，組織台灣民眾來福建旅遊觀光，增進瞭解，加強感情。同時，可以透過舉辦兩岸旅遊文化論壇等載體平台的模式，加強兩岸旅遊文化方面的交流交往。

3.兩岸政治社會領域載體平台建構的模式

隨著兩岸交流的進一步發展，兩岸之間在未來開展政治對話將不可避免，可以預計，由於福建所處的特殊地緣優勢，未來福建在海峽兩岸政治社會領域交流中的地位和作用不斷顯現。從福建實際情況出發，福建在政治社會領域載體平台建構方面的模式類型主要有：

（1）兩岸政治對話類載體平台。事實上，自廈門經濟特區成立，廈門在海峽兩岸政治對話中的地位不斷提升，目前它已成為兩岸進行某些政治對話的重要舞台。隨著國民黨在島內全面執政，兩岸關係和平發展態勢的局面正在不斷形成，這為兩岸重啟政治對話、政治談判與協商奠定了良好的基礎。廈門作為大陸距離台灣最近的重要城市，特別是廈門在兩岸交流交往中的獨特地位決定了未來在兩岸政治對話中的特殊地位。因此，廈門應該努力把自己打造成未來兩岸政治對話、兩岸政治協商的重要談判地點，提升福建在對台戰略中的重要地位。

（2）兩岸社會融合類載體平台。由於目前兩岸統一的條件還不成熟，因此，福建當前應該優先建立起兩岸社會融合的試驗區這一載體平台。儘管兩岸最終統一的歷史趨勢不可避免，但在統一過程中的複雜性和艱巨性仍然是客觀存在的事實。也就是說在兩岸最終統一目標之前，兩岸需要有一個逐漸磨合的過渡時期，在這個過渡時期內，利用有效的政策措施化解兩岸融合過程中可能產生的摩擦與矛盾，從而增強兩岸人民的共識與互信。只有共識增加，才能為兩岸最終完全統一產生強大的助推力量。目前，兩岸在社會、政治、文化、經濟、教育及法律諸多領域都存在著嚴重的差異性。這是一個客觀事實，如果沒有一個過渡性試驗區的存在，兩岸在上述領域的差別將無法消除，共識將無法達成。如果在福建省建立起一個兩岸共同參與的社會綜合融合試驗區，這不僅有利於兩岸在政治、經濟、文化、教育等領域進行有效對話與合作建立了一個平台，而且可以視為兩岸最終統一前的過渡模式。這無疑具有重大的戰略意義。因此，建立兩岸綜合試驗區這一載體平台對於推進兩岸關係和平發展和國家統一進程無疑具有重要的現實意義和歷史意義。

（3）閩台高層交往類載體平台。閩台自古以來就有著深刻的歷史、文化淵源。目前台灣近八成以上的人祖籍地在福建省。因此，福建省在新形勢下拓寬兩岸交流合作方面有著巨大的地緣、人緣、情緣、法緣和商緣優勢。也正是如此，近年來福建充分利用「五緣」優勢，積極加強與台灣的雙邊交流交往，在長期的接觸和交流中，不僅福建各地市主要領導與台灣各縣市建立起了密切的人脈關係，而且福建高層與台灣各級主管都有著較好的溝通管道和人緣關係，這對於當前推進兩岸關係向前發展，特別是促進海峽西岸經濟區建設有著重要的意義。當前，我們應該繼續把握這一優勢，努力推動閩台之間搭建起一系列制度化的載體平台。例如可以建立閩台高層會晤的載體平台、閩台經貿官員定期磋商的載體平台，以及諸如廈台高層定期會晤的載體平台，等等。

4.兩岸交流合作綜合試驗區載體平台的建構模式

由於長達60年的分離，兩岸在政治、經濟、社會、文化、教育及法律諸方面存在著巨大的差異性。在推動祖國和平統一進程中如何消除兩岸在上述方面的差異顯然是一個重大的政治問題和社會問題，因此，在最終實現和平統一這一歷史目標之前，兩岸之間必須要有一個較長時間的過渡階段，其根本目的就是增強兩岸民眾的交流與互信，避免急統帶來的動盪。而在當前兩岸關係和平發展局面不斷形成的態勢下，我們推進兩岸交流合作的綜合試驗區不僅具有重大的現實意義，而且是當前我們加強對台工作，積極爭取台灣民心的重要戰略舉措。兩岸交流合作綜合試驗區可以根據其具體功能而考慮不同的規模和層次。例如我們可以考慮建立包括諸如海西兩岸融合綜合試驗區、福建兩岸融合綜合試驗區、閩客兩岸融合綜合試驗區、閩南兩岸融合綜合試驗區、廈金兩岸融合綜合試驗區、廈門兩岸融合綜合試驗區等不同層次的試驗區，更小的試驗區還可以就是某一海島，甚至某一海岸未開發地區均可以建立類似的試驗區。事實上這些規模不一的試驗區本身就是兩岸交流合作的有效載體平台。所有這些載體平台共同形成一個多層次的網路立體結構，兩岸綜合試驗區的基本功能就是推進兩岸民眾的聯繫與交流。綜合試驗區的內涵廣泛涉及經濟、社會、文化、教育等諸領域。

四、新形勢下福建對台載體平台建設的保障基礎

1.制度保障

新形勢下福建拓展兩岸交流合作載體平台建設必須要有完善的制度保障。健

全、完善的制度規定是保證福建載體平台能夠長期保持良性運轉狀態的最大驅動力。對於福建來説，目前在載體平台建設的制度保障方面已基本成型。特別是福建各級政府目前都把推進載體平台建設視為新形勢下拓展兩岸交流合作的一大突破口和重要工作來抓，這無疑對推動福建載體平台朝著良性方向發展起著巨大的促進作用。我們看到無論是「9.8」投洽會、「5.18」海交會等展會類載體平台建設，還是在兩岸文化教育等領域的載體平台建設方面，福建上下都高度重視，特別是制度保障和組織保障方面都下足了工夫，取得了實效。當前，福建在載體平台建設的制度保障方面，一是要充分發揮人的積極作用。制度雖然重要，但更為關鍵的因素還是人的作為，當前福建應該加強宣傳、培訓、教育工作，透過宣傳來形成載體平台建設的良好意識和氛圍。二是要切實發揮好各級政府的主導性、創造性和積極性。三是要真正做到獎懲結合、制度軟硬，透過制度考核激勵政府來解決好載體平台建設中面臨的各種問題。

2.物質保障

載體平台建設必須要有堅實的物質保障，特別是福建載體平台建設除了考慮經濟效益外，還要考慮其在對台戰略中的統戰收益。因此，福建不能完全站在經濟效益的角度來看待載體平台建設，政府有必要在載體平台建設過程中提供強大的物質保障。事實上，近年來福建在這方面的實踐比較成功，以「6.18」科技成果交易會為例，福建把它定位為服務平台，而不僅僅是把它視為展會經濟，透過舉辦展會來贏取經濟利益。相反，福建是透過這個平台來為福建的企業和科學研究人員服務，為福建及兩岸項目成功對接創造條件，為兩岸經貿交流謀事實。正是在這一指導思想下，福建每年為該會議投入了相當的經費支持。例如每年展會省政府要承擔與會嘉賓在福州期間的食、住、行全部費用。同時自2003年以來，福建還以專項資金形式扶持好的落地轉化項目，每年投入的資金規模約1億元。政府還為一些好的項目提供貸款貼息，為企業擔保得到銀行貸款，並且承擔利息。事實上「6.18」科技成果交易會最大的特點不是三天盛會，而是在於形成常年的對接態勢。據統計，從2007年6月21日到2008年6月20日止，「6.18」對接活動就超過了140場，而且都具有一定的規模和質量，這是保證該展會取得成功的基本保障。因此，福建今後應該繼續利用這一經驗，為福建載體平台建設提供強大的資金、技術和人力支持。

3.人才保障

新形勢下拓展兩岸交流合作載體平台建設，必須要有強大的人才智力支持。改革開放以來，福建在各類專業人才領域的培訓取得了長足的進展。這不僅為福建在推進海峽西岸區的建設提供了強大的人才支持，而且也為福建在新時期拓展兩岸交流合作載體平台建設提供了豐富的人才資源。此外，近年來福建充分發揮海峽西岸區的獨特優勢，積極構築閩台人才合作交流平台，2005年，福建在國台辦、人力資源和社會保障部支持下，開展兩岸職業培訓交流試點，提出了「政府扶持、多元投入、兩岸交流、市場運作」發展職業培訓的思路；充分利用福建「五緣」優勢，與台灣民間社會組織、職業院校加強聯繫，積極開展兩岸職業培訓交流與合作，初步建立了一個協調機制，搭建了一系列的載體平台。透過這些交流平台的搭建，不僅大大促進了閩台之間的人才交流，而且也有力地吸引了台灣的優秀人才來到海西發展。

第四節　本章小結

長期以來，福建省由於其獨特的「五緣」優勢，在拓展兩岸交流方面一直發揮著重要的作用。當前隨著國民黨在島內全面執政，兩岸關係和平發展的局面不斷形成，在兩岸新局的歷史機遇面前，福建省應該轉變觀念，增強服務意識，發揮區位優勢，進一步增強在兩岸交流合作中載體平台建設上的新地位與新功能，努力推動兩岸關係進一步向前發展。

首先，分析了福建省在載體平台建設方面取得的成果。無論是在兩岸經濟、政治、文化、教育等領域，福建都已初步搭建起一系列的載體平台，包括功能各異的政策型、展會型等的載體平台。這些載體平台的特徵主要表現為政府主導、市場取向、多元參與等方面。長期以來，福建搭建的載體平台在促進兩岸交流合作方面發揮了重要的作用。它們為兩岸交流合作提供了重要的渠道，提升了福建省在祖國對台工作中的地位和作用。同時，這些載體平台也為當前我們爭取台灣民心、做台灣人民工作創造了有利的條件。

其次，全面論述了目前福建省在載體平台建設中面臨的機遇和挑戰。指出兩岸關係和平發展局面的不斷形成有利於福建在載體平台建設方面取得新的突破。但是我們也要清醒地認識到，當前福建在載體平台搭建方面也面臨著一些困境，諸如思想解放還不夠、對台優勢漸失、平台整體功能發揮不力等不利因素的存在，嚴重制約著福建載體平台建設的成效。

最後，分析了在新形勢下福建載體平台建設的新作為問題。強調要把兩岸關係和平發展戰略作為載體平台建構的指導思想，並從載體平台建設的戰略規劃、實現路徑和保障基礎等方面具體論證了當前如何拓展福建載體平台建設新作為問題。

本章的主要觀點有：一是目前福建省在加強兩岸交流合作方面的載體平台已粗具規模，其成效已開始顯現；二是當前海峽兩岸的主流民意就是要求加強兩岸交流交往，推進兩岸關係向前發展，這是福建省拓展兩岸交流合作載體平台建設的重要推動力；三是新形勢下兩岸交流合作載體平台建設必須要服務於海西經濟區發展，必須服務於爭取台灣民心工作的開展，必須服務於推進祖國統一大業的歷史進程。在新時期，福建省要緊跟兩岸發展新局，把握好兩岸關係和平發展的大局，在載體平台建設方面爭取新的突破，爭取新的成績。

參考文獻

一、閩台經貿合作關係方面的參考文獻

[1]單玉麗：閩台經貿互動效應與未來發展對策，《福建論壇》（人文社會科學版），2007，（10）。

[2]陳永誌，郝鑫：兩岸經貿發展與海峽經濟區構建，《福建論壇》（人文社會科學版），2007，（04）。

[3]施宇輝：《閩台經貿關係發展研究》，福建師範大學博士學位論文，2006。

[4]施宇輝：福建作為「兩岸共同市場」試點可行性分析，《福建論壇》（人文社會科學版），2006，（06）。

[5]蔡宏波：新一輪福建引進台商投資的若干問題及對策，《對外經貿實務》，2006，（10）。

[6]蔡宏波：福建引進台資與閩台經貿關係發展，《經濟前沿》，2006，（08）。

[7]郭鐵民，於姝暉，廖萌：發揮閩台商緣優勢、構建閩台共同市場，《發展研究》，2006，（05）。

[8]龔敏，楊雪娜，韓碩果：拓展閩台經貿合作空間、加快海峽西岸經濟發展，《東南學術》，2006，（01）。

[9]游伯笙：連宋大陸行後閩台經貿關係走向，《發展研究》，2005，（12）。

[10]周明偉：新形勢下發展閩台經貿關係之探討，《廈門特區黨校學報》，2005，（04）。

[11]林祖嘉：《兩岸經貿與大陸經濟》，台灣天下遠見出版股份有限公司，2005年版。

[12]黃紹臻：《海峽經濟區的戰略構想：台灣海峽兩岸經貿關係走向》，社會科學文獻出版社，2005年版。

[13]黃紹臻：論閩台經濟的互補性與經濟互動的可能性，《中共福建省委黨校學報》，2005，（03）。

[14]黃紹臻：海峽兩岸經濟一體化的發展趨勢和目標定位，《福建論壇》（人文社會科學版），2005，（10）。

[15]全毅：兩岸自由貿易區先行先試研究，《發展研究》，2005，（11）。

[16]郭麗：閩台經貿合作現狀分析，《發展研究》，2005，（05）。

[17]全毅：閩台經貿關係的現狀與趨勢分析，《亞太經濟》，2003，（04）。

[18]高伯文：改革開放以來閩台經貿關係的發展及其影響，《中國經濟史研究》，2003，（04）。

[19]林媛媛：構建海峽兩岸自由貿易區的可行性分析，《國際經貿探索》，2003，（03）。

[20]陳修穎，顧朝林：福建省基於閩台互動的產業與空間結構調整研究，《地理科學》，2003，（04）。

[21]尹曉波：入世後閩台產業的合作與發展，《海峽科技與產業》，2003，（01）。

[22]尹曉波：兩岸入世後發展區域特色與閩台經貿合作的戰略思考，《華僑大學學報》（哲社版），2002，（04）。

[23]高長：《大陸政經與兩岸經貿關係》，台灣五南圖書股份有限公司，2002年版。

[24]汪慕恆：「入世」後閩台經貿關係的走勢判斷與政策建議，《福建改革》，2000，（04）。

[25]鄧利娟：「入世」後閩台經貿關係發展的戰略思考，《亞太經濟》，2002，（02）。

[26]高長：《大陸政經與兩岸經貿關係》，台灣五南圖書股份有限公司，2002年版。

[27]李非：閩台經濟發展比較與分工合作，《亞太經濟》，2000，（06）。

[28]單玉麗：跨世紀閩台科技交往探析，《亞太經濟》，1999，（03）。

[29]莊宗明，李兆洪，王風雷：閩台經貿關係存在的問題與對策建議，《福建論壇》（經濟社會版），1998，（03）。

[30]劉克輝，單玉麗：區域經濟整合與台灣海峽經濟區的構想，《東南學術》，1998，（02）。

[31]吳少平：閩台經貿關係的現狀和發展，《引進與諮詢》，1998，（03）。

[32]福建社科院課題組：香港回歸後閩台經貿關係進一步發展的對策研究，《福建論壇》（經濟社會版），1997，（12）。

[33]全毅：「一國兩制」與閩台經貿關係，《亞太經濟》，1996，（01）。

[34]張玉梅：專家學者縱論拓展閩台經貿關係——「拓展閩台經貿關係，加快福建經濟發展」專題研討會發言摘要，《發展研究》，1995，（06）。

[35]鄭竹園：《海峽兩岸經濟發展與互動》，台灣聯經出版事業公司，1994年版。

[36]劉學沛：展望世紀之交的閩台經濟合作，《福建論壇》（經濟社會版），1994，（06）。

[37]林凡：把握機遇、促進閩台經濟的全面合作，《福建論壇》（經濟社會版），1994，（05）。

[38]黃達：閩台經貿關係的回顧與展望，《福建論壇》（社科教育版），1992，（01）。

[39]王鎮輝，胡渡南，賴永彩，陸開錦：閩台經貿關係的發展趨勢及若干對策，《國際貿易問題》，1991，（06）。

[40]唐永紅：構建兩岸人民交流合作先行區、進一步發揮海峽西岸對台優勢與作用，載於鄧利娟、石正方主編的《海峽西岸經濟區發展研究》，九州出版社，2008年版。

[41]唐永紅：新形勢下廈門對台優勢與作用問題研究——兼論兩岸交流合作先行區之構建，《台灣研究集刊》，2008，（04）。

[42]唐永紅：當前兩岸制度性經濟一體化實現路徑探討，《廈門大學學報》（哲學社會科學版），2007，（06）。

[43]唐永紅：廈門經濟特區的對台優勢和作用：回顧與思考，《台灣研究集刊》，2007，（03）。

[44]唐永紅：開放性廈——金自由經濟區：兩岸經濟一體化的一個現實選擇，《台灣研究集刊》，2005，（04）。

[45]唐永紅：探索建立「兩岸合作試驗區」——如何進一步發揮福建及廈門特區的對台優勢和作用，載於王秉安、李閩榕主編的《環海峽經濟區發展報告》（2007），社會科學文獻出版社，2008年版。

[46]唐永紅：《兩岸經濟一體化問題研究——區域一體化理論視角》，鷺江出版社，2007年版。

[47]鄧力平，唐永紅：《經濟全球化、WTO與中國特殊經濟區再發展》，廈

門大學出版社，2003年版。

[48]唐永紅：經濟全球化、WTO與世界特殊經濟區發展研究，載於張漢林主編的《WTO與中國經濟》（第二卷），中國環境科學出版社，2005年版。

[49]唐永紅：經濟全球化、WTO與中國經濟特區再發展，載於盧繼傳主編的《中國管理科學研究文獻》，中國環境科學出版社，2006年版。

[50]唐永紅，鄧利娟：當前兩岸經濟合作機制創新的空間與路徑，《台灣研究》，2005，（06）。

[51]火山：王金平倡議金門建「一網三區」打造穩健兩岸關係，新浪網，2005年6月13日。

二、兩岸「三通」方面的參考文獻

[1]張銳剛：台灣加工出口區轉型與兩岸「三通」，《台灣研究》，2002，（04）。

[2]張耀輝：從產業結構看兩岸直接「三通」的可能性和必要性，《汕頭大學學報》（人文社會科學版），2002，（06）。

[3]石正方：「三通」於兩岸經濟共同發展之效應分析，《台灣研究集刊》，2003，（02）。

[4]唐永紅：經濟全球化、WTO與兩岸直接「三通」——從經濟與法律角度的分析，《特區經濟》，2003，（09）。

[5]石寶明，朱和：兩岸「三通」對兩岸石化業的影響，《化工技術經濟》，2005，（06）。

[6]宋邦強，劉春春：論中國共產黨推行「三通」的必要性，《當代經理人》，2005，（15）。

[7]王學儉，李新科：直接雙向全面「三通」對兩岸經濟社會發展的影響與展望，《社會縱橫》，2006，（03）。

[8]李家祥：直接「三通」惠及兩岸，《兩岸關係》，2006，（06）。

[9]沈秋貴：「三通」對台灣經濟發展有百利——從福州台資企業發展談起，《統一論壇》，2007，（01）。

[10]李非：海峽兩岸海上直航問題探討，《台灣研究集刊》，2001，（04）。

[11]周麗華，陳凌雄：對兩岸「三通」問題的分析與思考，《兩岸關係》，2002，（03）。

[12]王英：兩岸「三通」的可能性評估，《世界經濟與政治論壇》，2003，（01）。

[13]陳恩：海峽兩岸「三通」的回顧與前瞻，《亞太經濟》，2004，（06）。

[14]曹小衡：不能總為兩岸「三通」設限，《兩岸關係》，2006，（07）。

[15]朱顯龍：解讀「三通」可不設一種政治含義，《兩岸關係》，2002，（09）。

[16]朱松嶺：台灣民進黨當局在兩岸「三通」問題上的立場及我應採取的對策，《北京聯合大學學報》（人文社會科學版），2005，（04）。

[17]張同新：以「通」拒通行不通——評陳水扁兩岸直通「三階段」說，《兩岸關係》，2003，（10）。

[18]陳萍：從「兩岸關係條例」修訂看台灣當局阻撓「三通」的實質，《世界經濟與政治論壇》，2003，（03）。

[19]朱行，楊澤軍：台灣當局在兩岸「三通」上的主要對策及前景分析，《世界經濟與政治論壇》，2003，（05）。

[20]徐博東，陳星：春節包機雙飛、兩岸「三通」仍難，《統一論壇》，2005，（01）。

[21]胡漢湘：消除人為障礙、實現兩岸全面直接「三通」——兩岸「試點直

航」五週年回顧，《中國遠洋》，2002，（05）。

[22]劉紅：掏空「直航」變「曲行」，《兩岸關係》，2003，（03）。

[23]李非：兩岸直接「三通」的關鍵是兩岸直航，《兩岸關係》，2002，（08）。

[24]李立：兩岸包機節日化有助直航，《台聲》，2006，（08）。

[25]孟波：積極務實推動兩岸「三通」，《統一論壇》，2004，（01）。

[26]李非：海峽兩岸「通」為上策——擴大兩岸「小三通」的通航功能與範圍，《兩岸關係》，2007，（07）。

[27]台盟大陸中央：發展兩岸物流產業合作、推動兩岸直接「三通」，《港口經濟》，2003，（04）。

[28]劉紅：「三通」如何能通，《兩岸關係》，2003，（10）。

[29]楊德明：充分發揮福建在兩岸「三通」中的作用，《統一論壇》，2004，（06）。

[30]黃民生，李文實，吳聘奇：海峽兩岸「小三通」進展分析及福建對台直航策略研究，《經濟地理》，2003，（07）。

[31]杜宏佳，樂智強，章春杰：加快廈門「區港聯動」建設、實質推進兩岸直接「三通」，《中國港口》，2005，（07）。

[32]李照：加快廈門自由貿易區建設推動兩岸直接「三通」，《中國港口》，2005，（11）。

[33]楊德明：輪擴大閩台兩岸海上直航效應助推兩岸全面「三通」，《福建論壇》（人文社會科學版），2007，（09）。

[34]廈門市委黨校課題組：廈金直航為兩岸全面「三通」積累經驗，《廈門特區黨校學報》，2005，（05）。

[35]唐永紅：福建發揮「三通」綜合通道作用的研究，《發展研究》，

2009，（01）。

三、閩台農業交流合作方面的參考文獻

[1]葉慶秋，謝曉娟：加強閩台農業合作、促進現代農業發展，《福建農業》，2008，（04）。

[2]王慶，趙航，陳洪昭，林卿：深化閩台農業合作與福建農民合作經濟組織的發展，《鄉鎮經濟》，2008，（03）。

[3]李順成等：兩岸農業經濟合作與生產策略分析，《高雄海洋科大學報》，2008，（02）。

[4]郭鐵民，洪爾彬：再論閩台農業合作中產業鏈的構建，《福建論壇》（人文社會科學版），2008，（03）。

[5]趙航等：市場與政府在深化閩台農業合作進程中的的角色定位，《安徽廣播電視大學學報》，2008（01）。

[6]丘杰勇：台灣農村建設的經驗及其對大陸新農村建設的啟示，《昆明理工大學學報》，2007，（10）。

[7]曾玉榮：閩台農業合作的自然優勢，《政協天地》，2007，（08）。

[8]黃淑玲：論閩台農業合作與發展的制度創新，《經濟前沿》，2007，（08）。

[9]鄭志林，張善聰：發揮閩台區位優勢、推動海西新農村建設——專訪福建省農業廳廳長姜安榮，《中國供銷商情（村官）》，2007，（06）。

[10]陳勵穎：閩台農業合作是建設海峽西岸經濟區的重要戰略選擇，《中國農村小康科技》，2007，（04）。

[11]劉飛翔，夏文頂：強化閩台農業合作、推動海西新農村建設，《中國農村小康科技》，2007（02）。

[12]曾煜東：對建設新農村的現實思考——從台灣農會組織作用的視角看，《農場經濟管理》，2007，（01）。

[13]蔡賢恩：發揮閩台農業合作優勢、推進福建現代農業建設，《台灣農業探索》，2007，（01）。

[14]宋建曉：閩台農業產業鏈整合的戰略思考，《福建農林大學學報》（哲學社會科學版），2007，（01）。

[15]吳建華：閩台農業合作與海峽西岸新農村建設關係，《台灣農業探索》，2007，（01）。

[16]曾煜東：對建設新農村的現實思考——從台灣農會組織作用的視角看，《農場經濟管理》，2007，（01）。

[17]黃明英：台灣農村建設經驗及其啟示，《書屋》，2006，（12）。

[18]張興夏：閩台農業合作的探討，《福建農業》，2006，（10）。

[19]單玉麗：借鑑台灣經驗——紮實推進新農村建設的若干思考，《福建論壇》，2006，（06）。

[20]蔡宏進：《台灣農會改革與鄉村重建》，台灣唐山出版社，2006年版。

[21]麥瑞台：《大陸台商的經營策略》，台灣科技圖書股份有限公司，2006年版。

[22]王碧秀：《科學、和諧、發展——福建省社會主義新農村建設百村調查報告》，社會科學文獻出版社，2006年版。

[23]張春霞等：《海峽西岸經濟區社會主義新農村發展研究》，中國農業出版社，2006年版。

[24]李偉偉：台灣農村發展模式對福建新農村建設的啟示，《台灣農業探索》，2006，（01）。

[25]何福平：建立健全閩台農業合作機制——推進海峽西岸經濟區建設，《福建農林大學學報》，2005，（08）。

[26]魏艾：台灣農產品登陸與兩岸農業交流，《經濟前瞻》，2005，（05）。

[27]鄭錢華：進一步提升閩台農業合作水平的新思路，《台灣農業探索》，2005，（01）。

[28]任大鵬，潘曉紅，龔誠，郭海霞：有關農民合作經濟組織立法的幾個問題，《中國農村經濟》，2004，（07）。

[29]謝春修：組織起來！——對發展農民合作經濟組織的思考，《農村經濟與科技》，2003，（04）。

[30]劉曉玲，范秀麗，任大鵬：農民合作經濟組織立法研討會綜述，《農村經營管理》，2005，（07）。

[31]張開華：農民合作經濟組織發展的國際比較及其啟示，《中南財經政法大學學報》，2005，（02）。

[32]林卿，歐陽迪莎，王慶，苗艷青：閩台農業合作提升福建省農產品競爭力，《國際貿易問題》，2004，（04）。

[33]林卿：《世貿組織框架下閩台農業資源整合與優化配置》，中國農業出版社，2004年版。

[34]於宗先：《兩岸農地利用》，台灣喜瑪拉雅基金會，2003年版。

[35]曾玉榮，張文棋：海峽兩岸農產品競爭力比較、分析與產業合作，《福建農林大學學報》（哲學社會科學版），2003，（03）。

[36]劉厚連：大陸兩岸農業合作實驗區對台灣農業發展的影響分析，《土地問題研究季刊》5卷3期。

[37]田君美：中國兩岸農業合作實驗區的發展與影響，《經濟前瞻》，2002，（03）。

[38]葉新興：兩岸農業交流的問題與調整，《經濟前瞻》，2000，（09）。

[39]陳耀勛：兩岸農業交流現況與展望，《經濟前瞻》，2000，（07）。

[40]陳章真：兩岸農業合作論壇之後，《經濟前瞻》，2007，（01）。

[41]童萬亨：《閩台農業合作與福建農業發展》，福建省海峽兩岸農業合作實驗區領導小組辦公室，2002年版。

[42]黃獻光：WTO背景下的閩台農業合作特點，《福建農業》，2000，（11）。

[43]邱毅：《海峽兩岸主要農產品的競爭與互補分析》，台灣「行政院農委會」中華經濟研究，1994年版。

四、閩台旅遊交流合作方面的參考文獻

[1]張健華：閩台旅遊合作的共生模式研究，《福建論壇》，2008，（03）。

[2]周富廣：對開發閩台民間信仰文化旅遊的思考，《資源開發與市場》，2008，（01）。

[3]張健華，余建輝，洪元程：基於共生理論的閩台旅遊合作機制研究，《福建農林大學學報》（哲學社會科學版），2008，（01）。

[4]鄧利娟，黃智略：「海峽旅遊區」的構建及其對台灣旅遊業的影響，《台灣研究集刊》，2007，（02）。

[5]陳成棟：閩台生態旅遊聯動影響因素分析，《科技訊息》，2007，（24）。

[6]金德凌：閩台生態旅遊合作發展探討，《閩江學院學報》，2007，（03）。

[7]何彪：閩台旅遊經濟合作的背景分析與路徑選擇，《科技創業月刊》，2007，（04）。

[8]徐愛萍，袁書琪：從競合關係看海峽兩岸旅遊合作，《發展研究》，2007，（04）。

[9]賴偵鏗，周富廣：基於閩台旅遊合作的福建旅遊業發展的探討，《當代經濟》（下半月），2007，（02）。

[10]曾志蘭：海峽兩岸旅遊交流：進程、瓶頸與展望，《亞太經濟》，2007，（02）。

[11]李丹：閩台合作共同打造海峽旅遊品牌，《發展研究》，2007，（01）。

[12]楊榮斌：《區域旅遊合作機制理論與案例探析》，上海師範大學博士學位論文，2006。

[13]鄭勵：小議閩台旅遊平台的構建，《發展研究》，2006，（12）。

[14]李丹，吳金林：加強閩台旅遊合作、打造海峽旅遊品牌，《發展研究》，2006，（06）。

[15]孟鐵鑫：閩台旅遊合作背景下的福建旅遊發展戰略研究，《廈門理工學院學報》，2005，（04）。

[16]李爽：《廈漳龍區域旅遊合作研究》，福建師範大學博士學位論文，2005。

[17]袁書琪，王曉文，鄭麗鑫，徐愛萍：閩台旅遊區海峽西岸旅遊發展的SWOT分析，《亞太經濟》，2005，（05）。

[18]林長榕：「金馬遊」——福建旅遊新亮點，《開放潮》，2004，（12）。

[19]李爽：淺談閩台民間信仰文化與旅遊開發，《亞太經濟》，2003，（04）。

[20]袁書琪：閩台旅遊地理差異與福建對台旅遊產品開發，《世界地理研究》，2002，（04）。

五、閩台文化交流合作方面的參考文獻

[1]駱沙鳴：重視閩台區域文化在海西建設中的作用，《政協天地》，2007，（Z1）。

[2]張華：促交流、謀合作、創新局——十六大以來兩岸文化交流綜述，

《統一論壇》，2007，（06）。

[3]田羽：研究特色文化、交流閩台文化、構建先進文化——福建省炎黃文化研究會2006年工作回眸，《政協天地》，2007，（Z1）。

[4]江承華：深化閩台文化交流的幾點思考，《福建省社會主義學院學報》，2006，（04）。

[5]洪榮文：論閩台區域文化的形成，《湖南工程學院學報》（社會科學版），2006，（01）。

[6]李瑞德，蘇振芳：閩台文化交流與海峽西岸經濟區建設，《統一論壇》，2006，（03）。

[7]曾金霖：從閩台方言看閩台文化的共同內涵，《福建廣播電視大學學報》，2004，（06）。

[8]楊金濤：閩台文化自古一體，《統一論壇》，2003，（04）。

[9]吳碧英：閩台文化是中華文化的一種地域形態，《福州黨校學報》，2003，（04）。

[10]朱雙一：《閩台文學的文化親緣》，福建人民出版社，2003年版。

[11]盧美松，陳龍：《閩台先民文化探源》，福建人民出版社，2003年版。

[12]謝重光：《閩台客家社會與文化》，福建人民出版社，2003年版。

[13]陳耕：《閩台民間戲曲的傳承與變遷》，福建人民出版社，2003年版。

[14]藍雪霏：《閩台閩南語民歌研究》，福建人民出版社，2003年版。

[15]劉登翰：《中華文化與閩台社會——閩台文化關係論綱》，福建人民美術出版社，2002年版。

[16]汪毅夫：《台灣近代詩人在福建》，台灣幼獅文化事業股份有限公司，1998年版。

[17]秦寶華，翁芝光：加強閩台文化交流的途徑與措施，《福建論壇》（經

濟社會版），1997，（03）。

[18]秦寶華，翁芝光：香港回歸後的閩台文化交流，《福建論壇》（文史哲版），1997，（06）。

[19]汪毅夫：《中國文化與閩台社會》，海峽文藝出版社，1994年版。

[20]繆挺平，鄭琅：兩岸架設連心橋——閩台文化交流掃描，《中外文化交流》，1993，（03）。

[21]陳孔立：《台灣歷史綱要》，九州出版社，1986年版。

[22]林仁川：《大路與台灣的歷史淵源》，文匯出版社，1991年版。

[23]陳耕：《台灣文化概述》，海峽文藝出版社，1993年版。

[24]林國平：《閩台區域文化研究》，中國社會科學出版社，2000年版。

[25]汪毅夫：《閩台歷史社會與民俗文化》，鷺江出版社，2000年版。

[26]朱雙一，張羽：《海峽兩岸新文學思潮的淵源和比較》，廈門大學出版社，2006年版。

六、閩台交流合作載體平台方面的參考文獻

[1]劉國深：《台灣政治分析》，九州出版社，2006年版。

[2]陳孔立：《觀察台海》，華藝出版社，2003年版。

[3]周明偉：廈門經濟特區對台工作的經驗與前瞻，《廈門特區黨校學報》，2007，（01）。

[4]廈門：「搭台迎親」的典範，《中國經濟週刊》，2006，（50）。

[5]構築平台、交流合作、優勢互補、互利共贏——第三屆「海洽會」在泉州南安石井舉行，《中國經濟週刊》，2006，（50）。

[6]黃麗惠：發揮統戰工作優勢、促進福建非公有制經濟發展，《福建論壇》，2007，（08）。

[7]熊春芳：海滄打造對台交流平台，《兩岸關係》，2008，（02）。

[8]陳璐，曾建豐：開創福建對台工作新局面，《發展研究》，2006，（09）。

[9]中共大陸中央台灣工作辦公室、國務院台灣事務辦公室：《中國台灣問題（幹部讀本）》，九州出版社，1998年版。

[10]李鵬：《海峽兩岸關係析論》，鷺江出版社，2009年版。

[11]鄧利娟，石正方：《海峽西岸經濟區發展研究》，九州出版社，2008年版。

[12]李純青：《台海問題研究》，華藝出版社，1992年版。

[13]張磊等：《國共關係與兩岸關係研究》，上海人民出版社，1994年版。

[14]邵宗海：《兩岸共識與兩岸歧見》，台灣五南圖書出版有限公司，1998年版。

[15]張亞中：《兩岸統合論》，台灣生智文化事業有限公司，2000年版。

[16]張亞中：《全球化與兩岸統合》，台灣聯經出版事業股份有限公司，2003年版。

[17]唐永紅：《兩岸經濟一體化問題研究——區域一體化理論視角》，鷺江出版社，2007年版。

[1]唐永紅：廈門大學台灣研究院經濟研究所副所長、副教授。

[2]近30年來，除了改革開放方面的先行先試政策，大陸中央還賦予福建許多對台方面的特殊政策：1989—1992年大陸中央先後批准廈門杏林、海滄、集美和福州馬尾設立台商投資區；1992年批准設立湄洲島和武夷山兩個國家級旅遊渡假區；批准設立漳州和福州兩個「海峽兩岸農業合作試驗區」，並於2005年批准福建全省為海峽兩岸農業合作試驗區；批准福建設立對台直航試點口岸，其中客運口岸四個：福州馬尾港、廈門港、泉州港和湄洲島；貨運口岸也有四個：福州馬尾港、廈門港、泉州港和漳州港；批准設立廈門——金門、馬尾——馬祖、泉州——金門和泉州——澎湖列島海上「小三通」航線。福建沿海還開闢了35個台輪停泊位，127個對台貿易口岸。大陸中央政府還批准福建開展赴金門旅遊業務；批准福建開展閩台海上小額貿易試點；批准福建8所大學，包括廈門大學、福建師大、華僑大學、福建中醫學院等大學直接招收台灣學生入學；批准福建廈門公安局和福州公安局可以簽發5年有效期台胞證，等等。

[3]據福建省人民政府台灣事務辦公室數據，至2007年底，全省累計引進台資項目9361項，合約台資188.03億美元，實際利用台資126.83億美元。

[4]目前，福建產業群發展已有相當規模，為承接台灣對外投資與產業轉移奠定了基礎。截至2007年底，已形成大小產業群60多個，工業總產值占全省的50%以上。到2010年，福建預計將形成6—8個產值超500億元的產業群，30個產值超100億元的產業群。

[5]目前，閩台之間開通了廈門——金門、馬尾——馬祖、泉州——金門等客運班輪航線，開通了湄洲島、宮口碼頭至金門的不定期客運航線，開通了福州、廈門、泉州、漳州和莆田對台專用碼頭至金門，以及福州、廈門、泉州和寧德城澳港至馬祖的9條貨運航線，福建沿海與台灣澎湖貨運直航也正式啟動。這為閩台間的交流與交往提供了通道。台灣居民透過直接往來客運航線來往大陸累計超過200萬人次，「兩馬」、「兩門」航線現已成為台胞台商往返兩岸最為便捷的海上通道。

[6]目前廈門杏林、海滄、集美和福州馬尾四個台商投資區已成為台灣產業轉移的集聚區，海峽兩岸農業合作實驗區擴大到全省，海峽兩岸現代林業合作實驗區、台灣農民創業園、台灣水果銷售集散中心、台灣水產品集散中心也相繼設立，35個台輪停泊點、29個對台貿易點均是兩岸交流的重要場所。福建近年成功舉辦了海峽旅遊博覽會、海峽兩岸（福建漳州）花卉博覽會、海峽兩岸經貿交易會等對台經貿活動，閩台產業對接不斷取得新突破。同時建成中國閩台緣博物館，創辦海峽西岸經濟區論壇、海峽青年論壇、海峽婦女創業論壇、海峽法學論壇、兩岸大學生辯論賽等系列活動，為擴大兩岸交流合作搭建新的平台。

[7]所謂位置接觸性是指自由經貿區所在位置都是國際航運的必經之路，對國際貿易活動起著橋樑作用。所謂服務區域（Area　Served）是指自由經貿區所能服務的區域，既包括自由經貿區背後的內陸地區即所謂腹地（Hinterland），也包括構成自由經貿區主要物流網路的海外區域。自由經貿區與其內陸腹地、海外服務區域在社會、政治、經濟等方面的制度與政策差異性被稱為服務區域的異質性。一般地，位置接觸性越良好、服務區域越廣闊、異質性越明顯，自由經貿區的經貿創造與擴大效應就越明顯。

[8]所謂隔離成本是指為防止設立自由經貿區對本國其他地區社會經濟衝擊而付出的費用和為防止走私

而建立與維持隔離設施所付出的費用，其大小取決於自由經貿區的地形和自由經貿區與本國政治經濟中心的遠離性。

[9]所謂關稅減免損失是根據機會成本原理按照沒有設立自由經貿區條件下的進口額計算減免關稅後的財政損失。

[10]所謂經貿轉向效應是指由於減免關稅使得本地和本國貨物與服務的競爭力在自由經貿區內不敵外國貨物與服務而被外國替代從而對設區國造成的經濟損失。本地、本國貨物與服務的國際競爭力越弱，在自由經貿區內的銷售額越大，經貿轉向效應就越大。

[11]參見金門縣縣長李炷烽2006年11月6日下午在金門縣議會第二次定期會議中的演説，《21世紀新台灣的出路——金門作為「一國兩制試驗區」之芻議》。

[12]參見「馬英九就金門炮戰50週年講話」，http://news· sina· com· cn/c/2008-08-24/160214350524s· shtml。

[13]石正方：廈門大學台灣研究院經濟研究所所長、副教授。

[14]「福建出入境檢疫檢驗局出台促進閩台經貿發展和人員往來措施」，http://www· fztsxh· com/ftweb/newscontents· asp？id=293。

[15]「台灣行政當局4日通過『小三通正常化推動方案』」，http://www· gov· cn/jrzg/2008-09/05/content 1088466.htm。

[16]「福建把握『三通』機遇，打造兩岸客貨往來黃金通道」，http://www· xinhuanet· com/chinanews/2008-11/08/content 14864746.htm。

[17]趙玉榕：廈門大學台灣研究院經濟研究所副教授。

[18]張敦財：廈門大學台灣研究院兩岸關係研究所助理教授。

[19]張羽：廈門大學台灣研究院文學研究所所長、副教授。

[20]陳先才：廈門大學台灣研究院政治研究所副所長、助理教授。

國家圖書館出版品預行編目(CIP)資料

走在兩岸交流的前端 : 福建對台先行先試的指標意義
/ 劉國深, 唐永紅 主編. -- 第一版. -- 臺北市 : 崧燁文化, 2019.01
面 ; 公分
POD版

ISBN 978-957-681-792-2(平裝)

1.區域經濟 2.經濟合作 3.兩岸經貿

552.2 108000554

書　名：走在兩岸交流的前端：福建對台先行先試的指標意義

作　者：劉國深、唐永紅　主編

發行人：黃振庭

出版者：崧燁文化事業有限公司

發行者：崧燁文化事業有限公司

E-mail：sonbookservice@gmail.com

粉絲頁　　網　址：

地　址：台北市中正區重慶南路一段六十一號八樓 815 室

8F.-815, No.61, Sec. 1, Chongqing S. Rd., Zhongzheng Dist., Taipei City 100, Taiwan (R.O.C.)

電　話：(02)2370-3310 傳　真：(02) 2370-3210

總經銷：紅螞蟻圖書有限公司

地　址：台北市內湖區舊宗路二段 121 巷 19 號

電　話:02-2795-3656　傳真:02-2795-4100　網址：

印　刷　：京峯彩色印刷有限公司（京峰數位）

定價：500 元

發行日期：2019 年 01 月第一版

◎ 本書以POD印製發行